まえがき

　日本商工会議所簿記検定試験は，昭和29年（1954年）以来，約半世紀の歴史を持っている。毎年６月・11月・２月の３回実施され，受験者は全国で年々増加の一途をたどっている。この検定試験は，わが国の簿記学習への興味・関心を高め，その充実に果たしている役割は非常に大きなものである。さらに簿記会計は企業の経営管理に役立てたり，また日常生活で物事を計数的に把握して処理する能力の養成にも大きく貢献してきている。

　さて，本書は，日本商工会議所簿記検定試験３級に合格することを目標に，出題に十分対処できる力をつけるために企画されたものである。それは，商業簿記の基礎の基礎である４級の範囲を学習のうえ，商業簿記の原理および記帳，決算などの初歩的な問題に解答できるようにすることである。

　検定試験を志す人達のために，本書は新しく編集されたものである。別著『段階式　日商簿記３級　商業簿記』（加古宜士・穐山幹夫監修，税務経理協会刊）の姉妹書でもある。

　本書は，商業簿記の基礎を学ぶ人達に，学習しやすく，理解しやすいように，次のような点に留意して編集している。

(1)　本書は，「商工会議所簿記検定試験出題区分表」の商業簿記３級（４級を含む）の範囲に従って，学習しやすい順序で，やさしく記述してある。それは，姉妹書の『段階式　日商簿記３級　商業簿記』の学習と並行して，本書の段階式の問題について，各回ごとに　基礎問題　→　練習問題　→　検定問題　の順で解答し，効果的な学習ができるようにしてある。

(2)　各回の最初に，〈要点整理〉を示してある。これは前掲の姉妹書『段階式　日商簿記３級　商業簿記』の要点をまとめたものであるとともに，本書の問題を解くためのキーポイントでもある。したがって，〈要点整理〉を確認してから問題を解いていくことが望ましい。

(3)　日商簿記３級の過去の出題から，その傾向を分析し，その検定問題にいたるステップとして，基礎問題・練習問題を配してある。

(4)　巻末に，検定試験問題を模した実力テストを掲載した。これは，検定直前や学習のラストに３級の仕上げができるようにしてある。

(5)　本書の問題の模範解答とヒントを，使いやすくするために，別綴りとした。

　最後に，本書の編集・執筆については，長年にわたり検定簿記の指導にあたってこられた千葉経済大学短期大学部名誉教授・岩田壽夫氏，元神奈川県立厚木商業高等学校教諭・浜端良介氏，城西大学教授・蛭川幹夫氏にご尽力いただいた。ここに深く感謝申し上げる次第である。また，本書の刊行について終始ご厄介をおかけした税務経理協会編集部の関係者の皆様にも厚くお礼申し上げる。

　平成28年２月

加　古　宜　士
穐　山　幹　夫

目　次

まえがき

問題編

- 第 1 回　資産・負債・純資産（資本）と貸借対照表 ……………… 2
- 第 2 回　収益・費用と損益計算書 ………………………………… 5
- 第 3 回　取引と勘定記入 …………………………………………… 8
- 第 4 回　仕訳と転記 ………………………………………………… 12
- 第 5 回　仕訳帳と総勘定元帳 ……………………………………… 16
- 第 6 回　試算表の作成 ……………………………………………… 22
- 第 7 回　精算表の作成 ……………………………………………… 25
- 第 8 回　決算と財務諸表の作成 …………………………………… 27
- 第 9 回　現金・預金 ………………………………………………… 30
- 第 10 回　小口現金 …………………………………………………… 36
- 第 11 回　商品売買(1) ………………………………………………… 40
- 第 12 回　商品売買(2) ………………………………………………… 44
- 第 13 回　仕入帳・売上帳 …………………………………………… 48
- 第 14 回　商品有高帳 ………………………………………………… 54
- 第 15 回　売掛金・買掛金 …………………………………………… 59
- 第 16 回　その他の債権・債務 ……………………………………… 66
- 第 17 回　有価証券 …………………………………………………… 72
- 第 18 回　手　　形(1) ………………………………………………… 76
- 第 19 回　手　　形(2) ………………………………………………… 82
- 第 20 回　貸倒損失と貸倒引当金 …………………………………… 87

第21回	固定資産と減価償却	90
第22回	費用・収益の繰延べ	95
第23回	費用・収益の見越し	100
第24回	資本金・引出金・税金	105
第25回	試　算　表	110
第26回	精　算　表	131
第27回	元帳の締切り	139
第28回	損益計算書・貸借対照表の作成	148
第29回	伝　　　票	162
第30回	伝票の集計・転記	169

これまでの検定問題補充 …………………………171

実力テスト

第1回	174
第2回	180
第3回	186

別冊／綴込付録　解答・解説編

段階式
日商簿記ワークブック

3級商業簿記

問題編

第1回 資産・負債・純資産(資本)と貸借対照表

要点整理

1. **資産** 現金，商品，建物，車両運搬具，備品などの **財貨** と，売掛金，貸付金などの **債権** をいう。
2. **負債** 買掛金，借入金などの **債務** をいう。
3. **純資産(資本)** 資産総額から負債総額を差し引いた差額 **純資産** をいう。
4. **純資産(資本)等式** 資産－負債＝純資産(資本)
5. **貸借対照表** 企業の一定時点の財政状態を明らかにする表をいう。
6. **貸借対照表等式** 資産＝負債＋純資産(資本)
7. **資産・負債・純資産(資本)の増減と純損益の計算** 期首の資産・負債・純資産(資本)が，期中の経済活動によって増減し，期末に資産・負債・純資産(資本)の残高を求め，次の式で純損益を計算する。

    期末純資産(資本)－期首純資産(資本)＝当期純利益（マイナスは当期純損失）

    ＊ **財産法** による純損益の計算

(期首) 貸借対照表
A商店　平成○年1月1日

資産	金額	負債および純資産	金額
現　　金	1,400	借　入　金	200
備　　品	600	資　本　金	1,800
	2,000		2,000

(期末) 貸借対照表
A商店　平成○年12月31日

資産	金額	負債および純資産	金額
現　　金	700	買　掛　金	700
売　掛　金	900	借　入　金	300
商　　品	800	資　本　金	1,800
備　　品	600	当期純利益	200
	3,000		3,000

1 基礎問題
次の各項目について，資産に属するものにはAを，負債に属するものにはBを，純資産(資本)に属するものにはCを，いずれにも属さないものにはDを( )の中に記入しなさい。

(1) 備　　品（　）　(2) 買　掛　金（　）　(3) 貸　付　金（　）
(4) 建　　物（　）　(5) 現　　　金（　）　(6) 受取手数料（　）
(7) 資　本　金（　）　(8) 売　掛　金（　）　(9) 銀　行　預　金（　）
(10) 車両運搬具（　）　(11) 給　　　料（　）　(12) 借　入　金（　）

2 基礎問題
次の資料によって，それぞれの資産総額，負債総額および純資産(資本)の額を計算しなさい。

(1)　現　　金 ¥500,000　備　　品 ¥300,000　借　入　金 ¥200,000
(2)　現　　金 ¥300,000　売　掛　金 ¥500,000　商　　品 ¥400,000
　　貸　付　金 ¥200,000　買　掛　金 ¥300,000　借　入　金 ¥100,000

	資 産 総 額	負 債 総 額	純資産(資本)の額
(1)	¥	¥	¥
(2)	¥	¥	¥

3 練習問題
青森商店の平成○年1月1日の資産・負債は，次のとおりである。よって，(1)純資産の資本金の額を求め，(2)期首の貸借対照表を作成しなさい。

　現　　金 ¥800,000　備　　品 ¥200,000　借　入　金 ¥300,000

(1) 資　本　金　¥＿＿＿＿＿＿＿＿

(2)
貸 借 対 照 表
(　　　)商店　　　　　平成○年(　)月(　)日

資　　産	金　　額	負債および純資産	金　　額

4 **練習問題** 岩手商店は，平成○年1月1日に現金￥2,500,000を元入れ（出資）して開業した。同年12月31日の資産・負債は，次のとおりである。よって，①期首純資産（期首資本）の額，②期末の資産総額，③期末の負債総額，④期末純資産（期末資本）の額，⑤当期純損益（利益または損失を○で囲みなさい）を計算しなさい。

期末の資産・負債

現　　金　￥　400,000　　売　掛　金　￥1,200,000
商　　品　￥　500,000　　建　　　物　￥1,500,000
備　　品　￥　250,000　　買　掛　金　￥　800,000
借　入　金　￥　350,000

① 期首純資産（期首資本）の額　￥	② 期末の資産総額　￥
③ 期末の負債総額　￥	④ 期末純資産（期末資本）の額　￥
⑤ 当期純（利益・損失）　￥	

5 **練習問題** 上記**4**の資料によって，岩手商店の期末貸借対照表を作成しなさい。

貸　借　対　照　表

（　　　）商店　　　　平成○年（　）月（　）日

資　　産	金　　額	負債および純資産	金　　額

第2回 収益・費用と損益計算書

要点整理

1. **収益** 企業の経済活動の結果，純資産（資本）が増加する原因をいい，商品売買益，受取手数料，受取利息などである。

2. **費用** 企業の経済活動の結果，純資産（資本）が減少する原因をいい，給料，広告宣伝費，支払家賃，支払利息などである。

3. **収益－費用＝当期純利益（マイナスは当期純損失）**
   * 損益法による純損益の計算

4. **損益計算書等式** **費用＋当期純利益＝収益**
   費用＝収益＋当期純損失

5. **損益計算書** 企業の一定期間の経営成績を明らかにする計算書をいう。

（期末）

貸借対照表

A商店　　平成○年12月31日

資　産	金　額	負債および純資産	金　額
現　　　金	700	買　掛　金	700
売　掛　金	900	借　入　金	300
商　　　品	800	資　本　金	1,800
備　　　品	600	当期純利益	200
	3,000		3,000

一致

損益計算書

A商店　　平成○年1月1日から　平成○年12月31日まで

費　用	金　額	収　益	金　額
給　　　料	1,500	商品売買益	3,200
広告宣伝費	1,000	受取手数料	200
雑　　　費	300		
支払利息	400		
当期純利益	200		
	3,400		3,400

― 5 ―

1 基礎問題 次の各項目について，収益に属するものにはPを，費用に属するものにはLを，いずれにも属さないものにはNを（ ）の中に記入しなさい。

(1) 受取手数料（ ）　(2) 雑　　　費（ ）　(3) 商品売買益（ ）
(4) 支払家賃（ ）　(5) 受取利息（ ）　(6) 広告宣伝費（ ）
(7) 資　本　金（ ）　(8) 売　掛　金（ ）　(9) 受取家賃（ ）
(10) 支払利息（ ）　(11) 給　　　料（ ）　(12) 通　信　費（ ）

2 基礎問題 次の資料によって，それぞれの収益総額，費用総額および純損益の額を計算しなさい。なお，純利益の場合は金額のはじめに＋を，純損失の場合は－をつけること。

(1) 商品売買益 ¥670,000　給　　料 ¥280,000　雑　　費 ¥20,000
(2) 商品売買益 ¥250,000　受取手数料 ¥30,000　給　　料 ¥200,000
　　支払家賃 ¥50,000　水道光熱費 ¥30,000　雑　　費 ¥20,000

	収益総額	費用総額	純損益
(1)	¥	¥	( ) ¥
(2)	¥	¥	( ) ¥

3 練習問題 岩手商店の平成〇年1月1日から同年12月31日までに発生した収益・費用は，次のとおりである。よって，(1)収益総額，費用総額および純損益の額を計算し，(2)この期間の損益計算書を作成しなさい。

1月1日から12月31日までの収益・費用

商品売買益 ¥480,000　受取手数料 ¥20,000　給　　料 ¥250,000
広　告　料 ¥62,000　支払家賃 ¥40,000　通　信　費 ¥25,000
雑　　　費 ¥8,000

(1) 収益総額 ¥　　　　　費用総額 ¥　　　　　純利益 ¥

(2) 損　益　計　算　書

（　）商店　平成〇年（　）月（　）日から　平成〇年（　）月（　）日まで

費　用	金　額	収　益	金　額

4 **検定問題** 次の表のアからソまでの欄に入る金額を計算して，記入しなさい。ただし，純損益欄は純損失のときは－印（マイナス符号）を金額のはじめにつけること。

	期首資本金	期末資産	期末負債	期末資本金	収益総額	費用総額	純損益
(1)	¥200,000	¥650,000	¥430,000	ア¥	¥700,000	イ¥	ウ¥
(2)	¥350,000	¥770,000	エ¥	オ¥	¥880,000	¥750,000	カ¥
(3)	キ¥	¥580,000	ク¥	¥300,000	ケ¥	¥580,000	¥70,000
(4)	¥480,000	コ¥	¥290,000	サ¥	シ¥	¥625,000	－¥25,000
(5)	ス¥	¥700,000	セ¥	¥640,000	¥900,000	ソ¥	¥40,000

5 **検定問題** 次の金額を計算しなさい。
(1) 期首資本金　(2) 期末資産　(3) 期末負債　(4) 期末資本金
(5) 収益総額　(6) 費用総額　(7) 当期純利益

期末の資産・負債
現　　　金 ¥335,000　　銀行預金 ¥465,000　　売　掛　金 ¥674,000
商　　　品 ¥450,000　　建　　物 ¥1,000,000　備　　　品 ¥200,000
買　掛　金 ¥424,000　　借　入　金 ¥300,000

当期中の収益・費用
商品売買益 ¥500,000　　受取手数料 ¥35,000　　給　　　料 ¥180,000
広告宣伝費 ¥110,000　　通　信　費 ¥15,000　　雑　　　費 ¥10,000

(1) ¥	(2) ¥	(3) ¥	(4) ¥
(5) ¥	(6) ¥	(7) ¥	

第3回 取引と勘定記入

要点整理

1. **簿記上の取引** 企業の資産・負債・純資産(資本)を増減(収益・費用の発生も含む)させる事柄をいう。

2. **勘定** 資産・負債・純資産(資本)などの各要素の記録・計算の単位を勘定といい、それに付けた名称を勘定科目という。

   貸借対照表に記載する勘定
   - 資産の勘定……現金・売掛金・商品・貸付金・建物・備品など
   - 負債の勘定……買掛金・借入金など
   - 純資産(資本)の勘定……資本金

   損益計算書に記載する勘定
   - 収益の勘定……商品売買益・受取手数料・受取利息など
   - 費用の勘定……給料・広告宣伝費・支払家賃・通信費・交通費・雑費など

   勘定ごとに、その増減を記録・計算するために設けられた帳簿上の場所を**勘定口座**といい、略式のものは右のようで、簿記では、左側を**借方**、右側を**貸方**という。

   (借方) 現　　金 (貸方)

3. **勘定記入の法則** 勘定の記入は、次のような法則にもとづいて行われる。

(借方) 資産の勘定 (貸方)	(借方) 負債の勘定 (貸方)	(借方) 純資産(資本)の勘定 (貸方)
増加 / 減少	減少 / 増加	減少 / 増加

(借方) 費用の勘定 (貸方)	(借方) 収益の勘定 (貸方)
発生 / (消滅)	(消滅) / 発生

4. **取引の8要素**……取引を構成する要素を**取引要素**といい、この結合関係は次のとおりである。

   (借方要素)　　　　　　　(貸方要素)
   - 資産の増加　　　　　　資産の減少
   - 負債の減少　　　　　　負債の増加
   - 純資産(資本)の減少　　純資産(資本)の増加
   - 費用の発生　　　　　　収益の発生

   注:すべての取引は、上図の借方要素と貸方要素から成り立っている。
   なお、点線の結合関係はあまり発生しない。

1 【基礎問題】 次の文のうち，簿記上の取引となるものには○印を，そうでないものには×印を（ ）の中につけなさい。

(1) 宮崎商店から商品￥100,000を買いたいという注文を受けた。（　）
(2) 大分商店から商品￥100,000を掛けで仕入れた。（　）
(3) 商品￥10,000が盗難にあった。（　）
(4) 営業用トラックの駐車場を月￥40,000で借りる契約を結んだ。（　）
(5) 備品￥200,000を購入し，代金は月末払いとした。（　）
(6) 事務用品￥5,000を現金で買い入れた。（　）

2 【基礎問題】 次の各勘定口座の（ ）の中に，「増加」，「減少」または「発生」の語を記入しなさい。

建　　物	買　掛　金	支　払　家　賃
(　)｜(　)	(　)｜(　)	(　)｜

受取手数料	資　本　金	売　掛　金
｜(　)	(　)｜(　)	(　)｜(　)

借　入　金	商品売買益	銀　行　預　金
(　)｜(　)	｜(　)	(　)｜(　)

3 【練習問題】 次の取引を，例にならって，「借方の要素」と「貸方の要素」に分解しなさい。

〔例〕 商品￥100,000を仕入れ，代金は現金で支払った。
(1) 商品￥100,000を仕入れ，代金は掛けとした。
(2) 買掛金￥80,000を現金で支払った。
(3) 現金￥500,000を元入れし，開業した。
(4) 給料￥30,000を現金で支払った。
(5) 商品売買の仲介をし，手数料￥22,000を現金で受け取った。
(6) 商品￥60,000（原価￥48,000）を売り渡し，代金は掛けとした。
(7) 銀行に借入金￥50,000と利息￥2,000を現金で支払った。

	借　方　の　要　素	貸　方　の　要　素
例	資産（商　　品）の増加　￥　100,000	資産（現　　金）の減少　￥　100,000
(1)	(　　　　)の	(　　　　)の
(2)	(　　　　)の	(　　　　)の
(3)	(　　　　)の	(　　　　)の
(4)	(　　　　)の	(　　　　)の
(5)	(　　　　)の	(　　　　)の
(6)	(　　　　)の	(　　　　)の (　　　　)の
(7)	(　　　　)の (　　　　)の	(　　　　)の

4 練習問題

次の取引（A群）について，〔例〕にならって，その取引要素の結合関係をB群の中から選び，1・2……の数字で答えなさい。ただし，同じ数字が入るところもある。また，〔　〕の中に適当な勘定科目を記入して完成しなさい。なお，収益および費用に属する勘定については，そのいずれかに属するか明示する勘定科目を用いること。

〔例〕にならって，「借方の要素」と「貸方の要素」に分解しなさい。

A群　〔例〕　現金¥1,000,000を元入れして，小売店を開業した。
- a　神戸商店の買掛金，¥60,000を現金で支払った。
- b　岡山商店から，貸付金¥100,000の返済を受け，利息¥5,000とともに現金を受け取った。
- c　山口商店から商品¥180,000を仕入れ，代金のうち¥80,000は現金で支払い，残額は掛けとした。
- d　本月分給料¥80,000を現金で支払った。
- e　取引銀行から¥200,000を借り入れ，利息¥10,000を差し引かれ，手取金は現金で受け取った。

B群
1. 資産（ア）の増加 ─── 資産（イ）の減少
　　　　　　　　　　　　　負債（ウ）の増加
2. 資産（ア）の増加 ─── 資産（イ）の減少
　　　　　　　　　　　　　収益（ウ）の発生
3. 資産（ア）の増加 ─── 純資産(資本)（イ）の増加
4. 資産（ア）の増加 ─── 負債（ウ）の増加
　　費用（イ）の発生
5. 負債（ア）の減少 ─── 資産（イ）の減少
6. 費用（ア）の発生 ─── 資産（イ）の減少

A群	B群	(ア)	(イ)	(ウ)
例	3	[現　　　金]	[資　本　金]	[　　─　　]
a	[　　　]	[　　　]	[　　　]	[　　　]
b	[　　　]	[　　　]	[　　　]	[　　　]
c	[　　　]	[　　　]	[　　　]	[　　　]
d	[　　　]	[　　　]	[　　　]	[　　　]
e	[　　　]	[　　　]	[　　　]	[　　　]

5 **練習問題** 前記 **4** の取引について〔例〕にならって，下記の勘定口座に記入しなさい。数字の前に取引のアルファベットをつけること。

現　　金	商　　品	貸　付　金
〔例〕1,000,000		

買　掛　金	借　入　金	資　本　金
		〔例〕1,000,000

受　取　利　息	給　　料	支　払　利　息

第4回 仕訳と転記

要点整理

1. **仕　訳**……①勘定記入の法則にもとづいて，取引を借方要素と貸方要素に分解し，②借方と貸方の勘定科目と金額を決める。
2. **転　記**……仕訳にもとづいて，①借方の勘定科目と金額は，その勘定口座の借方に，②貸方の勘定科目と金額は，その勘定口座の貸方に書き移す。

転記した勘定口座には，日付なども同時に記入する。仕訳とその転記との関係を示すと次のとおりである。

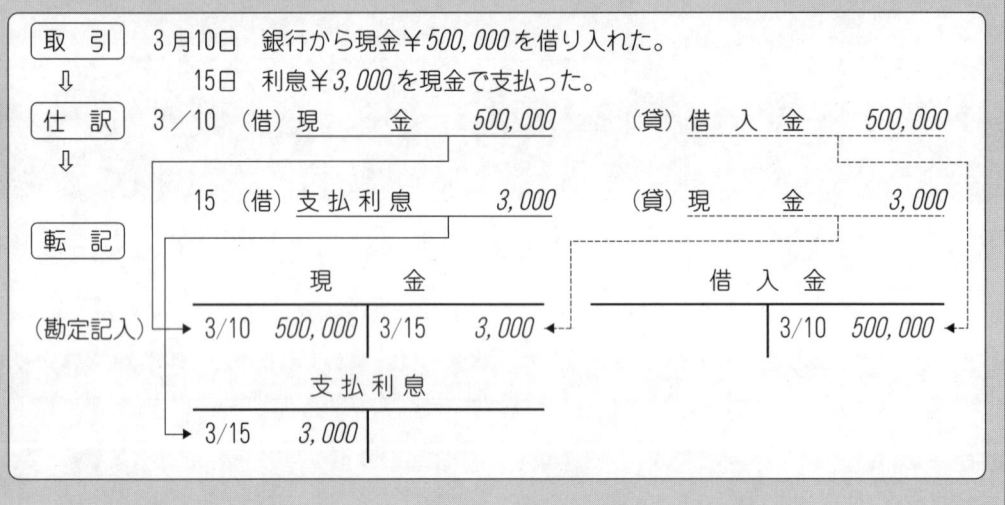

取引	3月10日　銀行から現金¥500,000を借り入れた。
⇩	15日　利息¥3,000を現金で支払った。
仕訳	3/10　（借）現　　金　500,000　　（貸）借　入　金　500,000
⇩	15　（借）支払利息　　3,000　　（貸）現　　金　　3,000
転記	

（勘定記入）

```
        現　　金                      借　入　金
3/10  500,000 | 3/15  3,000              | 3/10  500,000

        支払利息
3/15    3,000 |
```

---

1 【基礎問題】　次の取引を仕訳しなさい。

(1) 現金¥1,000,000を元入れして開業した。
(2) 現金¥200,000を銀行から借り入れた。
(3) 商品¥300,000を仕入れ，代金は掛けとした。
(4) 原価¥150,000の商品を¥210,000で売り渡し，代金は掛けとした。
(5) 給料¥25,000を現金で支払った。
(6) 商品売買の仲介手数料¥18,000を現金で受け取った。
(7) 借入金¥100,000と利息¥1,000をともに現金で支払った。

	借方科目	金　額	貸方科目	金　額
(1)				
(2)				
(3)				
(4)				
(5)				
(6)				
(7)				

2　基礎問題　次の仕訳を転記しなさい。ただし，日付と金額を記入すればよい。

```
6月 1日　（借）現　　　　金　1,000,000　（貸）資　本　　金　1,000,000
　　 4日　（借）現　　　　金　  200,000　（貸）借　入　　金　  200,000
　　12日　（借）商　　　　品　  300,000　（貸）買　掛　　金　  300,000
　　15日　（借）売　掛　　金　  210,000　（貸）商　　　　品　  150,000
　　　　　　　　　　　　　　　　　　　　　（貸）商品売買益　   60,000
　　25日　（借）給　　　　料　   25,000　（貸）現　　　　金　   25,000
　　28日　（借）現　　　　金　   18,000　（貸）受取手数料　   18,000
　　30日　（借）借　入　　金　  100,000　（貸）現　　　　金　  101,000
　　　　　　　　支　払　利　息　    1,000
```

現　　金
6/1	1,000,000	(　)	(　　)
(　)	(　　)	(　)	(　　)
(　)	(　　)		

売　掛　金
| (　) | (　　) | | |

買　掛　金
| | | (　) | (　　) |

商　　品
| (　) | (　　) | (　) | (　　) |

資　本　金
| | | (　) | (　　) |

借　入　金
| (　) | (　　) | (　) | (　　) |

受取手数料
| | | (　) | (　　) |

商品売買益
| | | (　) | (　　) |

給　　料
| (　) | (　　) | | |

支払利息
| (　) | (　　) | | |

— 13 —

3 練習問題　次の取引を仕訳しなさい。
(1) 現金¥800,000と備品¥200,000を出資して、開業した。
(2) 商品¥400,000を仕入れ、代金のうち¥150,000は現金で支払い、残額は掛けとした。
(3) 商品¥280,000（原価¥200,000）を売り渡し、代金のうち¥80,000は現金で受け取り、残額は掛けとした。
(4) 銀行から¥120,000を借り入れ、利息¥6,000は差し引かれ、残額は現金で受け取った。

	借方科目	金額	貸方科目	金額
(1)				
(2)				
(3)				
(4)				

4 練習問題　次の取引を仕訳し、各勘定口座に転記しなさい。ただし、日付・相手勘定科目・金額を記入すること。

7月1日　現金¥1,000,000と備品¥250,000を元入れして開業した。
　6日　商品¥450,000を仕入れ、代金は掛けとした。
　8日　商品売買の仲介手数料¥10,000を現金で受け取った。
　12日　商品を¥480,000（原価¥300,000）で売り渡し、代金は掛けとした。
　15日　給料¥30,000を現金で支払った。
　20日　買掛金のうち¥150,000を現金で支払った。
　25日　売掛金のうち¥200,000を現金で受け取った。
　30日　雑費¥3,000を現金で支払った。

月日	借方科目	金　　額	貸方科目	金　　額
7／1				
6				
8				
12				
15				
20				
25				
30				

現　　金

売　掛　金

備　　品

商　　品

資　本　金

買　掛　金

受取手数料

商品売買益

雑　　費

給　　料

第5回 仕訳帳と総勘定元帳

要点整理

1 **帳簿の種類** 帳簿は、**主要簿**と**補助簿**に大別される。**主要簿**は、複式簿記で欠くことができない帳簿で仕訳帳と総勘定元帳に分けられる。**補助簿**は、主要簿の補助的な役割をもつ帳簿で、後で学ぶ現金出納帳・当座預金出納帳・仕入帳・売上帳・商品有高帳・得意先元帳・仕入先元帳などがある。

2 **仕訳帳** 仕訳を記入する帳簿で、すべての取引を発生順に記入する。

〔例〕

仕　訳　帳　　　　　　　　　　　仕訳帳のページ→1

平成○年		摘　　　要	元丁	借　方	貸　方
4	1	（現　　金）	1	1,000,000	
		（資　本　金）	10		1,000,000
		ⓑ開　業			
	8	（商　　品）ⓐ諸　　口		400,000	
		（現　　金）	1		100,000
		（買　掛　金）			300,000
		東商店から仕入れ			

①　　　　　②　　　　　　　　　　④　　　　③

① **日付欄**……取引が発生した月日を記入する。
② **摘要欄**……左側に借方の勘定科目を、右側に貸方の勘定科目を記入する。
　ⓐ **諸口**……勘定科目が二つ以上の場合、勘定科目の上に記入する。
　ⓑ **小書き**……取引の内容を簡単に記入する。
③ **借方欄・貸方欄**……借方欄には仕訳の借方の勘定科目の金額を記入し、貸方欄には貸方の勘定科目の金額を記入する。
④ **元丁欄**……仕訳を総勘定元帳の勘定口座に転記したとき、その勘定口座の番号（またはページ数）を記入する。

3 **総勘定元帳** 各勘定口座が設けられている帳簿で、仕訳帳から勘定口座へ転記される。

〔標準式〕

総　勘　定　元　帳
現　　金　　　　　　　　　　1

平成○年		摘　要	仕丁	借　方	平成○年		摘　要	仕丁	貸　方
4	1	資　本　金	1	1,000,000	4	8	商　品	1	100,000

資　本　金　　　　　　　　10

					4	1	現　金	1	1,000,000

①　③　　④　②　　　①　③　　④　②

① 日　付　欄……仕訳帳の日付を記入する。
② 借方欄・貸方欄……仕訳帳の借方金額を該当する勘定口座の借方欄に記入し，貸方金額を該当する勘定口座の貸方欄に記入する。
③ 摘　要　欄……仕訳の相手勘定科目を記入する。
④ 仕　丁　欄……仕訳が記入されている仕訳帳のページ数を記入する。転記が終了したなら，仕訳帳の元丁欄に転記した勘定の口座番号を記入する。

〔残高式〕　　　　　　　総　勘　定　元　帳
　　　　　　　　　　　　　現　　　　　金　　　　　　　　　　　1

平成○年		摘　要	仕丁	借　方	貸　方	借または貸	残　高
4	1	資　本　金	1	1,000,000		借	1,000,000

　　　　　　　　　　　　　資　　本　　金　　　　　　　　　　10

4	1	現　　　金	1		1,000,000	貸 ⓐ	1,000,000 ⓑ

ⓐ 「借または貸」欄……残高が借方か貸方かを記入する。
ⓑ 残高欄……残高（その行の借方合計と貸方合計の差額）を記入する。

1 基礎問題　次の取引を仕訳帳に記入して完成しなさい。

6月1日　現金￥1,000,000を元入れして開業した。
　　8日　一関商店から商品￥350,000を仕入れ，代金のうち￥50,000は現金で支払い，残額は掛けとした。

仕　訳　帳　　　　　　　　　1

平成○年		摘　　　　要	元丁	借　方	貸　方
6	1	(現　　金)		(　　　)	
		(　　　　　)			(　　　)
		開　業			
	8	(　　　　) 諸　口		(　　　)	
		(現　　金)			(　　　)
		(　　　　　)			(　　　)
		一関商店から仕入れ			

2 基礎問題　前ページの **1** の仕訳帳から下記の総勘定元帳への転記を完成しなさい。なお，転記したなら上記の仕訳帳の元丁欄に記入すること。

総勘定元帳

現　金　　1

平成〇年	摘　要	仕丁	借　方	平成〇年	摘　要	仕丁	貸　方
6	1	資　本　金	( )	( )	6	8	( )	( )	( )

商　品　　5

( )	( )	( )	( )	( )	( )

買　掛　金　　7

			( )	( )	( )	( )	( )

資　本　金　　10

			( )	( )	( )	( )	( )

3 練習問題 次の取引を仕訳帳に記入し，総勘定元帳に転記しなさい。ただし，小書きは省略する。

7月1日　現金¥800,000を元入れして，トイ・ショップを開業した。
　6日　宮古商店から商品¥300,000を掛で仕入れた。
　15日　花巻商店に商品¥200,000（原価¥150,000）を売り渡し，代金のうち¥40,000は現金で受け取り，残額は掛けとした。
　20日　北上商店の商品売買の仲介をして，手数料¥12,000を現金で受け取った。
　25日　本月分給料¥25,000を現金で支払った。
　30日　雑費¥4,000を現金で支払った。

仕　訳　帳　　1

平成〇年	摘　要	元丁	借　方	貸　方

次ページへ

仕 訳 帳

2

平成○年	摘 要	元丁	借 方	貸 方
	前ページから			

総 勘 定 元 帳

現 金　　1

平成○年	摘 要	仕丁	借 方	平成○年	摘 要	仕丁	貸 方

売 掛 金　　2

商 品　　3

買 掛 金　　4

資 本 金　　5

商 品 売 買 益　　6

受 取 手 数 料　　7

給 料　　8

雑 費　　9

4 練習問題

次の取引を仕訳帳に記入し,総勘定元帳(残高式)に転記しなさい。ただし,小書きは省略する。

7月1日 現金¥1,500,000を元入れして開業した。
　5日 商品¥330,000を仕入れ,代金は掛けとした。
　12日 商品¥200,000(原価¥150,000)を売り渡し,代金のうち¥50,000は現金で受け取り,残額は掛けとした。
　15日 買掛金¥100,000を現金で支払った。

仕　訳　帳　　　　1

平成○年	摘　　要	元丁	借　方	貸　方

総　勘　定　元　帳

現　　金　　　　1

平成○年	摘　要	仕丁	借　方	貸　方	借または貸	残　高

売　掛　金　　　　2

商　　品　　　　3

買　掛　金　　　　4

		資 本 金			5

		商 品 売 買 益			6

5 〔検定問題〕 次の取引を仕訳帳に記入し，総勘定元帳の現金勘定と通信費勘定に転記しなさい。仕訳帳については，（　）の中だけに必要な記入を行うこと。収益・費用に属する勘定については，そのいずれかに属するかを明示する勘定を用いること。

　10月31日　静岡商店から貸付金のうち¥300,000とその利息¥2,500とともに現金で受け取った。
　11月6日　関東電信電話株式会社に10月分の電話料金¥16,000を現金で支払った。

仕　訳　帳　　　　　　　　10ページ

平成○年	摘　　要	元丁	借　方	貸　方
	省　略			
( )( )	(　　　) (　　　)	( )	(　　　)	
	(　　　)			(　　　)
	(　　　)			(　　　)
	次ページへ		5,709,500	5,709,500

仕　訳　帳　　　　　　　　11ページ

平成○年	摘　　要	元丁	借　方	貸　方
	(　　　)	( )	(　　　)	(　　　)
( )( )	(　　　)	( )	(　　　)	
	(　　　)	( )		(　　　)

総　勘　定　元　帳

現　金　　　　　　　　1

平成○年	摘　要	仕丁	借　方	平成○年	摘　要	仕丁	貸　方
	省　略						

通　信　費　　　　　　　　13

				省　略			

第6回 試算表の作成

要点整理

1. **試算表の意味**……試算表は、仕訳帳から総勘定元帳への転記が正しく行われたかどうかを確かめるために作成される。
2. **試算表の種類**……合計試算表・残高試算表および合計残高試算表の3種類がある。
3. **試算表の作成**
   ① 合計試算表は、総勘定元帳の各勘定ごとに計算した借方合計額と貸方合計額を集計して作成する。
   ② 残高試算表は、各勘定の残高を集めて作成する。
   ③ 合計残高試算表は、合計試算表と残高試算表を一つにまとめて作成する。

1 基礎問題 東京商店の次の取引を勘定に記入し、期末（平成○年12月31日）の合計試算表を作成しなさい。なお、12月30日までの取引については合計額で示してある。

12月31日 売掛金のうち¥40,000を現金で受け取った。

現　　金　1	売　掛　金　2	商　　品　3
380,000 | 180,000	905,000 | 255,000	650,000 | 270,000

備　　品　4	買　掛　金　5	借　入　金　6
250,000 |	150,000 | 610,000	80,000 | 180,000

資　本　金　7	商品売買益　8	給　　料　9
| 800,000	20,000 | 380,000	150,000 |

支払家賃　10	雑　　費　11	支払利息　12
60,000 |	25,000 |	5,000 |

合　計　試　算　表
平成○年12月31日

借　方	元丁	勘定科目	貸　方
	1	現　　　　　　金	
	2	売　　掛　　金	
	3	商　　　　　　品	
	4	備　　　　　　品	
	5	買　　掛　　金	
	6	借　　入　　金	
	7	資　　本　　金	
	8	商　品　売　買　益	
	9	給　　　　　　料	
	10	支　払　家　賃	
	11	雑　　　　　　費	
	12	支　払　利　息	

2 練習問題

東京商店の期末（平成○年12月31日）の残高試算表を作成しなさい。なお，各勘定口座は合計で示してある。

現　　金 1	売　掛　金 2	商　　品 3
380,000 | 220,000	905,000 | 255,000	650,000 | 270,000

備　　品 4	買　掛　金 5	借　入　金 6
250,000 |	190,000 | 610,000	80,000 | 180,000

資　本　金 7	商品売買益 8	給　　料 9
| 800,000	20,000 | 380,000	150,000 |

支払家賃 10	雑　　費 11	支払利息 12
60,000 |	25,000 |	5,000 |

残　高　試　算　表
平成○年12月31日

借　　方	元丁	勘　定　科　目	貸　　方
160,000	1	現　　　　金	
650,000	2	売　　掛　　金	
380,000	3	商　　　　品	
250,000	4	備　　　　品	
	5	買　　掛　　金	420,000
	6	借　　入　　金	100,000
	7	資　　本　　金	800,000
	8	商　品　売　買　益	360,000
150,000	9	給　　　　料	
60,000	10	支　払　家　賃	
25,000	11	雑　　　　費	
5,000	12	支　払　利　息	
1,680,000			1,680,000

合計残高試算表
平成○年6月30日

借方残高	借方合計	元丁	勘定科目	貸方合計	貸方残高
1,203,000	2,145,000	1	現　　　　金	942,000	
390,000	890,000	2	売　掛　　金	500,000	
430,000	1,430,000	3	商　　　　品	1,000,000	
300,000	300,000	4	備　　　　品		
	580,000	5	買　掛　　金	1,230,000	650,000
	50,000	6	借　入　　金	250,000	200,000
		7	資　本　　金	1,300,000	1,300,000
		8	商品売買益	285,000	285,000
70,000	70,000	9	給　　　　料		
35,000	35,000	10	支　払　家　賃		
1,000	1,000	11	雑　　　　費		
6,000	6,000	12	支　払　利　息		
2,435,000	5,507,000			5,507,000	2,435,000

第7回 精算表の作成

要点整理

1. **精算表の意味**……精算表は，残高試算表から損益計算書と貸借対照表を作成する手続きを一つにまとめた計算表で，決算手続きの全体的な流れを把握するために作成する。

2. **精算表の作成**……残高試算表欄をもとに，損益計算書欄および貸借対照表欄の6桁精算表を作成する。

1 基礎問題 次の精算表を完成しなさい。

精 算 表

平成○年12月31日

勘定科目	元丁	残高試算表 借方	残高試算表 貸方	損益計算書 借方	損益計算書 貸方	貸借対照表 借方	貸借対照表 貸方
現 金	1	160,000					
売 掛 金	2	650,000					
商 品	3	380,000					
備 品	4	250,000					
買 掛 金	5		420,000				
借 入 金	6		100,000				
資 本 金	7		800,000				
商品売買益	8		360,000				
給 料	9	150,000					
支 払 家 賃	10	60,000					
雑 費	11	25,000					
支 払 利 息	12	5,000					
当 期 純 利 益							
		1,680,000	1,680,000				

2 **練習問題** 次の総勘定元帳の期末勘定残高について,
(1) 精算表を作成しなさい。ただし,資本金は各自が計算すること。
(2) 期末資本金はいくらになるか?

勘定残高

現 金	¥34,000	当座預金	¥165,000	売 掛 金	¥175,000
商 品	145,000	備 品	135,000	買 掛 金	65,000
借 入 金	50,000	資 本 金	X	商品売買益	124,000
給 料	75,000	支払家賃	48,000	支払利息	12,000

(1) 精　算　表
平成○年12月31日

勘定科目	残高試算表 借方	残高試算表 貸方	損益計算書 借方	損益計算書 貸方	貸借対照表 借方	貸借対照表 貸方
現　　　金						
当 座 預 金						
売 　掛　 金						
商　　　品						
備　　　品						
買 　掛　 金						
借 　入　 金						
資 　本　 金		(　　　)				
商 品 売 買 益						
給　　　料						
支 払 家 賃						
支 払 利 息						
当期純(　　)						

(2) 期末資本　¥_____

第8回 決算と財務諸表の作成

要点整理

1 決算の手続 決算は，期末に総勘定元帳の記録を整理し，帳簿を締め切り，損益計算書および貸借対照表を作成する一連の手続きである。決算の手続きは，(1)決算予備手続き（試算表の作成・棚卸表の作成と決算整理など）→(2)決算本手続き→(3)決算の報告の順で行う。

2 決算本手続 ①総勘定元帳の締め切り ［1］収益・費用の各勘定の締め切り ［2］資産・負債・純資産（資本）の各勘定の締め切り ②繰越試算表の作成

3 決算の報告 財務諸表（損益計算書・貸借対照表）の作成

---

1 基礎問題 仙台商店の当期間中の収益・費用に関する資料は，次のとおりであった。よって，次の設問に答えなさい。ただし，決算日は平成〇年12月31日である。

(1) 収益の各勘定残高を損益勘定に振り替える仕訳を示しなさい。
(2) 費用の各勘定残高を損益勘定に振り替える仕訳を示しなさい。
(3) 当期純損益を資本金勘定に振り替える仕訳を示しなさい。
(4) (1)～(3)の仕訳を損益勘定と資本金勘定へ転記しなさい。

勘定残高

| 商品売買益 ￥900,000 | 受取手数料 ￥25,000 | 給　　料 ￥560,000 |
| 発 送 費 ￥180,000 | 消耗品費 ￥40,000 | 雑　　費 ￥20,000 |

	借方科目	金額	貸方科目	金額
(1)				
(2)				
(3)				

(4)

資本金

　　　　　　　　　　| 1/1 前期繰越　800,000

損益

2 練習問題

奈良商店（決算は年1回。12月31日）の期末における総勘定元帳の記録（合計額で示してある）によって，次の問いに答えなさい。

(1) 決算仕訳を示しなさい。
(2) 現金・資本金・給料・損益の各勘定の締切記入をしなさい。
(3) 繰越試算表を作成しなさい。
(4) 損益計算書と貸借対照表を作成しなさい。
(5) 売掛金の回収額はいくらか。ただし，売上値引きや返品はなかったものとする。また，期末資本額はいくらか。

総勘定元帳

現　　金　　1	当座預金　　2	売掛金　　3
370,500 | 297,000	268,000 | 203,000	260,000 | 158,000

商　　品　　4	備　　品　　5	買掛金　　6
340,000 | 260,000	57,000 |	167,000 | 240,000

借入金　　7	資本金　　8	商品売買益　　9
20,000 | 50,000	| 250,000	| 79,000

受取手数料　10	給　　料　　11	広告宣伝費　12
| 2,500	34,000 |	5,000 |

支払家賃　　13	雑　　費　　14	支払利息　　15
15,000 |	2,000 |	1,000 |

(1) 決算仕訳

	借方科目	金額	貸方科目	金額
収益勘定の振替				
費用勘定の振替				
純損益の振替				

(2) 各勘定の記入

現　　金　　1		給　　料　　11	
370,500	297,000	34,000	

		損　　益　　16	

資本金　　8	
	250,000

― 28 ―

(3) 繰越試算表

繰 越 試 算 表
平成〇年12月31日

借 方	元丁	勘 定 科 目	貸 方
	1	現　　　　　金	
	2	当 座 預 金	
	3	売 　 掛 　 金	
	4	商　　　　　品	
	5	備　　　　　品	
	6	買 　 掛 　 金	
	7	借 　 入 　 金	
	8	資 　 本 　 金	

(4) 損益計算書と貸借対照表

損 益 計 算 書

奈良商店　　　平成〇年1月1日から　平成〇年12月31日

費　　　用	金　　額	収　　　益	金　　額

貸 借 対 照 表

奈良商店　　　平成〇年12月31日

資　　　産	金　　額	負債および純資産	金　　額

(5) 売掛金の回収額　￥_____
　　期末資本額　￥_____

第9回 現金・預金

要点整理

1. **現金勘定** 現金を受け取ったときは借方に記入し，支払ったときは貸方に記入する。現金勘定の残高は，つねに借方に生じ，手許有高を示す。現金勘定で処理するものには，通貨のほかに，他人振出の小切手・送金小切手・郵便為替証書・株式配当金領収証・支払期日到来後の公債・社債の利札などの**通貨代用証券**がある。

2. **現金出納帳** 現金収支の明細を記録する補助簿

3. **現金過不足勘定** 現金の手許有高（実際残高）と帳簿残高とが一致しない場合には，現金過不足勘定を用いて次のように処理する。

   (1) 手許有高が帳簿残高より少ない（**現金不足**）場合
   ① 不一致額があることがわかったとき
   　(借) 現 金 過 不 足　×××　　(貸) 現　　　金　×××
   ② 不一致の原因が判明したとき（不足の原因，通信費の記入もれ）
   　(借) 通　信　費　×××　　(貸) 現 金 過 不 足　×××
   ③ 決算日まで原因がわからないとき
   　(借) 雑　　損　×××　　(貸) 現 金 過 不 足　×××

   (2) 手許有高が帳簿残高より多い（**現金過剰**）場合
   ① 不一致額があることがわかったとき
   　(借) 現　　　金　×××　　(貸) 現 金 過 不 足　×××
   ② 不一致の原因が判明したとき（過剰の原因，手数料受取りの記入もれ）
   　(借) 現 金 過 不 足　×××　　(貸) 受 取 手 数 料　×××
   ③ 決算日まで原因がわからないとき
   　(借) 現 金 過 不 足　×××　　(貸) 雑　　益　×××

4. **当座預金勘定** 銀行との当座取引契約にもとづいて随時預け入れ，また引き出すことができる，無利息の預金。引出しには，通常，小切手が用いられる。

5. **当座借越勘定** 銀行と**当座借越契約**を結んでおけば，預金残高を超えて借越限度まで小切手を振り出すことができ，その借越額については**当座借越勘定**を用いて処理する。

6. **当座勘定** 当座預金の記帳と当座借越の記帳を一つの当座勘定で行う方法である。

7. **その他の預金** 普通預金，定期預金，通知預金，郵便貯金などについては，それぞれの勘定口座で処理するか，まとめて**諸預金勘定**で処理することもある。

---

1 基礎問題 次の取引を仕訳しなさい。

9月1日 秋田商店の売掛金のうち¥150,000を同店振出しの小切手で受け取った。

　5日 宮崎商店から商品¥200,000を仕入れ，代金は手許の現金¥50,000と上記で受け取った小切手で支払った。

　14日 山形商店の商品売買の仲介をして手数料¥30,000を郵便為替証書で受け

取った。

28日　本月分給料￥50,000を現金で支払った。

	借方科目	金　　額	貸方科目	金　　額
9／1				
5				
14				
28				

2 基礎問題　1 の取引を現金出納帳へ記入しなさい。

現　金　出　納　帳

平成×年		摘　　　要	収　入	支　出	残　高
9	1	前　月　繰　越	450,000		450,000

3 練習問題　次の取引を仕訳しなさい。

(1) 現金の手許有高を調べたところ￥84,000であり，帳簿残高￥90,000より￥6,000少ないことがわかった。

(2) 決算にあたり，上記の現金過不足のうち￥4,000は郵便切手購入の記入もれであることが判明したが，残額は原因がわからないので雑損勘定に振り替えた。

(3) 現金の手許有高を調べたところ￥90,000であり，帳簿残高￥75,000より￥15,000多いことがわかった。

(4) 決算にあたり，上記の現金過剰のうち￥12,000は仲介手数料の受取りの記入もれであることが判明したが，残額は原因がわからないので雑益勘定に振り替えた。

	借方科目	金　　額	貸方科目	金　　額
(1)				
(2)				
(3)				
(4)				

4 **練習問題** 次の取引を仕訳し，現金勘定と現金過不足勘定へ転記するとともに，現金出納帳も完成しなさい。なお，現金の前月繰越額は¥120,000である。

10月2日　京南銀行から¥250,000を借り入れ，利息¥10,000を差し引かれ，手取額は現金で受け取った。

　　6日　米原商店から商品¥85,000を仕入れ，代金のうち，¥25,000は現金で支払い，残額は掛けとした。

　15日　大津商店に商品¥100,000（原価¥65,000）を売り渡し，代金として同店振出しの小切手で受け取った。

　16日　米原商店の買掛金のうち¥100,000を15日に受け取った小切手で支払った。

　20日　現金の実際残高を調べたところ¥320,000であった。現金過不足の処理をした。

　25日　長浜商店の売掛金のうち，¥110,000を現金で受け取った。

　28日　電気代¥6,000とガス代¥4,000を現金で支払った。

	借　方　科　目	金　　　　額	貸　方　科　目	金　　　　額
10/2				
6				
15				
16				
20				
25				
28				

　　　　　　　　　　現　　金　　　　　　　　　　　　　　　　　　　　　現金過不足

10/1 前月繰越　120,000

　　　　　　　　　　　　　　現　金　出　納　帳　　　　　　　　　　　1ページ

平成×年		摘　　　　要	収　　入	支　　出	残　　高
10	1	前月繰越	120,000		

5 練習問題　次の取引を仕訳しなさい。
10月1日　東西銀行と当座取引契約を結び，現金￥200,000を預け入れた。
　　4日　酒田商店の買掛金￥150,000を小切手#001を振り出して支払った。
　　12日　福井商店の売掛金のうち￥110,000を同店振出しの小切手で受け取り，ただちに当座預金に預け入れた。

	借　方　科　目	金　　　額	貸　方　科　目	金　　　額
10／1				
4				
12				

6 練習問題　次の連続する取引を仕訳しなさい。
10月15日　仙台商店から商品￥180,000を仕入れ，代金は小切手#002を振り出して支払った。ただし，当座預金残高は￥160,000で，当座借越契約による借越限度額は￥200,000である。
　　20日　天童商店に商品￥140,000（原価￥90,000）を売り渡し，代金として同店振出しの小切手で受け取り，ただちに当座預金に預け入れた。ただし，当座借越が￥20,000ある。

	借　方　科　目	金　　　額	貸　方　科　目	金　　　額
10／15				
20				

7 練習問題　上記**6**の取引を当座勘定を用いて仕訳しなさい。

	借　方　科　目	金　　　額	貸　方　科　目	金　　　額
10／15				
20				

8 練習問題　上記 **5** と **6** の10月の取引から当座預金出納帳に記入しなさい。

当座預金出納帳

平成〇年	摘　　要	預　入	引　出	借または貸	残　高

9 練習問題　次の取引を仕訳しなさい。

(1) 十和田銀行の普通預金に現金¥100,000を預け入れた。
(2) 十和田銀行の定期預金¥200,000が満期になり，利息¥1,500とともに現金で受け取った。

	借　方　科　目	金　　額	貸　方　科　目	金　　額
(1)				
(2)				

10 検定問題　次の取引を仕訳しなさい。

(1) 某月末の現金の帳簿残高は¥85,000であったが，実際の現金残高は¥81,000であった。
(2) その後，上記差額の一部は電話料¥6,300を¥3,600と誤記入していたために発生したことが判明した。
(3) 上記現金過不足残高は原因不明のため雑損として処理した。
(4) 決算にあたり，現金の手許有高を調べたところ，帳簿残高は¥280,000であるのに対して，実際有高は¥275,000であった。この現金不足額のうち¥3,300は，従業員個人が負担すべき交通費を店の現金で肩代わりして支払った取引が未記帳であったためであると判明したが，残りの現金不足額の原因は不明である。

	借　方　科　目	金　　額	貸　方　科　目	金　　額
(1)				
(2)				
(3)				
(4)				

11 検定問題 次の取引を仕訳しなさい。

(1) 現金の実際残高が帳簿残高より¥24,000多かったので、現金過不足勘定で処理していたが、原因を調査したところ、発送費用の支払額¥16,000および売掛金の回収額¥35,000の記入漏れであった。なお、残額は原因不明のため雑益として処理した。

(2) 得意先上越商店から売掛金¥190,000の回収として、かねて当店が振り出した小切手#1008¥100,000と、郵便為替証書¥90,000を受け取った。

(3) 仕入先中越商店に対する買掛金の支払いとして、小切手#1099¥440,000を振り出して支払った。ただし、当座預金残高は¥400,000であった。なお、当店は当座勘定を用いて記帳している。

(4) 下越商店に商品¥450,000（原価¥330,000）を売り渡し、代金のうち¥200,000は同店振出しの小切手で受け取り、ただちに当座預金に預け入れた。なお、残額については翌月末に受け取ることにした。現在、当座借越残高（貸方）が¥50,000ある。

(5) 佐渡商店から商品¥340,000を仕入れ、その代金の一部として直江津商店から受け取っていた同店振出しの小切手¥200,000を渡し、残額は小切手を振り出して支払った。

(6) 従業員が立て替えていた電車賃¥600は現金で支払っていたが、未記帳であることが判明した。なお、昨日、週1回の現金実査を行い、現金過不足勘定の借方に¥800の記入を行っている。雑損または雑益への振り替えは、決算日に行うこととしている。

	借方科目	金額	貸方科目	金額
(1)				
(2)				
(3)				
(4)				
(5)				
(6)				

第10回 小口現金

要点整理

1. **小口現金** 郵便料金やタクシー代などの日常の少額の支払いに小切手を振り出すのは煩雑であり，そこで用度係（小口現金出納係）に**小口現金**（または小払資金）と呼ばれる現金を前渡ししておき，少額の支払いが行われている。この増減を記録する勘定を**小口現金勘定**という。

2. **定額資金前渡制度（インプレスト・システム）** 一定期間に必要な資金額を見積もり，月または週の初めに用度係に小口現金として前渡しし，月末または週末に支払報告を受け，その支払額と同額を補給する方法。

3. **小口現金の会計処理**
   ① 会計課が，用度係に小口現金を小切手を振り出して前渡ししたとき

（借）小　口　現　金　　×××　　（貸）当　座　預　金　　×××

   ② 用度係は，小払いのつど，小口現金出納帳の明細を記録する。
   ③ 会計課は，月末に用度係から交通費，通信費……など支払報告を受けたとき

（借）費用の各勘定　　×××　　（貸）小　口　現　金　　×××

   ④ 会計課が用度係へ小口現金を小切手を振り出して補給したとき

（借）小　口　現　金　　×××　　（貸）当　座　預　金　　×××

   （注）支払報告を受けただちに補給したときは，③と④一緒になる。

（借）費用の各勘定　　×××　　（貸）当　座　預　金　　×××

1　基礎問題　次の取引を仕訳しなさい。

6月1日　定額資金前渡制度をとる用度係に1週間分の小口現金として¥200,000を小切手を振り出して渡した。

　　7日　用度係から週末に次のような支払報告があった。
　　　　　　旅費交通費　¥79,000　　通信費　¥63,000　　消耗品費　¥30,000

　　9日　翌週の初めに同額の小切手を振り出して小口現金を補給した。

	借方科目	金　額	貸方科目	金　額
6／1				
7				
9				

2 練習問題 次の取引を仕訳しなさい。

6月1日 定額資金前渡制度をとる用度係に1か月の小口現金として¥300,000を小切手を振り出して渡した。

30日 用度係から月末に次のような支払報告を受け，ただちに同額の小切手を振り出して補給した。

旅費交通費 ¥134,000　通信費 ¥93,000　消耗品費 ¥38,000

	借方科目	金額	貸方科目	金額
6／1				
30				

3 検定問題 次の取引を小口現金出納帳に記入し，あわせて週末における締め切りと翌週初めの資金の補給の記入を行いなさい。なお，定額資金前渡制度を採用している。

6月7日（月）タクシー代 ¥18,000　6月10日（木）帳簿代 ¥12,000
　8日（火）切手代 ¥8,000　　　　11日（金）電話代 ¥20,000
　〃日（火）文具代 ¥7,000　　　　12日（土）バス代 ¥12,000
　9日（水）茶菓代 ¥5,500

小口現金出納帳

受入	平成○年		摘要	支払	旅費交通費	通信費	消耗品費	雑費	残高
11,500	6	7	前週繰越						
88,500		〃	本日補給						
			合計						
		〃	次週繰越						
	6	14	前週繰越						
		〃	本日補給						

4 検定問題

次の資料にもとづいて答案用紙の小口現金出納帳に記入し、さらに週末における締切りも行いなさい。なお、当店は従来より定額資金前渡制度（インプレスト・システム）を採用している。また、小口現金の報告および小切手による補給は毎週末の金曜日に行われ、小口現金は¥50,000で次週に繰り越されている。

(資料)

11月1日	(月)	コピー用紙	¥3,400	新聞購読料	¥4,000
2日	(火)	切手・はがき	¥7,500	電車運賃	¥2,000
3日	(水)	バス運賃	¥3,200	ボールペン	¥1,900
4日	(木)	携帯電話通話料	¥6,400	お茶菓子	¥1,700
5日	(金)	タクシー運賃	¥2,800	伝票用紙	¥3,000

小口現金出納帳

受入	平成×8年		摘要	支払	内訳			
					通信費	交通費	消耗品費	雑費
	11	1	前週繰越					
		〃	コピー用紙					
		〃	新聞購読料					
		2	切手・はがき					
		〃	電車運賃					
		3	バス運賃					
		〃	ボールペン					
		4	携帯電話通話料					
		〃	お茶菓子					
		5	タクシー運賃					
		〃	伝票用紙					
			合計					
		〃	本日補給					
		〃	次週繰越					
	11	8	前週繰越					

5 検定問題　次の取引を仕訳しなさい。

(1) 小口現金係から，旅費交通費¥30,000，消耗品費¥89,000および雑費¥13,000の小口現金の使用について報告を受け，同額の小切手を振り出して補給した。なお，当店は，小口現金について定額資金前渡制度を採用している。

(2) 小口現金係から，次のように支払の報告を受けたため，ただちに小切手を振り出して資金を補給した。なお，当店では定額資金前渡制度（インプレスト・システム）により，小口現金係から毎週金曜日に一週間の支払報告を受け，これにもとづいて資金を補給している。

　　通　信　費　¥6,700　　消耗品費　¥4,320　　雑　　　費　¥780

	借　方　科　目	金　　　額	貸　方　科　目	金　　　額
(1)				
(2)				

第11回 商品売買(1)

要点整理

1 商品売買の記帳方法　分記法と三分法がある

2 分記法　商品勘定（資産）と商品売買益勘定（収益）の二つの勘定を用いて処理する方法である。

```
                       仕入原価
                         ↓
仕入れ （借）商　　品  ××    （貸）買 掛 金  ××
売上げ （借）売 掛 金  ××    （貸）商　　品  ×× ← 売上原価　売
              　　　　　　　　　　 商品売買益 ××              上
                                                           高
```

3 三分法　仕入勘定（費用），売上勘定（収益），繰越商品勘定（資産）の三つの勘定を用いて処理する方法である。なお，繰越商品勘定は期首と期末の在庫品を記入する。

```
                       仕入原価
                         ↓
仕入れ （借）仕　　入  ××    （貸）買 掛 金  ××
売上げ （借）売 掛 金  ××    （貸）売　　上  ×× ← 売上高
```

4 三分法における商品売買の記帳法

● 返品・値引の処理　　返　品……仕入または売上取引の一部取消し
　　　　　　　　　　　値　引……仕入または売上代金の減額

〈掛け取引のときの仕訳〉

	買い手	売り手
売　買	仕　入 ×× 買 掛 金 ××	売 掛 金 ×× 売　上 ××
返　品	買 掛 金 ×× 仕　入 ××	売　上 ×× 売 掛 金 ××
値　引	買 掛 金 ×× 仕　入 ××	売　上 ×× 売 掛 金 ××

● 仕入諸掛り・販売諸掛りの処理

	商品¥100掛け仕入れ，引取運賃¥5現金払い	商品¥100掛け売上げ，発送運賃¥5現金払い
当方負担	仕　入 105　買 掛 金 100 　　　　　　　現　　金　5	売 掛 金 100　売　上 100 発 送 費　5　現　金　5
先方負担	仕　入 100　買 掛 金 100 立 替 金　5　現　金　5	売 掛 金 100　売　上 100 立 替 金　5　現　金　5
	仕　入 100　買 掛 金 95① 　　　　　　　現　　金　5	売 掛 金 105②　売　上 100 　　　　　　　　現　金　5

（注）① 立て替え払い分を買掛金から差し引く。
　　　② 立て替え払い分を売掛金に含める。なお，立替金とするか売掛金（あるいは買掛金）とするかは問題の指示による。

1 **基礎問題** 次の取引を三分法によって仕訳しなさい。

7月1日 7月1日現在の商品の手許有高は次のとおりである。

　　　　　甲　商　品　　@￥2,230　　30個　　￥66,900

3日 札幌商店より甲商品 30個 @￥2,500 ￥75,000を仕入れ，代金は掛けとした。

5日 小樽商店に甲商品 25個 @￥3,500 ￥87,500を売り渡し，代金は現金で受け取った。

9日 3日に仕入れた商品のうち，5個を品質不良のため返品した。

11日 函館商店に甲商品 15個 @￥3,750 ￥56,250を売り渡し，代金は掛けとした。

13日 11日に売り上げた商品のうち，4個分については1個当たり￥200の値引きを認め，これを売掛金から差し引くことにした。

	借方科目	金　　額	貸方科目	金　　額
7／1				
3				
5				
9				
11				
13				

2 **練習問題** 次の取引を三分法によって仕訳しなさい。

(1) 青森商店から商品¥400,000を仕入れ、代金は掛けとした。なお、引取運賃¥30,000は小切手を振り出して支払った。
(2) 青森商店から仕入れた商品のうちの一部に品違いがあったので、¥40,000の商品を返品した。
(3) 弘前商店に商品¥220,000を掛けで売り上げた。なお、発送費（当店負担）¥6,000は現金で支払った。
(4) 津軽商店に商品¥460,000を掛けで売り上げた。なお、発送費¥9,000は先方負担となっているが、当店が現金で立替払いした。
(5) 津軽商店に売り上げた商品につき、¥20,000の値引きの申入れがあったので本日これを承諾した。

	借 方 科 目	金 額	貸 方 科 目	金 額
(1)				
(2)				
(3)				
(4)				
(5)				

3 **検定問題** 次の取引を三分法によって仕訳しなさい。

(1) かねて福岡商店より掛けで仕入れ，神奈川商店に対して掛けで販売していた商品55ケース（取得原価@¥9,500，売価@¥12,000）のうち，5ケースに汚損があったため，1ケースあたり¥1,200の値引を承諾し，8ケースについては品違いのため返品されてきた。

(2) 得意先能代商店に商品¥180,000を売り上げ，代金のうち¥100,000を送金小切手で受け取り，残額は現金で受け取った。

(3) 仙台商店から商品¥124,000を仕入れ，代金は小切手を振り出して支払った。ただし，当座預金勘定の残高は¥100,000であり，銀行と当座借越契約（借越限度額¥400,000）を結んである。

　（注）当座預金，当座借越の記帳には「当座勘定」を用いる。

(4) 蔵王商店へ商品¥1,000,000を売り上げ，代金のうち¥200,000は同店振出しの小切手で受け取り，残額は月末に受け取ることとした。

(5) 会津商店へ商品¥800,000を売り上げ，代金のうち半額は送金小切手で受け取り，ただちに当座預金とし，残額は月末に受け取ることとした。なお，その際，発送運賃（会津商店負担）¥24,000を小切手を振り出して支払った。

(6) 商品¥65,000を掛けで売り渡した取引を，借方，貸方とも誤って¥56,000と記入されていたので，正しい金額に修正をした。

(7) 販売用の事務机@¥300,000を4台購入し，代金は翌月に支払うこととした。なお，引取運賃¥8,000は現金で支払った。

	借方科目	金　額	貸方科目	金　額
(1)				
(2)				
(3)				
(4)				
(5)				
(6)				
(7)				

第12回 商品売買(2)

要点整理

1. **三分法における商品売買損益の計算** 次の手順で期末にまとめて行う。

① 決算整理仕訳により売上原価を計算する。

売上原価の計算には，次の二つの方法がある。

ア 仕入勘定で計算する方法
イ 売上原価勘定で計算する方法

ⓐ 仕入勘定で計算する方法

決算整理仕訳

期首商品
(借)仕　　　　入　××　　(貸)繰　越　商　品　××……①
期末商品
(借)繰　越　商　品　××　　(貸)仕　　　　入　××……②

仕　入

当期仕入高	② 期末商品
① 期首商品	売上原価

上記仕訳の記入により仕入勘定の残高は売上原価を表す。

ⓑ 売上原価勘定で計算する方法

決算整理仕訳

期首商品
(借)売　上　原　価　××　　(貸)繰　越　商　品　××……③
仕入高
(借)売　上　原　価　××　　(貸)仕　　　　入　××……④
期末商品
(借)繰　越　商　品　××　　(貸)売　上　原　価　××……⑤

売　上　原　価

③ 期首商品	⑤ 期末商品
④ 当期仕入高	売上原価

上記仕訳の記入により売上原価勘定の残高は売上原価を表す。

② 売上高と売上原価を損益勘定に振り替える（売上原価を仕入勘定で計算する方法の場合）。

・売上高を損益勘定に振り替える。

(借)売　　　　上　××　　(貸)損　　　　益　××

・売上原価（仕入勘定の残高）を損益勘定に振り替える。

(借)損　　　　益　××　　(貸)仕　　　　入　××

《補足》 売上原価とは販売された商品の原価のことで，次の式で計算される。

売上原価＝期首商品棚卸高＋当期商品仕入高－期末商品棚卸高

1 基礎問題

次の各勘定記録から決算整理に必要な仕訳および決算振替仕訳を示し,転記して締め切りなさい。売上原価は仕入勘定で算出すること。なお,期末商品棚卸高は¥180,000であった。

```
       繰 越 商 品                        仕       入
前期繰越  100,000  |                    5,000,000 |
                  |                               |
                  |                               |
                  |                     損     益
                  |                               |
```

```
       売       上
                  |   8,000,000
```

借 方 科 目	金　　額	貸 方 科 目	金　　額

2 練習問題

次の資料にもとづいて,下記の商品売買関係の勘定と損益勘定について,(　)内に必要な記入を行いなさい。なお,売上原価は仕入勘定で計算するものとする。

（注）当期中の仕入,仕入値引き・戻し,売上および売上戻りは,便宜上,全部まとめて記帳する。

期首商品棚卸高　¥　120,000　　当期商品総仕入高　¥1,500,000
当期商品仕入値引高　¥　12,000　　当期商品仕入戻し高　¥　40,000
当期商品総売上高　¥1,960,000　　当期商品売上戻り高　¥　60,000
期末商品棚卸高　¥　150,000

```
                    繰  越  商  品
1/1  前期繰越 (        )  | 12/31 (         ) (         )
12/31 (        ) (      ) |   〃   (         ) (         )
                 (       )|                   (         )

                    仕        入
      (        ) (        ) | 仕入戻し高  (         )
12/31 (        ) (        ) | (         ) (         )
                            | 12/31 (         ) (         )
                            |  〃  損   益 (         )
                 (        ) |             (         )

                    売        上
      (        ) (        ) | 総売上高  (         )
12/31 (        ) (        ) |
                 (        ) |

                    損        益
12/31 (        ) (        ) | 12/31 (         ) (         )
```

3 **検定問題** 下記に示してある商品売買関係の勘定と損益勘定について，（　）内に必要な記入を行いなさい。なお，売上原価は仕入勘定で計算するものとする。

(注) 当期中の仕入，仕入戻し，売上および売上値引は，便宜上，全部まとめて記帳してある。

繰　越　商　品

1／1 前 期 繰 越	50,000	12／31 （　　　　）	（　　　　）
12／31 （　　　　）	（　　　　）	〃 （　　　　）	（　　　　）
	（　　　　）		（　　　　）

仕　　　入

当 期 仕 入 高	400,000	当期仕入戻し高	20,000
12／31 （　　　　）	（　　　　）	12／31 （　　　　）	30,000
		〃 損　　益	（　　　　）
	（　　　　）		（　　　　）

売　　　上

当期売上値引高	15,000	当 期 売 上 高	560,000
12／31 （　　　　）	（　　　　）		
	（　　　　）		（　　　　）

損　　　益

12／31 （　　　　）	（　　　　）	12／31 （　　　　）	（　　　　）

4 **検定問題** 以下に示した分記法による一連の商品売買取引（商品売買益の損益勘定への振替までを含む）について，三分法で処理した場合の勘定記入に書き改めなさい。なお，解答にさいしては，以下の諸点に注意をすること。

① 会計期間は便宜的に4月1日より同月30日までの1か月とする。
② 同一の日付の取引は1つの取引とする。
③ 三分法による場合，売上原価は仕入勘定で算出する。
④ 三分法による利益の算出手続は，4月30日に決算整理を行い，損益勘定への振替を行う。
⑤ 勘定への記入は取引の日付順に行い，相手勘定も記入すること。
⑥ 勘定は締切らなくてよい。

商　　　品

4/1 前期繰越	50,000	4/15 売 掛 金	80,000
10 買 掛 金	100,000	16 買 掛 金	15,000
20 売 掛 金	20,000	26 受取手形	100,000
24 当座預金	120,000		

商品売買益

4/20 売 掛 金	5,000	4/15 売 掛 金	20,000
30 損　　益	55,000	26 受取手形	40,000

損　　　益

		4/30 商品売買益	55,000

— 46 —

繰越商品		仕　　入	
4/1 前期繰越　50,000			

売　　上		損　　益	

5 検定問題　以下の決算整理事項にもとづいて精算表（一部）を作成しなさい。

決算整理事項
(1) 期末商品棚卸高　¥170,000

精　算　表（一部）

勘定科目	試算表 借方	試算表 貸方	修正記入 借方	修正記入 貸方	損益計算書 借方	損益計算書 貸方	貸借対照表 借方	貸借対照表 貸方
（省　略）								
繰越商品	122,000							
（省　略）								
仕　　入	2,700,000							

〈ヒント〉 決算整理仕訳を「修正記入」欄に金額を記入する。繰越商品勘定の残高を貸借対照表の借方に記入し，仕入勘定の残高を損益計算書の借方に記入する。

6 検定問題　以下に示した精算表（一部）の，試算表欄・修正記入欄・損益計算書欄および貸借対照表欄の未記入について適当な金額を記入して精算表（一部）を完成しなさい。

精　算　表（一部）

勘定科目	試算表 借方	試算表 貸方	修正記入 借方	修正記入 貸方	損益計算書 借方	損益計算書 貸方	貸借対照表 借方	貸借対照表 貸方
（省　略）								
繰越商品			27,000	24,000				
（省　略）								
仕　　入	219,600							

第13回 仕入帳・売上帳

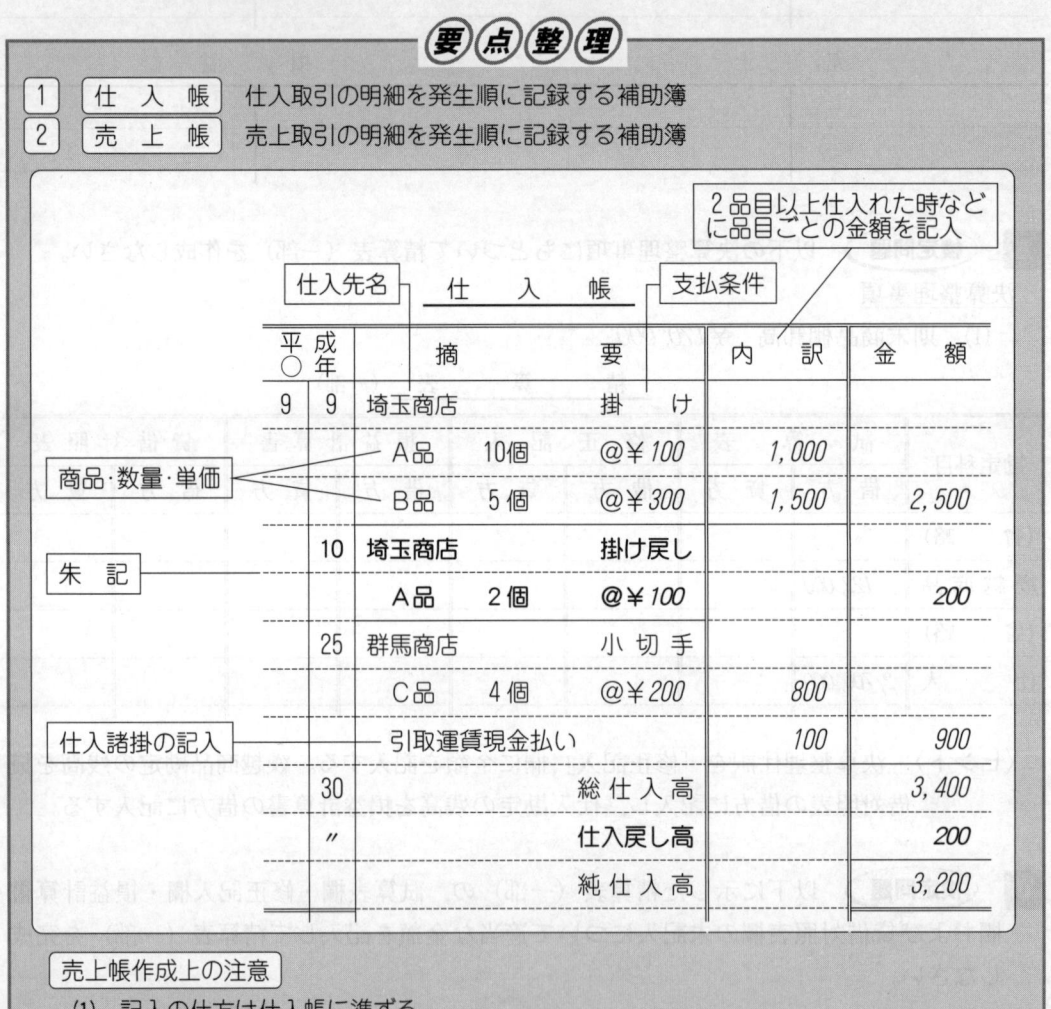

要点整理

1. 仕入帳　仕入取引の明細を発生順に記録する補助簿
2. 売上帳　売上取引の明細を発生順に記録する補助簿

仕入帳

平成○年		摘　要		内　訳	金　額
9	9	埼玉商店	掛　け		
		A品　10個	@¥100	1,000	
		B品　5個	@¥300	1,500	2,500
	10	**埼玉商店**	**掛け戻し**		
		A品　2個	**@¥100**		**200**
	25	群馬商店	小切手		
		C品　4個	@¥200	800	
		引取運賃現金払い		100	900
	30		総仕入高		3,400
	〃		仕入戻し高		200
			純仕入高		3,200

表中の注記:
- 仕入先名
- 支払条件
- 2品目以上仕入れた時などに品目ごとの金額を記入
- 商品・数量・単価
- 朱記
- 仕入諸掛の記入

売上帳作成上の注意
(1) 記入の仕方は仕入帳に準ずる。
(2) 発送費は記入しない。

1 基礎問題　次の取引を仕入帳に記入して月末に締め切りなさい。

4月5日　熊谷商店から次の商品を仕入れ，代金のうち￥240,000は小切手を振り出して支払い，残額は掛けとした。
　　　鉛　　筆　　120ダース　　　@￥　900　　　￥108,000
　　　ボールペン　200ダース　　　@￥1,200　　　￥240,000

　7日　熊谷商店から仕入れた商品のうち，一部に品質不良があったので返品し，代金は買掛金から差し引くことにした。
　　　鉛　　筆　　6ダース　　　　@￥　900

　20日　横浜商店から次の商品を仕入れ，代金は掛けとした。なお，引取費用￥4,800を現金で支払った。
　　　鉛　　筆　　160ダース　　　@￥　880　　　￥140,800

仕　入　帳

平成○年		摘　　　　　要		内　訳	金　額
(4)	(5)	熊 谷 商 店	小切手・掛け		
		(鉛　　筆) (120ダース) (@￥900)		(108,000)	
		(ボールペン) (200ダース) (@￥1,200)		(240,000)	(348,000)
(〃)	(7)	(熊 谷 商 店)	掛け戻し		
		(鉛　　筆) (6ダース) (@￥900)			(5,400)
(〃)	(20)	(横 浜 商 店)	掛　け		
		(鉛　　筆) (160ダース) (@￥880)		(140,800)	
		上記引取費現金払い		(4,800)	(145,600)
(〃)	(30)		総 仕 入 高		(493,600)
(〃)	(〃)		仕 入 戻 し 高		(5,400)
			純 仕 入 高		(488,200)

2 **基礎問題** 次の取引を売上帳に記入して月末に締め切りなさい。

4月10日 渋谷商店に次の商品を売り渡し，代金は掛けとした。なお，発送費¥3,400を現金で支払った。

　　　　鉛　　　筆　　100ダース　　@¥1,200　　¥120,000
　　　　ボールペン　　140ダース　　@¥1,600　　¥224,000

12日 渋谷商店に売り渡した鉛筆について，1ダースにつき¥30の値引きを承諾し，値引額は売掛金から差し引くことにした。

25日 甲府商店に次の商品を売り渡し，代金は同店振り出しの小切手で受け取り，ただちに当座預金とした。

　　　　鉛　　　筆　　80ダース　　@¥1,220　　¥ 97,600

売　上　帳

平成○年	摘　　　　　要	内　訳	金　額
( )( )	渋谷商店　　　　掛　け		
	(　　　　)(　　)(　　)	(　　　)	
	(　　　　)(　　)(　　)	(　　　)	(　　　)
( )	(　　　　)　　掛け値引き		
	(　　　　)(　　)(　　)		(　　　)
( )	(　　　　)　　小切手		
	(　　　　)(　　)(　　)		(　　　)
( )	総　売　上　高		(　　　)
( )	売　上　値　引　高		(　　　)
	純　売　上　高		(　　　)

3 **練習問題** 次の取引を仕入帳・売上帳に記入して月末に締め切りなさい。

7月3日 宇都宮商店から次の商品を仕入れ，代金は掛けとした。
　　　　X　　品　　200個　　@¥ 600　　¥120,000
　　　　Y　　品　　300個　　@¥ 500　　¥150,000

4日 宇都宮商店から仕入れた商品に一部品違いがあり，次のとおり返品した。
　　　　Y　　品　　30個　　@¥ 500

6日 水戸商店に次の商品を売り上げ，代金は掛けとした。
　　　　X　　品　　100個　　@¥ 800　　¥ 80,000
　　　　Y　　品　　150個　　@¥ 750　　¥112,500

7日 水戸商店に売り上げた商品につき，次のとおり値引きの申入れがあったので，承諾した。
　　　　Y　　品　　150個　　@¥ 50

20日　前橋商店から次の商品を仕入れ，代金は小切手を振り出して支払った。なお，引取費用￥15,000は現金で支払った。
　　　　Z　品　　　100個　　　＠￥　900　　　￥90,000
25日　銚子商店へ次の商品を売り上げ，代金は小切手で受け取り，ただちに当座預金とした。なお，発送費￥20,000は現金で支払った。
　　　　Z　品　　　80個　　　＠￥1,200　　　￥96,000

仕　入　帳

平成〇年	摘　　　要	内　訳	金　額

売　上　帳

平成〇年	摘　　　要	内　訳	金　額

4 検定問題

次の取引を仕入帳に記入して締め切るとともに，総勘定元帳の仕入勘定を完成させなさい。

5月1日 松本商店から次のとおり仕入れ，代金は掛けとした。
　　　　Yシャツ　　200枚　　@￥1,500
10日 松本商店から仕入れた上記商品のうち，不良品のため20枚を返品した。
16日 長岡商店から次のとおり仕入れ，代金は掛けとした。
　　　　Yシャツ　　100枚　　@￥1,800
　　　　Tシャツ　　200枚　　@￥1,200
30日 沼津商店から次のとおり仕入れ，代金のうち￥140,000については小切手を振り出して支払い，残額は掛けとした。
　　　　Yシャツ　　200枚　　@￥1,900
　　　　Tシャツ　　120枚　　@￥1,100

仕　入　帳

平成○年		摘　　　　要	内　訳	金　額
5	1	松本商店　　　　　　　掛　け		
		Yシャツ　(200)　(1,500)		(300,000)
	10	松本商店　　　　　　掛け・戻し		
		Yシャツ　(20)　(1,500)		(30,000)
	16	長岡商店　　　　　　　掛　け		
		Yシャツ　(100)　(1,800)	(180,000)	
		Tシャツ　(200)　(1,200)	(240,000)	(420,000)
	30	沼津商店　　　　　　　諸　口		
		Yシャツ　(200)　(1,900)	(380,000)	
		Tシャツ　(120)　(1,100)	(132,000)	(512,000)
	31	(総仕入高)		(1,232,000)
	〃	(仕入戻し高)		(30,000)
		(純仕入高)		(1,202,000)

仕　入

5/1	(買掛金)	(300,000)	5/10　(買掛金)　(30,000)	
16	(買掛金)	(420,000)		
30	(諸口)	(512,000)		

5 検定問題

次の取引を売上帳に記入して締め切るとともに，総勘定元帳の売上勘定を完成させなさい。

7月1日　西尾商店へ次のとおり売上げ，代金は掛けとした。
　　　　スニーカー　　20足　　@¥ 6,000
　　　　サンダル　　　20足　　@¥ 5,000
　10日　大垣商店へ次のとおり売上げ，代金は掛けとした。
　　　　サンダル　　　20足　　@¥ 5,000
　12日　大垣商店へ売り上げた商品のうち，5足が返品された。
　25日　滑川商店へ次のとおり売上げ，代金のうち¥100,000を現金で受け取り，残額は掛けとした。
　　　　スニーカー　　30足　　@¥ 6,000
　　　　サンダル　　　10足　　@¥ 5,000

売　上　帳

平成〇年		摘　　要	内　訳	金　額
7	1	西尾商店　　　　　　掛　け		
		スニーカー (20) (6,000)	(120,000)	
		サンダル　 (20) (5,000)	(100,000)	(220,000)
	10	大垣商店　　　　　　掛　け		
		サンダル　 (20) (5,000)		(100,000)
	12	大垣商店　　　　　掛け・戻り		
		サンダル　 (5) (5,000)		(25,000)
	25	滑川商店　　　　　　諸　口		
		スニーカー (30) (6,000)	(180,000)	
		サンダル　 (10) (5,000)	(50,000)	(230,000)
	31	(総売上高)		(550,000)
		(売上戻り高)		(25,000)
		(純売上高)		(525,000)

売　　上

7/12	(売上戻り)	(25,000)	7/1	(売掛金)	(220,000)
			10	(売掛金)	(100,000)
			25	(諸口)	(230,000)

第14回 商品有高帳

要点整理

1. **商品有高帳** 商品の受け入れ，払い出し，および残高の明細を記録するための補助簿

   記入上のポイント
   ① 商品の種類ごとに記入する（口座を設ける）。
   ② 単位・金額はすべて原価で記入する。

2. **払出単価の計算方法** 同じ種類の商品でも仕入単価が異なる場合は，払出単価をいくらにするかの問題が生じる。払出単価の計算方法に先入先出法と移動平均法がある。

   先入先出法 先に仕入れた単価の商品を先に払い出したと仮定して払出単価を決める方法
   移動平均法 仕入のつど新しい平均単価を計算し，これを払出単価とする方法

商品有高帳

先入先出法　　A品　←商品の種類ごとに記入する

平成○年		摘要	受入			払出			残高		
			数量	単価	金額	数量	単価	金額	数量	単価	金額
6	1	前月繰越	10	100	1,000				10	100	1,000
	3	東京商店	10	120	1,200				10	100	1,000
									10	120	1,200
	10	浦和商店				10	100	1,000			
						5	120	600	5	120	600

15個払い出す
原価で記入する
仕入単価が異なるとき仕入れた順に記入する。

移動平均法　　A品

平成○年		摘要	受入			払出			残高		
			数量	単価	金額	数量	単価	金額	数量	単価	金額
6	1	前月繰越	10	100	1,000				③10	100	①1,000
	3	東京商店	④10	120	②1,200				③+④20	110	①+②2,200
	10	浦和商店				15	110	1,650	5	110	550

平均単価 $\dfrac{①1,000+②1,200}{③10+④10}=110$

1 基礎問題

次の資料にもとづいて，先入先出法および移動平均法によって商品有高帳に記入し，締め切りなさい。

9月1日	前月繰越	50個	@¥ 400
6日	仕　入	100個	@¥ 430
15日	売　上	70個	@¥ 600
23日	仕　入	120個	@¥ 440
29日	売　上	100個	@¥ 640

商品有高帳

(先入先出法)　　　A　品　　　(単位：個)

平成○年		摘要	受入			払出			残高		
			数量	単価	金額	数量	単価	金額	数量	単価	金額
9	1	前月繰越	50	400	20,000				50	400	20,000
	( )	( )	( )	( )	( )				{ ( ) ( ) ( ) ( ) ( ) ( ) }		
	( )	( )				{ ( ) ( ) ( ) ( ) ( ) ( ) }			( ) ( ) ( )		
	( )	( )	( )	( )	( )				{ ( ) ( ) ( ) ( ) ( ) ( ) }		
	( )	( )				{ ( ) ( ) ( ) ( ) ( ) ( ) }			( ) ( ) ( )		
	30	次月繰越				( )		( )			
			( )		( )	( )		( )			
10	1	前月繰越	( )	( )	( )				( )	( )	( )

商品有高帳

(移動平均法)　　　A　品　　　(単位：個)

平成○年		摘要	受入			払出			残高		
			数量	単価	金額	数量	単価	金額	数量	単価	金額
9	1	前月繰越	50	400	20,000				50	400	20,000
	( )	( )	( )	( )	( )				( )	( )	( )
	( )	( )				( )	( )	( )	( )	( )	( )
	( )	( )	( )	( )	( )				( )	( )	( )
	( )	( )				( )	( )	( )	( )	( )	( )
	30	次月繰越				( )		( )			
			( )		( )	( )		( )			
10	1	前月繰越	( )	( )	( )				( )	( )	( )

2 練習問題

次の仕入帳と売上帳の記入にもとづいて，(1)A品について，先入先出法によって商品有高帳に記入しなさい。ただし，売上戻りは受入高欄に記入し，仕入返品は払出高欄に記入すること（締め切る必要はない）。(2)A品の売上総利益の計算を示しなさい。

仕 入 帳

平成○年		摘 要	金 額
3	6	金沢商店　　　　小切手 B品　100ダース　@¥800	80,000
	12	敦賀商店　　　　掛け A品　100ダース　@¥860	86,000
	19	鈴鹿商店　　　　掛け A品　120ダース　@¥880	105,600
	24	彦根商店　　　　掛け A品　250ダース　@¥800	200,000
	26	彦根商店　　　　掛・返品 A品　30ダース　@¥800	24,000

売 上 帳

平成○年		摘 要	金 額
3	13	宇治商店　　　　掛け A品　70ダース　@¥1,200	84,000
	15	宇治商店　　　　掛・値引 A品　70ダース　@¥100	7,000
	20	大阪商店　　　　小切手 B品　20ダース　@¥1,000	20,000
	22	姫路商店　　　　掛け A品　100ダース　@¥1,280	128,000
	23	姫路商店　　　　掛・返品 A品　10ダース　@¥1,280	12,800

(1)　　　　　　　　　　　　商 品 有 高 帳
（先入先出法）　　　　　　　　A　　品　　　　　　　　　（単位：ダース）

平成○年		摘 要	受 入			払 出			残 高		
			数量	単価	金額	数量	単価	金額	数量	単価	金額
3	1	前月繰越	50	800	40,000				50	800	40,000

(2) 売上総利益の計算（A品）　　純売上高　¥（　　　　　）
　　　　　　　　　　　　　　　売上原価　¥（　　　　　）
　　　　　　　　　　　　　　　売上総利益 ¥（　　　　　）

3 検定問題

次の仕入帳と売上帳の記録にもとづいて，(1)移動平均法により答案用紙の商品有高帳に記入し，(2)移動平均法と先入先出法にもとづいた場合の11月中の売上総利益をそれぞれ計算しなさい。ただし，仕入戻しについては払出欄に返品した商品の仕入単価で記入することとする。なお，商品有高帳の締切りを行う必要はない。

仕 入 帳

平成○年		摘　　要	金　額
11	12	函館商店　　　　　　　　掛 メモリカード　40枚　@¥2,200	88,000
	16	函館商店　　　　　　掛・返品 メモリカード　10枚　@¥2,200	22,000
	24	旭川商店　　　　　　　　掛 メモリカード　45枚　@¥2,300	103,500

売 上 帳

平成○年		摘　　要	金　額
11	18	茨城商店　　　　　　　　掛 メモリカード　35枚　@¥3,100	108,500
	19	茨城商店　　　　　　掛・値引 メモリカード　35枚　@¥　500	17,500
	30	群馬商店　　　　　　　　掛 メモリカード　30枚　@¥3,300	99,000

商 品 有 高 帳
メモリカード
（移動平均法）

平成○年		摘要	受入 数量	単価	金額	払出 数量	単価	金額	残高 数量	単価	金額
11	1	前月繰越	10	2,000	20,000				10	2,000	20,000
	12	函館商店	40	2,200	88,000				50	2,160	108,000
	16	函館商店				10	2,200	22,000	40	2,150	86,000
	18	茨城商店				35	2,150	75,250	5	2,150	10,750
	24	旭川商店	45	2,300	103,500				50	2,285	114,250
	30	群馬商店				30	2,285	68,550	20	2,285	45,700

売上総利益の計算（移動平均法）
- 純売上高　　（ 190,000 ）
- 売上原価　　（ 143,800 ）
- 売上総利益　（ 46,200 ）

売上総利益の計算（先入先出法）
- 純売上高　　（ 190,000 ）
- 売上原価　　（ 143,500 ）
- 売上総利益　（ 46,500 ）

4 検定問題　次の商品売買取引に関する資料にもとづいて，商品売買関係の勘定と損益勘定について（　）内に必要な記入を行いなさい。

(注) 1　資料は取引発生順に示してある。
　　 2　売上原価は仕入勘定で計算し，払出単価の計算は先入先出法による。
　　 3　期末商品棚卸高の数量と単価は各自推定しなさい。
　　 4　当期中の仕入と売上は便宜上全部まとめて記帳する。

【資料】

期首商品棚卸高	数量 100個	単価	¥2,400
第1回商品仕入高	〃 100個	〃	¥3,000
第1回商品売上高	〃 150個	〃	¥5,000
第2回商品仕入高	〃 200個	〃	¥3,400
第2回商品売上高	〃 150個	〃	¥5,600
期末商品棚卸高	?		

繰越商品

1/1　前期繰越	(240,000)	12/31　(仕　　入)	(240,000)
12/31　(仕　　入)	(340,000)	〃　(次期繰越)	(340,000)
	(580,000)		(580,000)

売　　上

12/31　(損　　益)	(1,590,000)	当期売上高	(1,590,000)

仕　　入

当期仕入高	(980,000)	12/31　(繰越商品)	(340,000)
12/31　(繰越商品)	(240,000)	〃　損　　益	(880,000)
	(1,220,000)		(1,220,000)

損　　益

12/31　(仕　　入)	(880,000)	12/31　(売　　上)	(1,590,000)

第15回 売掛金・買掛金

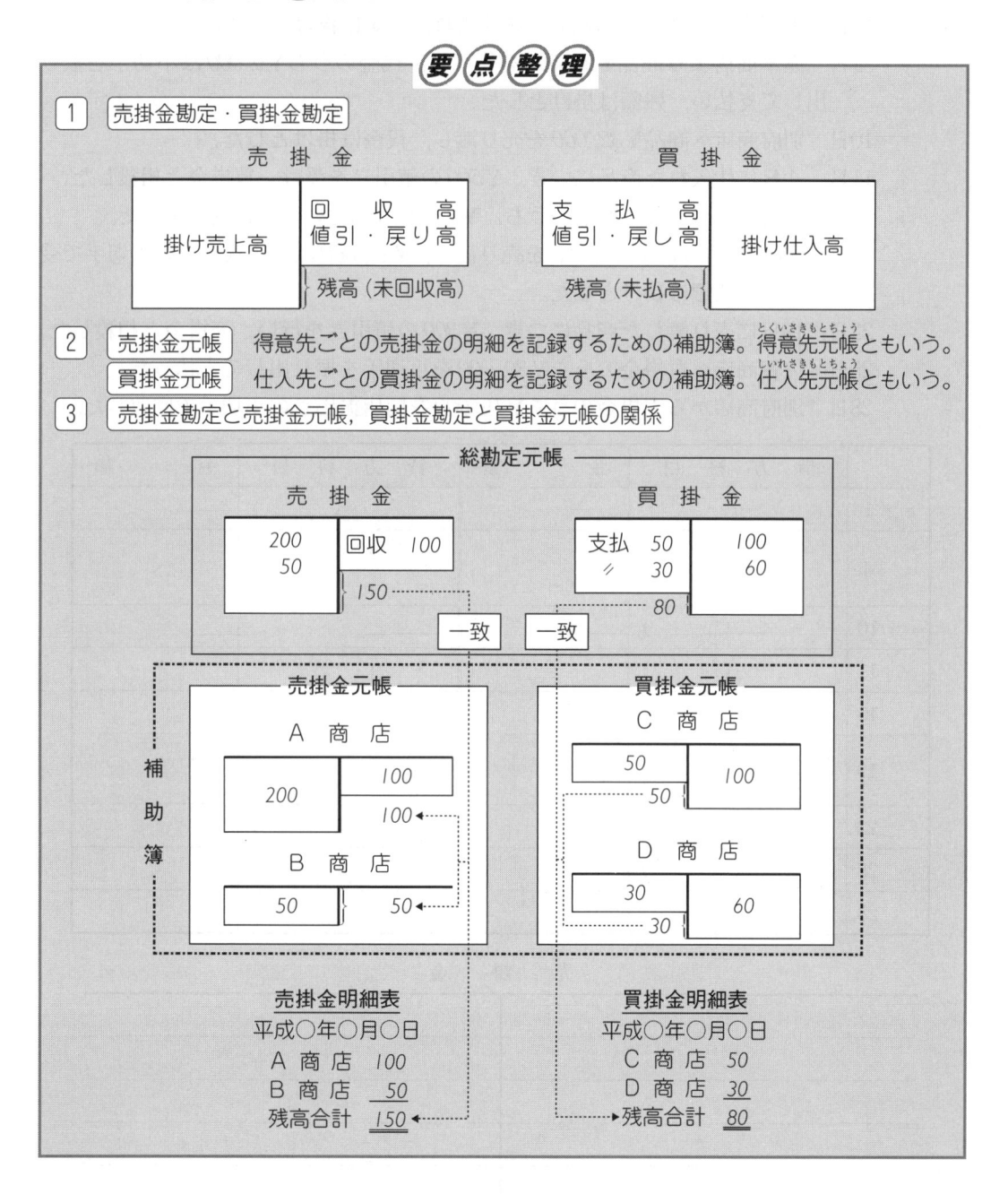

要点整理

1 売掛金勘定・買掛金勘定

```
       売 掛 金                      買 掛 金
┌──────────┬──────────┐      ┌──────────┬──────────┐
│          │ 回 収 高 │      │ 支 払 高 │          │
│ 掛け売上高│ 値引・戻り高│    │ 値引・戻し高│ 掛け仕入高│
│          ├──────────┤      ├──────────┤          │
│          │残高(未回収高)│    │残高(未払高)│        │
└──────────┴──────────┘      └──────────┴──────────┘
```

2 売掛金元帳　得意先ごとの売掛金の明細を記録するための補助簿。得意先元帳ともいう。
　　買掛金元帳　仕入先ごとの買掛金の明細を記録するための補助簿。仕入先元帳ともいう。

3 売掛金勘定と売掛金元帳，買掛金勘定と買掛金元帳の関係

総勘定元帳

```
       売 掛 金                     買 掛 金
    200  │ 回収 100              支払 50 │ 100
     50  │                         〃 30 │  60
         │ 150                          │ 80
```

　　　　　　　一致　　一致

補助簿

売掛金元帳
```
   A 商 店
200 │ 100
    │ 100
   B 商 店
 50 │  50
```

買掛金元帳
```
   C 商 店
 50 │ 100
 50 │
   D 商 店
 30 │  60
 30 │
```

売掛金明細表　　　　　　買掛金明細表
平成○年○月○日　　　　平成○年○月○日
A 商 店　*100*　　　　　C 商 店　*50*
B 商 店　 *50*　　　　　D 商 店　*30*
残高合計　*150*　　　　　残高合計　*80*

— 59 —

1 基礎問題 次の取引を仕訳し，かつ総勘定元帳の売掛金勘定および買掛金勘定に記入して締め切り，さらに売掛金元帳および買掛金元帳に記入しなさい。なお，売掛金勘定・買掛金勘定には人名勘定を（　）の中に併記しておくとよい。

8月1日　佐賀商店より商品￥56,000を仕入れ，代金は掛けとした。
　4日　熊本商店より商品￥24,000を仕入れ，代金のうち￥9,000は小切手を振り出して支払い，残額は掛けとした。
　10日　別府商店へ商品￥32,000を売り渡し，代金は掛けとした。
　11日　4日に仕入れた商品につき，￥500の値引きを受け，買掛金と相殺した。
　16日　10日に売り渡した商品のうち，￥2,000は品違いにつき返品された。
　19日　宮崎商店に商品￥43,000を売り渡し，￥25,000は同店振出しの小切手で受け取り，残額は掛けとした。
　22日　19日に売り渡した商品につき，￥300の値引きを行い，売掛金と相殺した。
　25日　佐賀商店へ買掛金のうち￥30,000を小切手を振り出して支払った。
　28日　別府商店から売掛金のうち￥15,000を同店振出しの小切手で回収した。

	借方科目	金　額	貸方科目	金　額
8／1			（　　）	
4			（　　）	
10	（　　）			
11	（　　）			
16			（　　）	
19	（　　）			
22			（　　）	
25	（　　）			
28			（　　）	

　　　　　　　　　　　　　売　掛　金　　　　　　　　　　　4

	買　掛　金		12

売　掛　金　元　帳
別　府　商　店　　　　　　　　　　　　1

平成○年	摘　　要	借　方	貸　方	借または貸	残　高

宮　崎　商　店　　　　　　　　　　　　2

平成○年	摘　　要	借　方	貸　方	借または貸	残　高

買　掛　金　元　帳
佐　賀　商　店　　　　　　　　　　　　1

平成○年	摘　　要	借　方	貸　方	借または貸	残　高

熊　本　商　店　　　　　　　　　　　　2

平成○年	摘　　要	借　方	貸　方	借または貸	残　高

2 **練習問題** 次の取引の仕訳を示すとともに，売掛金および買掛金には人名勘定を用いて，それに記入し，月末に締め切りなさい。ただし，商品に関する勘定は3分法を使用すること。

1月7日 鹿児島商店から商品¥180,000を仕入れ，代金は掛けとした。ただし，引取費¥3,000は現金で支払った。

9日 那覇商店に商品¥360,000を売り渡し，代金のうち¥160,000は同店振り出しの小切手で受け取り，残額は掛けとした。

15日 鹿児島商店に対する買掛金のうち¥100,000を，小切手を振り出して支払った。

19日 那覇商店に対する売掛金¥360,000を，同店振り出しの小切手で受け取った。

20日 鹿児島商店に対し，過日仕入れた商品¥30,000を返品した。代金は同店に対する買掛金から差し引いた。

25日 石狩商店に商品¥250,000を売り渡し，代金は掛けとした。なお，先方負担の発送費用¥4,000（売掛金の増加として処理）は現金で支払った。

	借方科目	金額	貸方科目	金額
1/7				
9				
15				
19				
20				
25				

那覇商店　　　　　　　　　　　4

平成○年		摘要	借方	貸方	借または貸	残高
1	1	前月繰越	240,000		借	240,000

石狩商店　　　　5

平成○年		摘　　要	借　方	貸　方	借または貸	残　高
1	1	前 月 繰 越	150,000		借	150,000

鹿児島商店　　　　12

平成○年		摘　　要	借　方	貸　方	借または貸	残　高
1	1	前 月 繰 越		90,000	貸	90,000

3 検定問題
札幌商店（年1回3月末決算）の次の取引を買掛金元帳の横浜商店について記入し、9月30日付でこの補助簿を締め切りなさい。

9月1日　買掛金の前月繰越高は¥700,000（東京商店¥240,000　横浜商店¥460,000）である。

　　8日　東京商店から商品¥140,000，また横浜商店から商品¥200,000をそれぞれ仕入れ，代金は掛けとした。

　13日　横浜商店から商品¥260,000を仕入れ，代金は掛けとした。

　14日　昨日横浜商店から仕入れた商品のうち¥40,000は，不良品であったため返品した。なお，代金は同店に対する買掛金から差し引いた。

　27日　東京商店に対する買掛金のうち¥300,000，横浜商店に対する買掛金のうち¥520,000を，それぞれ小切手を振り出して支払った。

買 掛 金 元 帳
横 浜 商 店

平成○年		摘　要	借　方	貸　方	借または貸	残　高
9	1	前月繰越		460,000	貸	460,000
	8	仕　入　れ		200,000	〃	660,000
	13	仕　入　れ		260,000	〃	920,000
	14	返　　品	40,000		〃	880,000
	27	支　　払	520,000		〃	360,000
	30	次月繰越	360,000			
			920,000	920,000		
10	1	前月繰越		360,000	貸	360,000

4 検定問題
東京商店（年1回3月末決算）の次の取引を売掛金元帳の大阪商店について記入し、月末にこの補助簿を締め切りなさい。

11月1日　売掛金の前月繰越高は¥500,000（名古屋商店¥200,000　大阪商店¥300,000）

　　6日　大阪商店に商品¥100,000を掛けで販売した。

　12日　上記商品の一部が品質不良であったため，¥10,000の値引きをした。

　16日　名古屋商店に¥60,000，大阪商店に¥40,000の商品を掛けで販売した。

　25日　大阪商店より売掛代金のうち¥230,000を小切手にて回収した。

売 掛 金 元 帳
大 阪 商 店

平成○年		摘　要	借　方	貸　方	借または貸	残　高
11	1	前月繰越	300,000		借	300,000
	6	売　上　げ	100,000		〃	400,000
	12	値　引き		10,000	〃	390,000
	16	売　上　げ	40,000		〃	430,000
	25	入　　金		230,000	〃	200,000
	30	次月繰越		200,000		
			440,000	440,000		
12	1	前月繰越	200,000		借	200,000

1．5月31日時点での買掛金元帳の勘定残高

　　武田商店　¥32,500

　　山梨商店　¥60,600

2．5月中の純仕入高　¥106,150

3．商品Bの売上原価　¥85,800

第16回 その他の債権・債務

要点整理

1. **貸付金勘定・借入金勘定** 借用証書による金銭の貸借は，貸付金勘定（資産），借入金勘定（負債）で処理する。

   ① 現金を貸し付け借用証書を受け取った
   （借）貸　付　金　　××　　（貸）現　　　　金　　××

   ② 現金を借り入れ，借用証書を渡した
   （借）現　　　　金　　××　　（貸）借　入　金　　××

2. **未収金勘定・未払金勘定** 商品以外のものを代金後受け・後払いの約束で売買したときは，未収金勘定（資産），未払金勘定（負債）で処理する。

   （借）売掛金×× （貸）売上×× ｜家具店｜ ⇄ 応接セット／代金後払い ｜A商店｜ （借）備品×× （貸）未払金××

   （注）家具店にとっては，応接セットは商品の売上である。

   （借）未収金×× （貸）雑益×× ｜A商店｜ ⇄ 古紙売却など／代金後払い ｜古紙回収業者｜

3. **前払金勘定・前受金勘定** 商品の仕入・売上に先立ち，売り手と買い手の間で代金の一部または全部を授受したときは，前払金勘定（資産），前受金勘定（負債）で処理する。

   ① 内金として商品代金の一部を支払った
   （借）前　払　金　　××　　（貸）現　　　　金　　××

   ② 商品を受け取った
   （借）仕　　　　入　　××　　（貸）前　払　金　　××
   　　　　　　　　　　　　　　　　　買　掛　金　など　××

   ③ 内金として商品代金の一部を受け入れた
   （借）現　　　　金　　××　　（貸）前　受　金　　××

   ④ 商品を引き渡した
   （借）前　受　金　　××　　（貸）売　　　　上　　××
   　　　売　掛　金　など　××

4. **立替金勘定・預り金勘定** 取引先・従業員などに対して，一時的に金銭を立て替えて支払ったときは立替金勘定（資産）で処理する。反対に，一時的に金銭を預かったときは預り金勘定（負債）で処理する。

— 66 —

なお，従業員に対するものは 従業員立替金勘定・従業員預り金勘定 を用いることもある。
- 現金を立て替えて支払った

  (借) 立 替 金　××　　(貸) 現　　　金　××

- 給料の支払いに際し，所得税を差し引き，残額を現金で支払った

  (借) 給　　料　××　　(貸) 預　り　金　××
  　　　　　　　　　　　　　　（または所得税預り金）
  　　　　　　　　　　　　　現　　　金　××

  (注)「所得税の差引き」は，企業の，従業員からの現金の一時的な預かりである。

5. 仮払金勘定・仮受金勘定　現金の受取りや支払いはあったが，その内容 (つまり，相手の勘定科目) や金額が確定していないときは 仮払金勘定 (資産)， 仮受金勘定 (負債) で処理する。

   なお，後日，内容・金額が確定したときそれぞれ該当する勘定に振り替える。

   ① 旅費として概算額を現金で支払った

   　(借) 仮 払 金　××　　(貸) 現　　　金　××

   ② 旅費を精算し，現金で残金を受け取った

   　(借) 旅 費 交 通 費　××　　(貸) 仮 払 金　××
   　　　 現　　　金　××

   ③ 出張中の従業員から送金を受けたが，内容が不明である

   　(借) 現　　　金　××　　(貸) 仮 受 金　××

   ④ 仮受金の内容が判明した

   　(借) 仮 受 金　××　　(貸) 売 掛 金 な ど　××

6. 商品券勘定　商品券を発行したときは， 商品券勘定 (負債) で処理する。

   ① 商品券を発行した。

   　(借) 現　　　金　××　　(貸) 商　品　券　××

   ② 商品を販売し商品券を受け取った。

   　(借) 商　品　券　××　　(貸) 売　　　上　××

   他店商品券勘定　商品を販売し，他店発行の商品券を受け入れたときは， 他店商品券勘定 (資産) で処理する。

   ① 商品を販売し，他店商品券を受け取った。

   　(借) 他 店 商 品 券　××　　(貸) 売　　　上　××

7. 商品券と他店商品券の交換

   ① 保有の他店商品券と，他店が保有していた自店の商品券を交換し，差額を現金で決済した。

   　(借) 商　品　券　×××　　(貸) 他 店 商 品 券　×××
   　　　　　　　　　　　　　　　　現　　　金　×××

1 **基礎問題** 次の取引の仕訳を解答欄に各商店ごとに示しなさい。

(1) 浦和商店は，川口商店に小切手¥1,000,000を振り出して貸し付け，借用証書を受け取った。
(2) 川口商店は，利息¥20,000とともに浦和商店に現金で返済した。
(3) 大宮商店は所沢不動産より土地¥20,000,000を購入し，代金のうち¥500,000は小切手を振り出して支払い，残額は翌月末に支払うこととした。
(4) 川越商店は，3週間後に越谷商店に商品¥450,000を販売する契約を結び，その手付金として，¥50,000を現金で受け取った。
(5) 3週間後，上記の契約のとおり商品を売り渡し，残額は掛けとした。
(6) 草加百貨店は，商品券¥30,000を発行し，現金を受け取った。
(7) 上記の商品券で商品¥35,000を売り渡し，不足額は現金で受け取った。
(8) 上尾商店より仕入れた商品のうち，品違いがあったので，これを返品した。その際，同店が支払うべき返送料¥11,400を現金で立替払いした（立替金勘定で処理）。
(9) 当月分の給料¥750,000を支給するにあたり，所得税の源泉徴収分¥75,000を差し引き，残額を現金で支払った。
(10) 社員の出張にあたり，出張旅費概算額として¥50,000を現金で渡した。
(11) 上記出張中の社員が帰店し，旅費の精算をしたところ¥45,000であり，残額は現金で受け取った。
(12) 出張中の社員から当店の当座預金口座に¥250,000の振込みがあったが，その内容は不明である。
(13) 上記の当座預金口座への振込みは，春日部商店からの売掛金の回収であることが判明した。

		借方科目	金額	貸方科目	金額
(1)	浦和商店				
	川口商店				
(2)	浦和商店				
	川口商店				
(3)	大宮商店				
	所沢不動産				
(4)	川越商店				
	越谷商店				
(5)	川越商店				
	越谷商店				
(6)	草加百貨店				
(7)	草加百貨店				
(8)	当店				
(9)	当店				

(10)	当	店				
(11)	当	店				
(12)	当	店				
(13)	当	店				

2 練習問題　次の取引の仕訳を示しなさい。

(1) 狭山商店は，熊谷商店から注文のあった商品¥1,340,000を発送した。注文の際受け取った内金¥140,000を差し引いた残額は掛けとした。

(2) 入間商店は，新座商店から商品¥1,200,000を仕入れた。さきに注文した際に支払った内金¥160,000を差し引いた残額は掛けとした。

(3) 従業員に対する給料¥800,000を，源泉所得税¥80,000と立替金¥20,000を差し引いて，現金で支払った。

(4) 出張中の店員から，現金¥160,000が送られてきたが，その内容は不明である。

(5) 上記の内容不明の送金は，得意先から商品の注文を受けた際の内金であることが判明した。

(6) 従業員の出張のために，旅費の概算額¥150,000を現金で支払った。

(7) 出張中の従業員が帰店し，旅費の概算額¥150,000を精算し，不足額¥5,000を現金で支払った。

(8) 商品券¥60,000を発行し，現金を受け取った。

(9) 商品¥100,000を売り上げ，商品券¥60,000と現金¥40,000を受け取った。

(10) 商品¥60,000を売り上げ，他店発行の商品券¥60,000を受け取った。

(11) 商店連合会において，当店保有の他店商品券¥120,000を自店商品券¥110,000と決済し，差額を現金で受け取った。

	借方科目	金　額	貸方科目	金　額
(1)				
(2)				
(3)				
(4)				
(5)				
(6)				
(7)				
(8)				
(9)				
(10)				
(11)				

3 ◯検定問題　次の取引の仕訳を示しなさい。

(1) 三郷商店から商品¥1,800,000を仕入れ，代金のうち¥400,000は注文時に支払った手付金と相殺し，残額は小切手を振り出して支払った。なお，現在の当座預金残高は¥1,100,000であるが，取引銀行と当座借越契約（借越限度額¥1,000,000）を結んでいる。

(2) かねて商品¥98,000を掛けで販売した得意先朝霞商店から¥89,000の送金小切手が送られてきたが，その内容が不明だったため問い合わせたところ，掛け代金の支払いについての金額の誤りである旨の返答があり，本日残額が郵便為替証書で送られてきた。なお，送金小切手を受け取った際には仮受金で処理してある。

(3) 従業員の給料総額¥215,000の支給に際して，所得税の源泉徴収分¥26,000と従業員への立替分¥14,000を差し引き，手取金を現金で支給した。

(4) 得意先岩槻商店に対して，期間4か月，年利率6％で貸し付けた貸付金¥2,500,000が，本日満期日のため利息とともに同店振出しの小切手で返済を受けた。

(5) 商品¥200,000を仕入れ，手付けとして支払ってあった¥60,000を差し引き，残額は掛けとした。

(6) 従業員が出張より戻り，仮払額の精算をし，残額¥7,000を現金で経理部に返却した。なお，同従業員には旅費の仮払額として¥100,000を現金で渡してあった。

(7) 出張中の社員から¥200,000の当座振込みがあったが，その内容は現在のところ不明である。

(8) 深谷商店から商品¥1,000,000を仕入れ，代金のうち¥200,000は注文時に支払った手付金と相殺し，¥500,000は小切手を振り出し，残りは月末に支払うことにした。

(9) 仕入先戸田商店より商品¥400,000を仕入れ，先に支払った内金¥100,000を控除して，残額は引取運賃¥8,000とともに現金で支払った。

(10) 富士見商店へ商品¥1,000,000を売り上げ，代金のうち¥100,000は注文時に受け取った手付金と相殺し，¥400,000は同店振出しの小切手で受け取り，残りは月末に受け取ることにした。なお，その際，発送運賃（当店負担）¥40,000を現金で支払った。

(11) 商品¥97,000を売上げ，代金は当店発行の商品券¥60,000と他店発行の商品券¥40,000で受け取り，釣銭は現金で支払った。

(12) 坂戸商店から商品¥1,200,000を買う約束をし，手付金として¥240,000を小切手を振り出して支払った。

(13) 得意先新潟商店から商品¥300,000の注文を受け，本日同商店から当座預金口座に¥40,000の振込みがあった。この振込額のうち，¥30,000については注文品の内金であるが，残額については原因不明のため，現在同店に対して問い合わせ中である。

(14) 商品券の精算をするため，当店が保有している他店商品券¥120,000と，他店の保有している当店発行の商品券¥150,000とを交換し，差額については現金で決済

した。

	借方科目	金額	貸方科目	金額
(1)				
(2)				
(3)				
(4)				
(5)				
(6)				
(7)				
(8)				
(9)				
(10)				
(11)				
(12)				
(13)				
(14)				

第17回 有価証券

要点整理

1. 有価証券　株式会社が発行する 株式や社債 ，国などが発行する国債（ 公債 ）などを購入したときは， 有価証券勘定 （資産の勘定）で処理する。

2. 有価証券の取得

　　　　　　　　　　　　取得原価
　　（借）有 価 証 券　　××　　（貸）現 金 な ど　　××

　　　　　　取得原価＝買入価額＋買入手数料

　　　　　| 株　　式 | 1株の買入価額×株式数 |
　　　　　| 社債・公債 | 額面金額×$\dfrac{買入単価}{￥100}$　　￥100→1口という。 |

3. 有価証券の売却

　売却価額＞帳簿価額の場合

　　（借）現 金 な ど　　××　　（貸）有 価 証 券　　××　←簿価
　　　　　　　　　　　↑　　　　　　有価証券売却益　××
　　　　　　　　　　手取額

　売却価額＜帳簿価額の場合

　　（借）現 金 な ど　　××　　（貸）有 価 証 券　　××
　　　　　有価証券売却損　××

4. 配当金・利息の受取

　配当金を受け取った

　　（借）現 金 な ど　　××　　（貸）受 取 配 当 金　　××

　社債の利息を受け取った

　　（借）現 金 な ど　　××　　（貸）有 価 証 券 利 息　　××

1 基礎問題　次の取引の仕訳を示しなさい。

(1) 額面¥2,000,000の社債を@¥97で購入し，代金は小切手を振り出して支払った。
(2) 上記社債を@¥98で売却し，代金は現金で受け取った。
(3) 奈良物産の株式3,000株を1株につき¥550で購入し，手数料¥15,000とともに現金で支払った。
(4) 上記奈良物産の株式1,500株を1株¥520で売却し，手数料¥10,000を差し引かれ，手取金は小切手で受け取りただちに当座預金とした。
(5) 国債額面¥3,000,000を@¥98で購入し，代金は現金で支払った。
(6) 上記国債の利率は年4％であり，利払日となったので利息を当座預金に預け入れた。なお，利払は年2回である。
(7) ㈱田辺商会の株式20株を所有していたところ，本日1株につき¥3,000の配当金領収証が送られてきた。

	借方科目	金　額	貸方科目	金　額
(1)				
(2)				
(3)				
(4)				
(5)				
(6)				
(7)				

2 練習問題　次の取引の仕訳を示しなさい。

(1) 倉敷株式会社の株式2,000株を@¥600で買い入れ，代金は買入手数料¥7,500とともに小切手を振り出して支払った。
(2) 呉商事株式会社の社債（額面総額¥5,000,000）を@¥98で買い入れ，代金は買入手数料¥12,000とともに現金で支払った。
(3) さきに1株につき¥80,000で購入した宇部興業株式会社の株式50株のうち30株を，1株につき¥82,000で売却し，代金は小切手で受け取った。
(4) 額面¥1,000,000　帳簿価額¥980,000の公債証書を¥975,000で売り渡し，代金は現金で受け取った。

	借方科目	金額	貸方科目	金額
(1)				
(2)				
(3)				
(4)				

3 検定問題　次の取引の仕訳を示しなさい。

(1) さきに額面¥100につき¥99で買い入れた鳴門商事株式会社の社債のうち額面総額¥5,000,000を額面¥100につき¥97で売却し，代金は月末に受け取ることにした。
(2) 額面¥6,000,000の国債を¥5,880,000で購入し，代金は買入手数料¥80,000とともに小切手を振り出して支払った。なお，当座預金の預金残高は¥5,000,000であったが，借越限度額¥2,000,000の当座借越契約を結んでいる。
(3) 高松物産株式会社株式（1株の取得価額¥92,000）20株を1株につき¥75,000で売却し，代金は月末に受け取ることにした。
(4) 今治工業株式会社の株式20株を1株あたり¥150,000で購入し，代金は買入手数料¥24,000とともに小切手を振り出して支払った。なお，当座預金の預金残高は¥1,700,000であったが，借越限度額¥5,000,000の当座借越契約を結んでいる。
(5) 額面¥200,000　帳簿価額¥196,000の公債証書を¥206,000で売り渡し，代金は小切手で受け取った。
(6) 額面¥4,000,000の国債を¥3,900,000で買い入れ，代金は買入手数料¥60,000を含めて月末に支払うことにした。
(7) 当期中に売買目的で取得した札幌通信株式会社株式5,000株（1株当たり購入単価：¥960，その他に購入時に証券会社へ支払った手数料は総額で¥25,000）のうち，3,000株を1株につき¥963で売却し，代金は月末に受け取ることにした。
(8) 所有する久留米電力株式会社の株券10,000株について，同社から配当金領収証¥400,000が郵送されてきた。

	借　方　科　目	金　　　額	貸　方　科　目	金　　　額
(1)				
(2)				
(3)				
(4)				
(5)				
(6)				
(7)				
(8)				

第18回 手　形(1)

要点整理

1. **手形の種類** 約束手形（約手）と為替手形（為手）がある。

    約束手形 手形の振出人が名宛人（受取人）に対して，一定の期日に，手形金額を支払うことを約束する証券

    為替手形 手形の振出人が，名宛人（支払人）に対して，一定の期日に，手形金額を受取人に支払うことを委託する証券。

2. **手形の記帳**

    ・約手または為手を受け取ったときは **手形債権**（期日に手形金額を受け取る権利）が発生するので，**受取手形勘定**（資産）の借方に記入し，後日手形債権が消滅したとき貸方に記入する。

    ・約手を振り出したり，為手を引き受けたときは **手形債務**（期日に手形金額を支払う義務）が発生するので，**支払手形勘定**（負債）の貸方に記入し，後日手形債務が消滅したとき借方に記入する。

    ① 約手または為手を受け取った
    (借)受 取 手 形　××　　(貸)売 上 な ど　　××

    ② 期日に手形金額を受け取った
    (借)現 金 な ど　　××　　(貸)受 取 手 形　　××

    ③ 約手を振り出した・為手を引き受けた
    (借)仕 入 な ど　　××　　(貸)支 払 手 形　　××

    ④ 期日に手形金額を支払った
    (借)支 払 手 形　　××　　(貸)当 座 預 金　　××

    〔為替手形の記帳〕

    (注) **振出人** 手形金額の支払いをCに依頼することにより，Cに対する売掛金が減少する。

    受取人 手形債権が発生する。

    名宛人 手形金額の支払いを引き受けることにより，手形債務が発生する。見返りにAに対する買掛金が減少する。

    C 名宛人（支払人）
    売掛金がある
    A 振出人 ──商品──▶ B 受取人
    　　　　　為替手形

    A **振 出 人**
    (借)仕　　　　入　　××　　(貸)売　　掛　　金　　××

    B **受 取 人**
    (借)受 取 手 形　　××　　(貸)売　　　　上　　××

    C **名 宛 人**
    (借)買　　掛　　金　　××　　(貸)支 払 手 形　　××

> 3 手形の裏書 受け入れた手形を，支払期日前に，手形の裏面に必要事項を記入し，他人に譲り渡すことを手形の 裏書 という。
> ① 裏書きした
>   (借)仕　入　な　ど　　××　　(貸)受　取　手　形　　××
> ② 裏書譲り受けた
>   (借)受　取　手　形　　××　　(貸)売　上　な　ど　　××
> 4 手形の売却 受け入れた手形を，支払期日前に，銀行に買い取ってもらうことを 手形の売却 （手形の割引ともいう）という。手形金額と手取金の差額は 手形売却損勘定 （費用）の借方に記入する。
>   手形を割り引いた
>   (借)当　座　預　金　　××　　(貸)受　取　手　形　　××
>   手　形　売　却　損　　××

【商工会議所簿記検定試験出題区分表の改定に関連する追加事項】

（平成27年10月13日　日本商工会議所）

1　2級および3級においては，手形取引に関し，為替手形を出題しないこと
2　手形の裏書譲渡および割引に伴う偶発債務に関し，いわゆる評価勘定法あるいは対照勘定法を，1級を含む全ての級において出題しないこと

1　基礎問題

(1) 次の取引の仕訳を神奈川商店，埼玉商店のそれぞれについて示しなさい。

① 神奈川商店は，埼玉商店から商品¥250,000を仕入れ，代金は同額の約束手形を振り出して支払った。

② 埼玉商店は，かねて取り立てを依頼していた神奈川商店振出しの約束手形¥250,000が当座預金に入金された旨取引銀行から通知を受けた。

<神奈川商店>

		借方科目	金　額	貸方科目	金　額
(1)	①				
	②				

<埼玉商店>

		借方科目	金　額	貸方科目	金　額
(1)	①				
	②				

(2) 次の取引を群馬商店，長野商店，および新潟商店のそれぞれについて示しなさい。

① 群馬商店は，新潟商店から商品¥530,000を仕入れ，代金は売掛金のある得意先長野商店あての為替手形¥530,000を振り出し，長野商店の引受けを得て，新潟商店に渡した。

② 新潟商店は，取引銀行から群馬商店振出しの為替手形¥530,000を取り立て，当座預金に入金した旨通知を受けた。

<群馬商店>

		借方科目	金　　額	貸方科目	金　　額
(2)	①				
	②				

<新潟商店>

		借方科目	金　　額	貸方科目	金　　額
(2)	①				
	②				

<長野商店>

		借方科目	金　　額	貸方科目	金　　額
(2)	①				
	②				

(3) 次の取引を函館商店，青森商店のそれぞれについて示しなさい。

函館商店は，青森商店から商品¥250,000を仕入れ，代金のうち¥200,000については，先に受け取った仙台商店振出しの約束手形を裏書譲渡し，残額は掛けとした。

<函館商店>

	借方科目	金　　額	貸方科目	金　　額
(3)				

<青森商店>

	借方科目	金　　額	貸方科目	金　　額
(3)				

(4) 次の取引の仕訳を示しなさい。

名古屋商店は，和歌山商店より受け取った約束手形¥370,000を取引銀行に売却し，手取金¥366,200は当座預金とした。

	借方科目	金　　額	貸方科目	金　　額
(4)				

2 練習問題　次の取引の仕訳を示しなさい。なお，仕訳が不要の場合は，「仕訳不要」と記入すること。

(1) 商品¥312,000を鎌倉商店から仕入れ，代金は同額の約束手形を振り出して支払った。
(2) 商品¥520,000を鶴岡商店に売り渡し，代金のうち¥320,000は同店振出しの約束手形を受け取り，残額は掛けとした。
(3) かねて秩父商店あてに振り出していた約束手形¥130,000が支払期日となり，当座預金から支払われた旨西和銀行から通知を受けた。
(4) 上越商店より受け取っていた約束手形¥270,000が支払期日となり当座預金口座へ入金された旨，かねて取立を依頼していた磐越銀行より通知を受けた。
(5) 八木沢商店に商品¥320,000を売り渡し，代金は同店振出し藤沢商店あての為替手形を受け取った。
(6) かねて買掛金のある銚子商店から，同店振出し，霞ヶ浦商店受取り，当店あての為替手形¥80,000を呈示されたので引き受けた。
(7) 柏商店より商品¥500,000を仕入れ，代金のうち¥200,000は売掛金のある犬吠崎商店あての為替手形を振り出し，同店の引受けを得て渡した。残額については柏商店あての約束手形を振り出した。
(8) 小樽商店は，商品¥750,000を仕入れ，代金のうち¥500,000については，先に受け取った山形商店振出しの約束手形を裏書譲渡し，残額は掛けとした。

	借方科目	金　額	貸方科目	金　額
(1)				
(2)				
(3)				
(4)				
(5)				
(6)				
(7)				
(8)				

3 **練習問題** 次の取引の仕訳を示しなさい。

(1) 松山商店から，商品¥230,000を仕入れ，代金のうち¥30,000は注文時に支払った手付金を差し引き，¥200,000は坂戸商店より受け取った約束手形を裏書譲渡した。

(2) 岐阜商店より，商品¥610,000を仕入れ，代金のうち¥120,000は手持ちの両国商店振出し，秋葉商店引受けの為替手形を裏書譲渡し，残額は，得意先寺泊商店あての為替手形を振り出し，同店の引受けを得て渡した。

(3) 石川商店に裏書譲渡した約束手形¥100,000が決済された旨取引銀行から通知を受けた。

(4) 室町商店に対する売掛金¥230,000のうち¥130,000については同店が所有していた安土商店振出しの約束手形の裏書譲渡を受け，残額は同店振出し，江戸川商店あての為替手形を受け取った。

(5) 渋谷商店は，新宿商店より受け取った約束手形¥170,000を取引銀行に売却し，手取金¥165,000は当座預金とした。

(6) 巣鴨商店は，大塚商店より裏書譲渡された約束手形¥90,000を取引銀行に売却し利息相当額（年利率6％，73日分，平年）を差し引かれ残額は当座預金とした。

(7) 町田商店は，同店が所有する目黒商店振出し，品川商店引受けの為替手形¥270,000を支払期日前に現金化するため，取引銀行に¥262,000で売却した。手取額は，当座預金とした。

	借 方 科 目	金 額	貸 方 科 目	金 額
(1)				
(2)				
(3)				
(4)				
(5)				
(6)				
(7)				

4 **検定問題** 次の取引の仕訳を示しなさい。

(1) 所沢商店から商品を仕入れ，この代金¥750,000は当店振出し，所沢商店受取り，得意先相模商店引受けの為替手形で支払った。相模商店には，売掛金残高が¥1,200,000ある。

(2) 得意先神戸商店に対し，先に注文のあった商品¥150,000を引き渡し，この代金から手付金¥30,000を控除した差額を同店振出しの約束手形で受け取った。

(3) 四国商店へ商品¥670,000を売上げ，代金は同店振出し，近畿商店引受けの為替手形を受け取った。

(4) 広島商店へ買掛金¥210,000支払いのため，かねて売掛金のある三重商店あての為替手形を振り出した。

(5) 商品¥370,000を仕入れ，先に支払った内金¥170,000を控除し，残額は同店あての約束手形を振り出して支払った。なお，引取費用¥6,000は現金で支払った。

(6) ねぶた商店に対する買掛金¥500,000のうち¥300,000については，同店から為替手形の呈示があったのでそれを引き受け，残額は小切手を振り出して支払った。

(7) かねて仕入先愛媛商店から商品¥500,000を仕入れ，代金のうち¥400,000については同店振出し，当店あての為替手形を呈示されたため，それを引き受け，残額については全額掛けとして処理していたが，本日，本商品注文時に¥50,000を内金として支払っていたことが判明したため，訂正を行うこととした。なお，この取引から生じた買掛金について，決済は行われていない。

(8) 仕入先山口商店から¥80,000の為替手形の引受けを求められたので，これに記名押印して同店に渡した。なお，当店はこの仕入先に対して¥200,000の商品代金の未払いがある。

	借方科目	金額	貸方科目	金額
(1)				
(2)				
(3)				
(4)				
(5)				
(6)				
(7)				
(8)				

第19回 手形(2)

要点整理

1 受取手形記入帳・支払手形記入帳

受取手形記入帳は受取手形勘定に対する 補助簿 であり，手形債権の発生・消滅についての明細を記録する。支払手形記入帳は支払手形勘定に対する 補助簿 であり，手形債務の発生・消滅についての明細を記録する。

> この欄に何も書かれていないときは，まだ手形を所持していることを示す。

受取手形記入帳

平成○年	摘要	金額	手形種類	手形番号	支払人	振出人または裏書人	振出日	満期日	支払場所	てん末
月 日							月 日	月 日		月 日 摘要

←――――――― 手形債権が発生したとき記入する ―――――――→ ←手形債権が消滅したとき記入する→

〔仕 訳〕
（借）（受取手形）×× （貸）（○○○○）×× 　　（借）（○○○○）××
　　　　　　　　　　　　　　　　　　　　　　　　　　（貸）（受取手形）××

〔記帳上の注意点〕

支払手形記入帳は，上記受取手形記入帳の「支払人」欄が「受取人」欄になる。

欄	受取手形記入帳	支払手形記入帳
支 払 人	振出人（約手）または引受人（為手）	
振 出 人		当店（約手）または振出人（為手）
てん末（摘要）	取立（入金），裏書，売却など	支払

2 手形貸付金勘定・手形借入金勘定

約束手形による金銭の貸借は， 手形貸付金勘定 （資産）， 手形借入金勘定 （負債）で処理する。

① 現金を貸し付け，約束手形を受け取った。

（借）手 形 貸 付 金　×× （貸）現　　　　　金　××

② 現金を借り入れ，約束手形を振り出した。

（借）現　　　　　金　×× （貸）手 形 借 入 金　××

1 基礎問題

(1) 次の取引の仕訳を示し，受取手形記入帳を完成しなさい。

5月1日 本庄商店に商品¥200,000を売り渡し，代金は同店振出しの約束手形（手形番号#30，振出日5月1日，支払期日9月30日，支払場所熊谷銀行）を受け取った。

2日 深谷商店より売掛金¥250,000について，同店振出し，岡部商店あての為替手形（手形番号#13，振出日5月2日，支払期日7月30日，支払場所羽生銀行）を受け取った。

7月30日 深谷商店振出しの為替手形（手形番号#13）の支払期日が本日到来し，かねて取立てを依頼していた取引銀行より，当座預金に入金された旨通知を受けた。

	借方科目	金額	貸方科目	金額
5／1				
2				
7／30				

受取手形記入帳

平成〇年		摘要	金額	手形種類	手形番号	支払人	振出人または裏書人	振出日 月 日	満期日 月 日	支払場所	てん末 月 日 摘要
5	1	（　）	200,000	約手	30	本庄商店	（　）	5　1	9　30	熊谷銀行	
	2	売掛金	250,000	（　）	（　）	（　）	深谷商店	5　2	7　30	羽生銀行	7　30　取立

(2) 次の取引の仕訳を示しなさい。

① 桐生商店に現金¥300,000を貸し付け，同店振り出しの約束手形を受け取った。
② 柏商店より現金¥300,000を借り入れ，約束手形を振り出した。

	借方科目	金額	貸方科目	金額
①				
②				

2 練習問題

(1) 次の取引の仕訳を示し，受取手形記入帳に記入しなさい。

7月1日 熊谷商店に商品¥600,000を売り渡し，代金は同店振出しの約束手形（手形番号#50，振出日7月1日，支払期日9月15日，支払場所荒川銀行本店）で受け取った。

2日 近畿商店より売掛金¥400,000について，同店振出し，岡山商店あての為替手形（手形番号#53，振出日7月2日，支払期日8月30日，支払場所瀬戸銀行）で受け取った。

20日 熊谷商店から受け取った上記の約束手形（手形番号#50）¥600,000を取引銀行に売却し，手取金¥598,300は当座預金とした。

8月30日 近畿商店振り出しの為替手形（手形番号#53）の支払期日が本日到来し，かねて取り立てを依頼していた取引銀行より，当座預金に入金された旨通知を受けた。

	借方科目	金額	貸方科目	金額
7/1				
2				
20				
8/30				

受取手形記入帳

平成○年	摘要	金額	手形種類	手形番号	支払人	振出人または裏書人	振出日 月 日	満期日 月 日	支払場所	てん末 月 日 摘要

(2) 次の取引の仕訳を示し，支払手形記入帳に記入しなさい。

3月1日 静岡商店より商品¥420,000を仕入れ，代金は同額の約束手形（手形番号#8，振出日3月1日，支払期日6月30日，支払場所沼津銀行）を振り出して支払った。

7日 熱海商店に対する買掛金¥220,000について，同店振出し，河口商店受取りの為替手形（手形番号#11，振出日3月7日，支払期日7月20日，支払場所伊豆銀行）の呈示を受け，引き受けた。

6月30日 静岡商店に対して振り出した約束手形（手形番号#8）の支払期日が到来し，当座預金から引き落とした旨取引銀行より通知を受けた。

	借方科目	金　　額	貸方科目	金　　額
3／1				
7				
6／30				

支払手形記入帳

平成○年		摘要	金額	手形種類	手形番号	受取人	振出人	振出日		満期日		支払場所	てん末		
月	日							月	日	月	日		月	日	摘要

(3) 次の取引の仕訳を示しなさい。
　① 京都商店に期間6か月，年利率3％の条件で¥400,000を貸し付け，約束手形を受け取り，利息を差し引いた金額を小切手を振り出して渡した。
　② 得意先長崎商店に対する，期間4か月，年利率6％の手形による貸付金¥2,500,000が本日満期となり，利息とともに当座預金口座に振り込まれた旨取引銀行より通知を受けた。
　③ 栃木商店から¥450,000を借り入れ，同額の約束手形を振り出し，利息¥12,000を差し引いた残額を現金で受け取った。

	借方科目	金　　額	貸方科目	金　　額
①				
②				
③				

3 検定問題

(1) 取引先富山商店から，貸付期間5か月，年利率5％の条件で¥4,800,000を貸付け，同額の約束手形を受け取るとともに，利息分を差し引いて残額を現金で渡した。

	借方科目	金額	貸方科目	金額
(1)	手形貸付金	4,800,000	現金	4,700,000
			受取利息	100,000

(2) 東西商店に対して，借入期間9か月，年利率4％の条件で¥800,000の借入れを依頼し，利息を差し引いた金額を小切手で受け取り，約束手形を振り出して渡した。

	借方科目	金額	貸方科目	金額
(2)	当座預金	776,000	手形借入金	800,000
	支払利息	24,000		

(3) 次の帳簿の名称を（　）の中に記入し，あわせてこの帳簿に記入されている諸取引を仕訳しなさい。ただし，買掛金については，人名勘定を用いること。

（　支払手形記入帳　）

平成○年		摘要	金額	手形種類	手形番号	受取人	振出人	振出日 月日	満期日 月日	支払場所	てん末 月日	摘要
6	25	買掛金	550,000	約手	8	志賀商店	当店	6 25	9 30	西銀行本店	9 30	支払
7	31	買掛金	230,000	為手	6	那覇商店	石垣商店	7 20	10 31	同上		

	借方科目	金額	貸方科目	金額
6／25	志賀商店	550,000	支払手形	550,000
7／31	那覇商店	230,000	支払手形	230,000
9／30	支払手形	550,000	当座預金	550,000

第20回 貸倒損失と貸倒引当金

要点整理

1. **貸倒れ** 得意先が倒産するなどにより売掛金が回収不能になることを**貸倒れ**という。貸倒れが発生したときは，**貸倒損失勘定**（費用）の借方に記入するとともに，売掛金勘定の貸方に記入する。

2. **貸倒引当金** 売掛金や受取手形（これらを**売上債権**という）の残高に対し，決算のとき貸倒れを見積もり，貸倒引当金を設ける。見積額は，**貸倒引当金繰入勘定**（費用）の借方に記入するとともに，**貸倒引当金勘定**（売掛金や受取手形のマイナスを意味する評価勘定）の貸方に記入する。
   なお，次期に売掛金などが実際に貸倒れになったとき，貸倒引当金勘定を取り崩す。

   ① 決算にあたり貸倒引当金を設けた（**実績法**（差額補充法））。

   ```
   貸倒見積額￥100＞貸倒引当金残高￥80
     (借) 貸倒引当金繰入    20    (貸) 貸倒引当金    20
   貸倒見積額￥70＜貸倒引当金残高￥80
     (借) 貸倒引当金      10    (貸) 貸倒引当金戻入  10
   ```

   ② 次期に貸倒れが生じた。
   　　(借) 貸倒引当金　　××　　(貸) 売　掛　金　　××
   　　(注) 当期に発生した売掛金などが当期中に貸倒れになったときは，貸倒引当金を減らすのではなく，貸倒損失とする。

3. **償却債権取立益勘定** 貸倒れとして処理した売掛金・受取手形が次期以降に回収されたときは，回収額を償却債権取立益勘定（収益）の貸方に記入する。
   　　(借) 現　　　金　　××　　(貸) 償却債権取立益　　××

---

1 基礎問題　次の取引の仕訳を示しなさい。

(1) 広島商店が倒産し，同店に対する売掛金残高￥70,000が貸倒れとなり回収不能となった。貸倒引当金残高はない。

(2) 佐賀商店は，決算に際し，期末売掛金残高￥900,000に対し，2％の貸倒引当金を設定した。

(3) 前期に計上した瀬戸内商店に対する売掛金￥20,000が貸倒れとなった。ただし，貸倒引当金勘定の残高は￥25,000ある。

	借方科目	金額	貸方科目	金額
(1)				
(2)				
(3)				

2 基礎問題 次の取引の仕訳を示しなさい。

(1) 前期に計上した徳島商店に対する売掛金¥35,000が貸倒れとなった。ただし、貸倒引当金勘定の残高は¥25,000ある。

(2) 決算にあたり売掛金期末残高¥800,000に対し3％の貸倒れを見積もった。ただし貸倒引当金勘定の残高は¥14,000ある（実績法（差額補充法）による）。

(3) 決算にあたり売掛金期末残高¥350,000に対し2％の貸倒れを見積もった。ただし貸倒引当金勘定の残高は¥9,000ある（実績法（差額補充法）による）。

(4) 前期に貸倒れとして処理した売掛金¥7,000のうち、¥4,000を現金で回収した。

	借方科目	金額	貸方科目	金額
(1)				
(2)				
(3)				
(4)				

3 練習問題

(1) 次の一連の取引の仕訳を示しなさい。

平成×年
6月30日 札幌商店へ商品¥160,000を売り渡し、代金は掛けとした。

平成×1年
3月31日 決算にあたり、売掛金期末残高¥2,000,000に対し3％の貸倒れを見積もり、実績法（差額補充法）により計上した。なお、貸倒引当金の残高が¥20,000ある。

5月21日 札幌商店が倒産し、売掛金残高¥160,000のうち¥130,000は現金で回収され、残額が貸倒れとなった。

7月20日 5月21日に貸倒れとして処理した札幌商店への売掛金¥30,000のうち¥20,000が現金で回収された。

9月5日 前期以前に貸倒れとして処理していた、旭川商店に対する売掛金¥21,000が本日回収された。

		借方科目	金額	貸方科目	金額
平成×年	6/30				
平成×1年	3/31				
	5/21				
	7/20				
	9/5				

	借方科目	金額	貸方科目	金額
(1)	貸倒引当金 貸倒損失	89,000 61,000	売掛金	150,000
(2)	現金	30,000	償却債権取立益	30,000
(3)	貸倒引当金繰入	8,000	貸倒引当金	8,000
(4)	貸倒引当金繰入	6,000	貸倒引当金	6,000
(5)	貸倒引当金 貸倒損失	210,000 40,000	売掛金	250,000
(6)	当座預金	60,000	償却債権取立益	60,000

第21回 固定資産と減価償却

要点整理

1. 固定資産　建物，備品，車両運搬具，土地　などのように，企業が営業活動を行うために，長期にわたって使用する資産を固定資産という。

2. 固定資産の取得原価　固定資産の取得原価には，購入代価のほかに仲介手数料，登記料，試運転費など，固定資産を営業の用に供するまでに要した付随費用を含める。

    〔例〕

(借)建　　　　物	××	(貸)当　座　預　金	××

    取得原価＝購入代価＋付随費用

3. 改良と修繕　固定資産の改良のための支出（改築，模様替えなど）は固定資産の取得原価とするが，固定資産の原状を維持するための支出（修理，補修など）は修繕費勘定（費用）で処理する。

    〈改良のための支出〉

(借)建　　　　物	××	(貸)現　金　な　ど	××

    〈原状を維持するための支出〉

(借)修　　繕　　費	××	(貸)現　金　な　ど	××

4. 減価償却　土地を除く固定資産は，使用または時の経過によりその価値が減少するので，決算に際し，価値の減少分を減価償却費（費用）の借方に記入するとともに，固定資産の勘定残高を減少させる。これを減価償却という。

5. 減価償却費の計算方法（定額法）

    $$減価償却費（年額）＝\frac{取得原価－残存価額（10\%）}{耐用年数}$$

6. 減価償却の記帳方法　減価償却の記帳法には直接法と間接法がある。建物を例にとると次のようになる。

    【直接法】

(借)減　価　償　却　費	××	(貸)建　　　　　物	××

    【間接法】

(借)減　価　償　却　費	××	(貸)建物減価償却累計額	××

    （注）建物減価償却累計額勘定は建物のマイナスを意味する評価勘定である。

7. 固定資産の売却　固定資産を売却したときは，手取額と帳簿価額との差額を固定資産売却益勘定（収益）または固定資産売却損勘定（費用）で処理する。

    【直接法】

(借)未　収　金　な　ど	20	(貸)建　　　　　物	30
固定資産売却損	10		

    （注）手取額（20）－帳簿価額（30）＝固定資産売却損（－10）

【間接法】

(借) 未　収　金　　　　20　　　　　(貸) 建　　　　物　　　100
　　建物減価償却累計額　70
　　固定資産売却損　　　10

　(注)　手取額（20）－帳簿価額（100－70）＝固定資産売却損（－10）

8　新減価償却制度の定額法

$$減価償却費（年）＝取得原価 \times \frac{1}{耐用年数}$$

1 基礎問題 次の取引の仕訳を示しなさい。

(1) パーソナルコンピュータ¥350,000を買い入れ，代金は月末に支払うことにした。なお，据付費用¥5,000は現金で支払った。

(2) 建物の模様替費用¥1,100,000と窓枠の修理費用¥40,000を小切手を振り出して支払った。

(3) 決算につき次に掲げる建物の減価償却費を計上した。
　　取得原価：¥5,000,000　　残存価額：¥500,000　　耐用年数：20年
　　減価償却方法：定額法　　記帳方法：間接法

(4) 帳簿価額¥200,000の備品が不要となったので，奈良商店に¥150,000で売却し，代金は月末に受け取ることにした。なお，直接法により記帳している。

(5) 上記(4)の備品の取得原価¥330,000，減価償却累計額¥130,000を間接法によって記帳されていた場合の仕訳をしなさい。

(6) 決算に備品の減価償却費を計上した。ただし，新減価償却法による。
　　取得原価：¥200,000　　耐用年数：8年
　　減価償却方法：定額法　　記帳方法：間接法

	借方科目	金　　額	貸方科目	金　　額
(1)				
(2)				
(3)				
(4)				
(5)				
(6)				

2 練習問題

(1) 計算機器3台を購入し，その代金¥1,200,000のうち半額は小切手を振り出して支払い，残額は月末に払う約束である。なお，引取費用¥5,000は現金で支払った。

	借 方 科 目	金　　額	貸 方 科 目	金　　額
(1)				

(2) 営業用倉庫建設のため土地2,000㎡を1㎡あたり¥12,000で購入し，代金は月々¥300,000ずつの分割払いとした。土地購入のための仲介手数料¥210,000と土地整理費用¥300,000は小切手を振り出して支払った。

	借 方 科 目	金　　額	貸 方 科 目	金　　額
(2)				

(3) 購入した社宅に全館冷暖房装置を取り付け，その代金¥1,400,000は小切手を振り出して支払った。

	借 方 科 目	金　　額	貸 方 科 目	金　　額
(3)				

(4) 平成×5年4月1日に，不要となった備品（購入日：平成×1年4月1日，取得原価¥400,000，減価償却方法：定額法，耐用年数：10年，残存価額：取得原価の10％，記帳方法：間接法，決算日：3月31日）を¥275,000で売却し，代金のうち¥50,000は小切手で受け取り，残額は月末に受け取ることにした。

	借 方 科 目	金　　額	貸 方 科 目	金　　額
(4)				

(5) 次に掲げる資料にもとづき仕訳を示しなさい。

〔資　料〕

備　　品		備品減価償却累計額
1,300,000		468,000

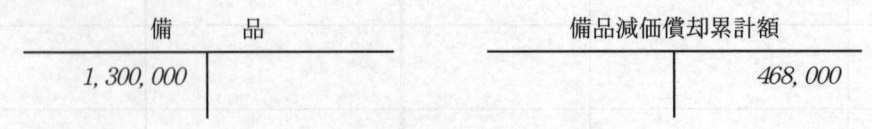

取得原価：¥1,300,000　　減価償却方法：定額法
耐用年数：5年　　残存価額：¥130,000

平成○年3月31日　決算につき減価償却費を計上した。
　　　　4月1日　上記備品を¥500,000で売却し，残額は月末に受け取ることにし

— 92 —

た。
　　4月30日　上記売却代金を小切手で受け取った。

		借方科目	金　額	貸方科目	金　額
(5)	3/31				
	4/1				
	4/30				

(6)　次に掲げる一連の仕訳を示し，平成×7年の仕訳を車両運搬具勘定および車両運搬具減価償却累計額勘定に転記しなさい。

平成×4年
　　4月1日　営業用車両を¥2,000,000で購入し，代金は毎月末に分割で支払うことにした。なお，登録費用¥40,000は現金で支払った。
　　5月31日　月末につき車両分割代金¥100,000を小切手を振り出して支払った。
　　12月20日　車両故障により修理費用¥30,000を現金で支払った。

平成×7年
　　3月31日　決算につき，上記車両に対する3年目の減価償却費を計上した。
　　　　　　償却方法：定額法　残存価額：取得原価の10％　耐用年数：10年
　　4月1日　平成×4年4月1日購入の車両を¥1,400,000で売却した。代金は月末に受け取ることにした。

		借方科目	金　額	貸方科目	金　額
平成×4年	4/1				
	5/31				
	12/20				
平成×7年	3/31				
	4/1				

車両運搬具

X6.4/1 前期繰越　2,040,000

車両運搬具減価償却累計額

X6.4/1 前期繰越　367,200

3 検定問題

(1) 稚内商店より備品¥900,000を購入し，代金のうち¥200,000は小切手を振り出して支払い，残額は月末に支払う約束である。

(2) 営業用小型トラック1台¥1,800,000を購入し，代金のうち¥300,000は現金で支払い，残額は今月末から毎月¥100,000ずつ分割して支払うこととした。

(3) 営業用建物¥3,500,000を購入し，小切手を振り出して支払った。なお，不動産業者への手数料¥120,000と登記料¥220,000は現金で支払った。

(4) 備品¥200,000を柏商会より購入し，代金のうち¥40,000は小切手を振り出して支払い，残額については毎月末の4回分割払いとした。

(5) 不要となった備品（取得原価¥200,000，減価償却累計額¥90,000，間接法で記帳）を期首に処分し，売却代金¥30,000は後日に受け取ることにした。

(6) 次に掲げる大西商店の資料にもとづき決算に必要な仕訳を示しなさい。ただし，損益勘定への振替仕訳は不要である。

残高試算表
平成〇年12月31日

借　方	勘定科目	貸　方
	中　略	
90,000	備　　品	
	減価償却累計額	32,400

期末整理事項

備品について定額法により減価償却を行う。耐用年数は5年，残存価額は取得原価の10%である。

	借方科目	金　額	貸方科目	金　額
(1)				
(2)				
(3)				
(4)				
(5)				
(6)				

第22回 費用・収益の繰延べ

要点整理

1 期間損益の計算　収益と費用は，現金の収入または支出があったときに記帳される。しかし，決算に際しては，収入や支出の有無にかかわりなく，当期に発生したものであるかどうかを基準として当期に属する収益・費用と当期に属さない収益・費用に分け，当期に属する収益・費用で当期の損益計算が行われる。

2 費用の繰延べ　当期に支払った費用のなかに，次期以降に属する分（前払分）があるときは，それを当期の費用から差し引くとともに，前払費用の勘定（ 前払保険料勘定 ， 前払家賃勘定 など）（資産）の借方に記入し，次期に繰り延べる。これを費用の繰延べという。

```
          保険料（費用）
        ┌──────┬──────┐
        │      │前 払 分│→前払保険料勘定（資産）へ
   支払額│      ├──────┤
        │      │当 期 分│→損益勘定へ
        └──────┴──────┘
```

決 算 時 （決算整理仕訳）
・保険料の前払分を次期に繰り延べた。
（借）前 払 保 険 料　　××　　（貸）支 払 保 険 料　　××

翌 期 首 （再振替仕訳）
・翌期首に前払保険料を再振替した。
（借）支 払 保 険 料　　××　　（貸）前 払 保 険 料　　××

3 消耗品費勘定の整理　購入時に消耗品費勘定（費用）で記帳している場合，消耗品の未使用高は消耗品費勘定から差し引くとともに， 消耗品勘定 （資産）の借方に記入し，次期に繰り延べる。

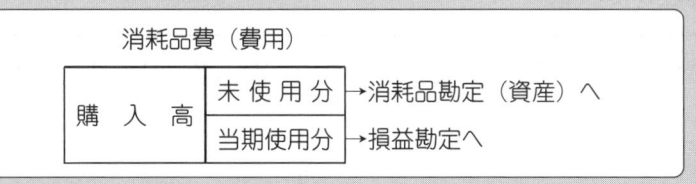

```
          消耗品費（費用）
        ┌──────┬──────┐
        │      │未使用分│→消耗品勘定（資産）へ
   購入高│      ├──────┤
        │      │当期使用分│→損益勘定へ
        └──────┴──────┘
```

決 算 時
・消耗品の未使用分を次期に繰り延べた。
（借）消　耗　品　　××　　（貸）消　耗　品　費　　××

翌 期 首
・翌期首に消耗品を再振替した。
（借）消　耗　品　費　　××　　（貸）消　耗　品　　××

4 収益の繰延べ　当期に受け取った収益のなかに，次期以降に属する分（前受分）があるときは，それを当期の収益から差し引くとともに，前受収益の勘定（ 前受利息勘定 ，

前受家賃勘定 など）（負債）の貸方に記入し，次期に繰り延べる。これを収益の繰延べという。

```
                    受取家賃（収益）
前受家賃勘定（負債）へ← 前 受 分  受 取
 損益勘定へ        ← 当 期 分  額
```

決算時
・受取家賃の前受分を次期に繰り延べた。

（借）受 取 家 賃　　××　　（貸）前 受 家 賃　　××

翌期首
・翌期首に前受家賃を再振替した。

（借）前 受 家 賃　　××　　（貸）受 取 家 賃　　××

1 **基礎問題** 次に掲げる取引の仕訳を示しなさい。

(1) 決算にあたり決算整理仕訳をした。
　① 地代前払高　　　　¥7,000
　② 手数料前受高　　　¥12,000
　③ 保険料未経過分　　¥4,000

(2) 期首における次の仕訳を示しなさい。
　① 前払保険料¥6,000の再振替仕訳をした。
　② 前受利息¥11,000の再振替仕訳をした。

(3) ボールペン30本を¥3,000で購入し現金で支払った。当店では購入時に費用として処理している。

(4) 事務用文房具¥27,000を購入し，現金で支払った。なお，当店では購入時に資産として処理している。

		借方科目	金額	貸方科目	金額
(1)	①				
	②				
	③				
(2)	①				
	②				
(3)					
(4)					

2 練習問題

(1) 次の一連の取引の仕訳を示しなさい。
  ① 営業用建物の家賃1年分¥240,000を氷川商店へ小切手を振り出して支払った。
  ② 決算にあたり，支払家賃2か月分¥40,000を次期に繰り延べた。
  ③ 前払家賃¥40,000の再振替仕訳をした。

		借方科目	金　額	貸方科目	金　額
(1)	①				
	②				
	③				

(2) 次の一連の取引の仕訳を示しなさい。
  ① 建物の賃貸先である文殊商店より1年分の家賃¥360,000を現金で受け取った。
  ② 決算にあたり，受取家賃のうち3か月分¥90,000を次期に繰り延べた。
  ③ 前受家賃¥90,000の再振替仕訳をした。

		借方科目	金　額	貸方科目	金　額
(2)	①				
	②				
	③				

(3) 次の一連の取引の仕訳を示し，支払保険料勘定および前払保険料勘定に転記しなさい。
  6月1日　保険会社に倉庫の火災保険料1年分¥120,000を現金で支払った。
  12月31日　決算にあたり，上記保険料のうち5か月分を次期に繰り延べた。
  〃　　　支払保険料当期分¥70,000を損益勘定に振り替えた。
  1月1日　前払保険料を支払保険料勘定に再振替した。

		借方科目	金　額	貸方科目	金　額
(3)	6／1				
	12／31				
	〃				
	1／1				

支払保険料

前払保険料

(4) 次の取引の仕訳を示しなさい。
　　平成×3年
　　　3月1日　向こう1年分の地代¥132,000を現金で支払った。
　　　12月31日　決算となり地代の支払に関する必要な仕訳を行った（損益勘定への振替仕訳を含む）。なお，地代の支払は上記の支払以外にはない。
　　平成×4年
　　　1月1日　期首になり再振替仕訳を行った。

		借方科目	金　額	貸方科目	金　額
(4)	3／1	支払地代	132,000	現金	132,000
	12／31	前払地代	22,000	支払地代	22,000
	〃	損益	110,000	支払地代	110,000
	1／1	支払地代	22,000	前払地代	22,000

(5) 次の一連の取引の仕訳を示し，下記勘定口座に転記しなさい。
　　　4月15日　事務用文房具¥45,000を購入し，代金は月末に支払うことにした。当店は消耗品について，購入時に費用計上している。
　　　12月31日　決算にあたり，消耗品の未使用高¥12,000を次期に繰り延べた。
　　　〃　　　当期の消耗品費を損益勘定に振り替えた。
　　　1月1日　消耗品¥12,000を再振替仕訳した。

		借方科目	金　額	貸方科目	金　額
(5)	4／15	消耗品費	45,000	未払金	45,000
	12／31	消耗品	12,000	消耗品費	12,000
	〃	損益	33,000	消耗品費	33,000
	1／1	消耗品費	12,000	消耗品	12,000

消耗品費　　　　　　　　　　　　　　消耗品

(6) 次の一連の取引の仕訳を示し，下記勘定口座に転記しなさい。

6月20日　事務用文房具¥145,000を購入し，代金は現金で支払った。当店は消耗品を購入時に資産計上している。

12月31日　決算にあたり，消耗品の未使用高は¥42,000であった。

〃　　当期の消耗品費を損益勘定に振り替えた。

		借方科目	金　額	貸方科目	金　額
(6)	6/20				
	12/31				
	〃				

消耗品費

消耗品

3 検定問題

(1) 次の資料にもとづき決算に必要な仕訳を示しなさい。ただし，損益勘定への振替仕訳は省略する。

残高試算表
平成○年12月31日

借　方	勘定科目	貸　方
	中　略	
	受取利息	18,000
9,600	支払保険料	

期末整理事項

① 受取利息の前受分¥2,000がある。

② 支払保険料は7月1日に向こう1年分を前払いしたものである。

(2) 近くの電器店からオフィス機器¥300,000と事務用消耗品¥35,000を購入した。代金のうち¥135,000は，小切手を振り出して支払い，残額は翌月末からの5回払いとした。

		借方科目	金　額	貸方科目	金　額
(1)	①				
	②				
(2)					

第23回 費用・収益の見越し

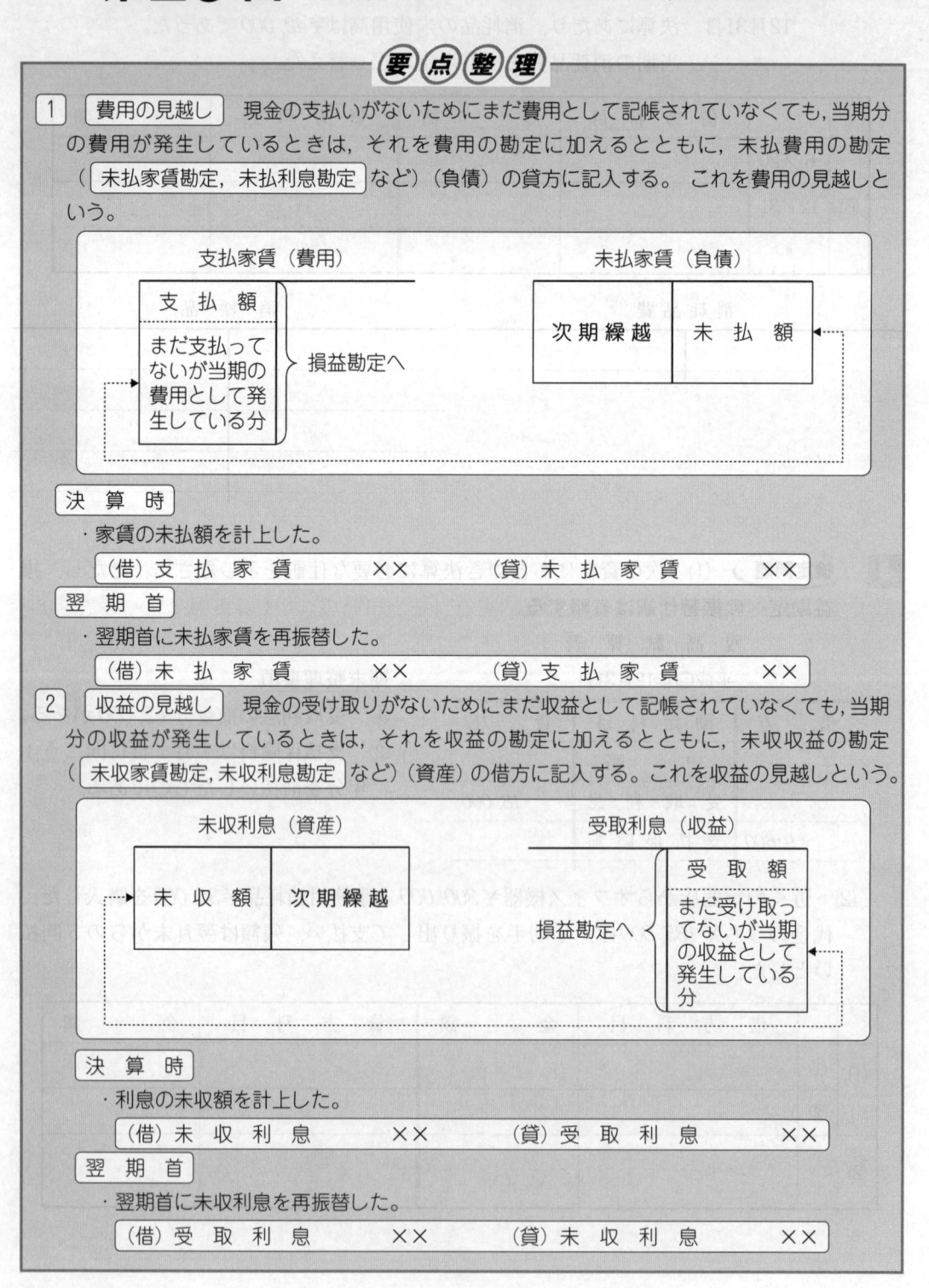

要点整理

1 費用の見越し　現金の支払いがないためにまだ費用として記帳されていなくても，当期分の費用が発生しているときは，それを費用の勘定に加えるとともに，未払費用の勘定（未払家賃勘定，未払利息勘定 など）（負債）の貸方に記入する。これを費用の見越しという。

```
       支払家賃（費用）              未払家賃（負債）
┌─────────────────┬──────┐    ┌──────┬──────┐
│  支 払 額       │      │    │次期繰越│未 払 額│
├─────────────────┤      │    │      │      │
│まだ支払って     │損益勘定へ│   │      │      │
│ないが当期の     │      │    │      │      │
│費用として発     │      │    │      │      │
│生している分     │      │    │      │      │
└─────────────────┴──────┘    └──────┴──────┘
```

決算時
・家賃の未払額を計上した。
（借）支 払 家 賃　　××　　（貸）未 払 家 賃　　××

翌期首
・翌期首に未払家賃を再振替した。
（借）未 払 家 賃　　××　　（貸）支 払 家 賃　　××

2 収益の見越し　現金の受け取りがないためにまだ収益として記帳されていなくても，当期分の収益が発生しているときは，それを収益の勘定に加えるとともに，未収収益の勘定（未収家賃勘定，未収利息勘定 など）（資産）の借方に記入する。これを収益の見越しという。

```
       未収利息（資産）              受取利息（収益）
┌──────┬─────────────┐    ┌──────┬──────┐
│未 収 額│次期繰越     │    │      │受 取 額│
│      │             │    │損益勘定へ├──────┤
│      │             │    │      │まだ受け取っ│
│      │             │    │      │てないが当期│
│      │             │    │      │の収益として│
│      │             │    │      │発生している│
│      │             │    │      │分       │
└──────┴─────────────┘    └──────┴──────┘
```

決算時
・利息の未収額を計上した。
（借）未 収 利 息　　××　　（貸）受 取 利 息　　××

翌期首
・翌期首に未収利息を再振替した。
（借）受 取 利 息　　××　　（貸）未 収 利 息　　××

1 **基礎問題** 次に掲げる取引の仕訳を示しなさい。

(1) 決算にあたり次の決算整理事項の仕訳をした。
   ① 地代未払高　　　　¥17,000
   ② 手数料未収高　　　¥12,000
   ③ 支払家賃の見越高　¥ 4,000
   ④ 受取利息の見越高　¥ 2,500

(2) 期首における次の仕訳を示しなさい。
   ① 家賃の未払分¥6,000の再振替仕訳をした。
   ② 受取利息の未収高¥7,000の再振替仕訳をした。

		借方科目	金　額	貸方科目	金　額
(1)	①				
	②				
	③				
	④				
(2)	①				
	②				

2 **練習問題**

(1) 次に掲げる一連の取引の仕訳を示しなさい。
   ① 営業用建物の家賃9か月分¥90,000を氷川商店へ小切手を振り出して支払った。
   ② 決算にあたり，当期の3か月分の家賃未払分¥30,000を計上した。
   ③ 未払家賃¥30,000を再振替仕訳した。

		借方科目	金　額	貸方科目	金　額
(1)	①				
	②				
	③				

(2) 次に掲げる一連の取引の仕訳を示しなさい。
   ① 建物の賃貸先である文殊商店より9か月分の家賃¥360,000を現金で受け取った。
   ② 決算にあたり，当期3か月分の家賃未収分を計上した。
   ③ 上記②の未収家賃を再振替仕訳した。

		借方科目	金　額	貸方科目	金　額
(2)	①				
	②				
	③				

(3) 次の一連の取引を仕訳し，支払地代勘定および未払地代勘定に転記しなさい。

　3月1日　土地を賃借している池袋商店へ向こう6か月分の地代¥240,000を現金で支払った。
　12月31日　決算にあたり，4か月分の未払分を計上した。
　　〃　　　支払地代当期分¥400,000を損益勘定に振り替えた。
　1月1日　未払地代を支払地代勘定に再振替した。

(3)		借方科目	金　額	貸方科目	金　額
	3／1				
	12／31				
	〃				
	1／1				

　　　　　　支払地代　　　　　　　　　　　未払地代

(4) 次の取引の仕訳を示しなさい。

　平成×3年
　　5月1日　5月から10月まで半年分の家賃¥360,000を現金で受け取った。
　　12月31日　家賃の決算整理仕訳を行った。
　　　〃日　　受取家賃当期分を損益勘定へ振替仕訳した。
　平成×4年
　　1月1日　再振替仕訳を行った。

(4)		借方科目	金　額	貸方科目	金　額
	5／1				
	12／31				
	〃				
	1／1				

(5) 次の取引の仕訳を示しなさい。

平成×3年
6月1日 得意先に現金¥500,000を期限1年，年利率9％，利息は返済時に受取りの約束で貸し付けた。
12月31日 決算整理仕訳を行った。
〃日 受取利息の当期分を損益勘定へ振り替えた。

平成×4年
1月1日 再振替仕訳を行った。

		借方科目	金額	貸方科目	金額
(5)	6／1	貸付金	500,000	現金	500,000
	12／31	未収利息	26,250	受取利息	26,250
	〃	受取利息	26,250	損益	26,250
	1／1	受取利息	26,250	未収利息	26,250

3 検定問題

(1) 次の資料にもとづき決算に必要な仕訳を示しなさい。ただし，損益勘定への振替仕訳は省略する。

残高試算表
平成〇年12月31日

借方残高	勘定科目	貸方残高
	中略	
	受取利息	18,000
	受取地代	19,200

期末整理事項
① 受取利息の未収分¥2,000がある。
② 受取地代は本年3月1日に向こう6か月分を前受けしたものである。それ以降地代は受け取っていない。

(2) 前期の決算整理にともない計上した未収利息¥18,000につき，当期首に再振替仕訳を行った。

		借方科目	金額	貸方科目	金額
(1)	①	未収利息	2,000	受取利息	2,000
	②	未収地代	12,800	受取地代	12,800
(2)		受取利息	18,000	未収利息	18,000

(3) 次の資料にもとづき決算に必要な仕訳を示し，貸借対照表（一部）と損益計算書（一部）を完成させなさい。ただし，損益勘定への振替仕訳は省略する。

元帳勘定残高（一部）　　（決算日：12月31日）

　　受取利息　¥20,000　　　支払家賃　¥130,000
　　支払保険料　¥24,000　　消耗品費　¥30,000

決算整理事項
① 利息未収高　¥2,000
② 家賃未払高　¥8,000
③ 支払保険料は，当期5月1日に1年分を支払ったものである。
④ 消耗品未使用高　¥10,000

	借方科目	金　額	貸方科目	金　額
①				
②				
③				
④				

貸借対照表（一部）

資　産	金　額	負債および純資産	金　額
消耗品	(　　)	(　　　　)	(　　)
未収利息	(　　)		
(　　　　)	(　　)		

損益計算書（一部）

費　用	金　額	収　益	金　額
支払家賃	(　　)	受取利息	(　　)
支払保険料	(　　)		
(　　　　)	(　　)		

第24回 資本金・引出金・税金

要点整理

1. **資本金勘定** 個人企業では，すべての純資産（資本）の増減を資本金勘定に記入する。①元入れ，②追加元入れおよび③当期純利益は資本金勘定の貸方に記入し，④資本の引出し，⑤当期純損失は資本金勘定の借方に記入する。

資 本 金	
④ 引 出 し	① 元 入 れ
期末資本 （次期繰越高）	② 追加元入れ
	③ 当期純利益

2. **引出金勘定** 資本金勘定がはん雑になるのを避けるため，営業年度中の純資産（資本）の引出しは引出金勘定（資本金勘定の評価勘定）の借方に記入し，期末にその合計額を資本金勘定に振り替える。

・企業主が企業の現金や商品を私用に使った。

（借）引　出　金　　××　　（貸）現 金・仕 入　　××

・期末に引出金勘定の残高を資本金勘定に振り替えた。

（借）資　本　金　　××　　（貸）引　出　金　　××

3. **個人企業の税金** 個人企業が納付する税金のうち，所得税，住民税は，税法上，費用として認められないので，これを納付したときは 引出金勘定 の借方に記入する。その他の税金は 租税公課勘定 （費用）またはそれぞれの税の名称を付した勘定で処理する。

・所得税，住民税を納付した

（借）引　出　金　　××　　（貸）現　　　金　　××

・固定資産税，事業税，印紙税などを納付した

（借）租　税　公　課　　××　　（貸）現　　　金　　××

---

1 基礎問題

(1) 次の取引の仕訳を示しなさい。ただし，商品勘定は三分法による。

12月6日 埼玉商店（個人企業　資本金¥3,000,000）は，支店開設のため，企業主が現金¥600,000を追加元入れした。

13日 企業主が私用のため，現金¥40,000を引き出した。

21日 電気代¥10,000を現金で支払った。ただし，このうち¥5,000は家計が負担すべき金額である。

28日 企業主が私用のため，原価¥30,000の商品を使用した。

31日 決算にあたり，引出金勘定の残高¥75,000を資本金勘定に振り替えた。

〃日 決算にあたり，当期純利益¥200,000を損益勘定から資本金勘定に振り替えた。

—105—

	借方科目	金　　額	貸方科目	金　　額
12／6				
13				
21				
28				
31				
〃				

(2) 次の取引の仕訳を示しなさい。

　　7月28日　所得税の本年度第1期分¥60,000を店の現金で納付した。
　　11月29日　所得税の本年度第2期分¥60,000を店の現金で納付した。
　　3月11日　確定申告を行い，本年度の所得税額¥300,000のうち，予定納税額¥120,000を差し引き，¥180,000を店の現金で納付した。

	借方科目	金　　額	貸方科目	金　　額
7／28				
11／29				
3／11				

(3) 次の取引の仕訳を示しなさい。

① 郵便局で収入印紙¥20,000と郵便切手¥10,000を現金で購入した。
② 事業税の第1期分として，¥100,000を現金で納付した。
③ 固定資産税の第2期分¥70,000を現金で納付した。このうち¥40,000は店の負担分で，残額は家計の負担分である。
④ 固定資産税の第1期分¥50,000を現金で納付した。
⑤ 固定資産税¥200,000の納税通知書を受け取った。ただし，未払税金勘定を用いて処理している。
⑥ 上記の固定資産税の第2期分として，¥50,000を現金で納付した。

	借方科目	金　　額	貸方科目	金　　額
①				
②				
③				
④				
⑤				
⑥				

2 練習問題

(1) 次の取引の仕訳を示しなさい。ただし，商品の記帳は三分法による。

4月1日　現金¥2,000,000を元入れして営業を開始した。
7月20日　店主が私用のため現金¥100,000を引き出した。
10月1日　事業を拡張するため，現金¥1,000,000を追加元入れした。
12月15日　店の商品（原価¥8,000　売価¥10,000）を私用のために充てた。
3月31日　決算にあたり，引出金勘定残高¥108,000を資本金勘定に振り替えた。
〃日　決算にあたり，当期純損失¥50,000を損益勘定から資本金勘定に振り替えた。

	借方科目	金額	貸方科目	金額
4／1				
7／20				
10／1				
12／15				
3／31				
〃				

(2) 次の取引の仕訳を示しなさい。

① 収入印紙¥30,000と郵便はがき¥20,000を現金で購入した。
② 事業税¥500,000を現金で支払った。
③ 固定資産税の第2期分¥70,000を現金で納付した。このうち¥30,000は店の負担分で，残額は家計の負担分である。
④ 固定資産税¥60,000を現金で支払った。このうち3分の1は家計の負担分である。
⑤ 確定申告を行い，本年度の所得税は¥300,000であった。予定納税額としてすでに支払ってある¥100,000を差し引き，残額¥200,000を現金で支払った。

	借方科目	金額	貸方科目	金額
①				
②				
③				
④				
⑤				

3 **検定問題** 次の取引の仕訳を示しなさい。ただし、商品の記帳は三分法による。

(1) 建物の火災保険料¥130,000と店主の生命保険料¥210,000を小切手を振り出して支払った。
(2) 店員の給料¥250,000と家計費¥100,000を現金で支払った。
(3) 決算において、当期純利益¥150,000を資本金勘定へ振り替えた。
(4) 菓子店を営んでいる店主が、取扱商品である菓子折り1折¥2,000（原価）を友人の病気見舞いに使用した。
(5) 店主が私用のために、商品¥10,000（原価）を使用した。
(6) 決算において、引出金勘定の借方残高¥20,000を資本金勘定へ振り替えた。
(7) 店主の家計費¥100,000を小切手を振り出して支払った。
(8) 家賃¥60,000を現金で支払った。ただし、そのうちの40％は住居用である。
(9) 家具商を営んでいる店主が、取扱商品である学習机および椅子¥20,000（原価）を子供のために使用することにした。
(10) 決算の結果、当期純損失¥70,000を資本金勘定へ振り替えた。
(11) 店主の生命保険料¥65,000と店舗兼住居用の建物の火災保険料¥180,000について、当座預金口座より引き落とされた旨の通知が取引銀行からあった。ただし、火災保険料のうち30％分は店主個人住居部分に対してである。（（注）引出金勘定を用いない）
(12) 水道光熱費¥50,000と事業主の所得税¥210,000を当座預金の口座から振り替えて支払った。なお、水道光熱費のうち¥20,000は、事業主個人の家計が負担すべき金額である。
(13) 営業用の自動車に係る自動車税¥30,000と事業主の所得税¥80,000を郵便局で現金で納付した。

	借方科目	金額	貸方科目	金額
(1)				
(2)				
(3)				
(4)				
(5)				
(6)				
(7)				
(8)				
(9)				
(10)				
(11)				
(12)				
(13)				

4 **検定問題** 個人企業の千葉商店（決算日は12月31日）は，資本の引出しに関する取引を資本金勘定で記録しており，平成×7年における同店の資本金勘定の記入は次のとおりであった。

資　本　金

4/15	現　　金	78,000	1/1	前期繰越	2,300,000
6/18	当座預金	71,000	8/31	土　　地	1,000,000
10/23	現　　金	41,000	12/31	損　　益	407,000
11/10	仕　　入	67,000			
12/31	次月繰越	3,450,000			
		3,707,000			3,707,000
			1/1	前期繰越	3,450,000

仮に資本の引出しに関する取引を資本金勘定と引出金勘定で記帳した場合，次の各勘定の（ a ）から（ e ）までの空欄に当てはまる語句または金額を記入しなさい。なお，平成×7年における資本の追加元入れは8月31日の取引のみである。

a	b	c	d	e
仕入	資本金	257,000	1,000,000	損益

5 **検定問題** 次の（　）の空欄にあてはまる金額を記入しなさい。ただし，△は純損失を示す。

	期首の資本金	追加元入額	引　出　額	純　損　益	期末の資本金
①	10,000	5,000	2,000	1,000	(14,000)
②	20,000	10,000	5,000	(25,000)	50,000
③	(54,000)	20,000	7,000	3,000	70,000
④	15,000	(10,000)	3,000	△ 2,000	20,000

第25回 試算表

要点整理

1. 試算表　総勘定元帳の各勘定の金額（借方，貸方の合計または残高）を集計した表。貸借平均の原理を応用して，総勘定元帳の勘定記入が正しいかどうかを確かめるために作成する。

2. 試算表には，次の三つがある。
   (1) 合計試算表　総勘定元帳の各勘定の借方合計額と貸方合計額を集計したもの。
   (2) 残高試算表　総勘定元帳の各勘定の残高を集計したもの。
   (3) 合計残高試算表　合計試算表と残高試算表を一つにまとめたもの。

3. 勘定記入に誤りがなければ，試算表の借方と貸方の合計額は必ず一致する。一致しない場合は，試算表を作成したときと逆に，次の順序で不一致の原因を調べ，誤りを訂正する。
   (1) 試算表の借方欄と貸方欄のそれぞれの合計額に誤りがないかどうか。
   (2) 総勘定元帳の各勘定の合計額または残高が正しく試算表に書き移されているかどうか。
   (3) 総勘定元帳の各勘定の合計額または残高の計算に誤りがないかどうか。
   (4) 仕訳帳から総勘定元帳に正しく転記が行われているかどうか。
   (5) 仕訳に誤りがないかどうか。

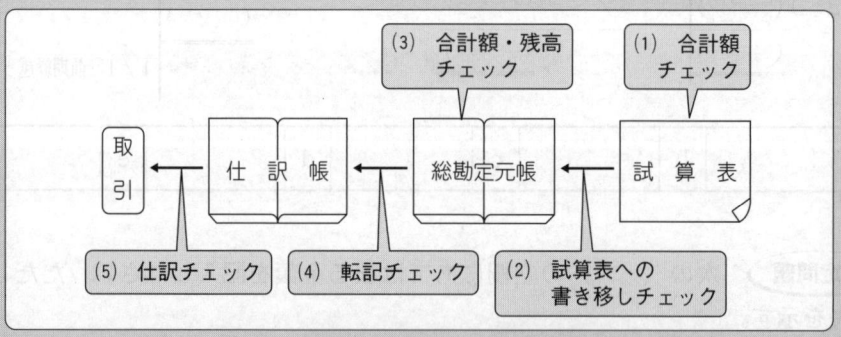

   取引 ← 仕訳帳 ← 総勘定元帳 ← 試算表
   (5) 仕訳チェック　(4) 転記チェック　(2) 試算表への書き移しチェック
   (3) 合計額・残高チェック　(1) 合計額チェック

4. 試算表では，次のような誤りは発見できない。なぜならば，これらの誤りがあっても，試算表の借方と貸方の合計額は一致するからである。
   (1) 総勘定元帳への転記もれがあった場合あるいは総勘定元帳に二重転記した場合
   (2) 仕訳の借方と貸方を貸借反対に転記した場合
   (3) 誤った勘定に転記した場合
   (4) 仕訳帳への仕訳もれがあった場合あるいは仕訳帳に二重仕訳した場合

   このうち，(1)の誤りは，残高試算表では発見できないが，合計試算表の場合には，仕訳帳の合計額と照合すれば発見することができる。
   なお，試算表が作成されたら，補助簿が設けられている勘定科目の金額と補助簿の金額を照合する。

5. 売掛金明細表と買掛金明細表の作成
   各商店別の売掛金明細表・買掛金明細表の残高を計算し，合計残高試算表の売掛金勘定・買掛金勘定残高と照合し，金額の一致を確認する。

1 基礎問題

次の(A)合計試算表と(B)諸取引にもとづいて，仕訳を示し，月末の合計残高試算表と売掛金明細表および買掛金明細表を作成しなさい。なお，売上と仕入はすべて掛けで行っている。〔　〕の中には，人名勘定と該当する金額を記入する。

(A) 平成○年10月29日現在の合計試算表

	借　方	貸　方
現　　　金	¥ 460	¥ 310
売　掛　金	2,750	1,890
繰越商品	390	
買　掛　金	710	1,290
資　本　金		800
売　　　上		2,580
仕　　　入	1,770	
給　　　料	460	
支払家賃	330	
	6,870	6,870

(B) 10月30日から31日までの取引

30日　売上：大分商店 ¥50

下関商店より掛け代金 ¥300 を現金で受け取った。

本月分の家賃 ¥50 と市川商店への掛け代金 ¥100 を現金で支払った。

31日　売上：下関商店 ¥20

　　　仕入：長野商店 ¥15

従業員の給料 ¥80 と長野商店への掛代金 ¥180 を現金で支払った。

	借方科目	金　額	貸方科目	金　額		借方科目	金　額	貸方科目	金　額
30日	売　掛　金〔　　　〕	50〔　　〕	売　　上	50	31日	（　　　）〔　　　〕	（　　）〔　　〕	（　　　）〔　　　〕	（　　）〔　　〕
	現　　金	300	売　掛　金〔　　　〕	300〔　　〕		（　　　）（　　　）〔　　　〕	（　　）（　　）〔　　〕	（　　　）（　　　）〔　　　〕	（　　）（　　）〔　　〕
	（　　　）買　掛　金〔　　　〕	（　　）100〔　　〕	（　　　）（　　　）〔　　　〕	（　　）（　　）〔　　〕					

合計残高試算表
平成○年10月31日

借方残高	借方合計	勘定科目	貸方合計	貸方残高
		現　　　金		
		売　掛　金		
		繰越商品		
		買　掛　金		
		資　本　金		
		売　　　上		
		仕　　　入		
		給　　　料		
		支払家賃		

売掛金明細表

	10月29日	10月31日
大分商店	¥　500	¥
下関商店	360	
	¥　860	¥

買掛金明細表

	10月29日	10月31日
市川商店	¥　300	¥
長野商店	280	
	¥　580	¥

2 基礎問題
次の期首貸借対照表(A)と期中取引(B)にもとづいて，期末の合計残高試算表を作成しなさい。

(A) 期首貸借対照表

貸 借 対 照 表
平成○年4月1日

資　　　産	金　　額	負債および純資産	金　　額
現　　　　　金	31,500	買　　掛　　金	36,100
当　座　預　金	47,250	貸　倒　引　当　金	1,650
売　　掛　　金	55,000	減価償却累計額	9,000
商　　　　　品	13,000	資　　本　　金	125,000
備　　　　　品	25,000		
	171,750		171,750

(B) 期中取引

(1) 商品の売上取引
 a．掛売上高 ¥41,000　うち ¥1,900 返品
 b．得意先振出しの小切手による売上高 ¥21,000（ただちに当座預金預け入れ）

(2) 商品の仕入取引
 a．掛仕入高 ¥26,000　うち ¥1,100 値引き

(3) 現金の増減取引
 a．当座預金から引出し　¥44,800　　b．給料の支払　¥28,000
 c．家賃の支払　¥10,500

(4) 当座預金の増減取引（(1)bと(3)aを除く）
 a．売掛金の回収　¥64,400　　b．買掛金の支払　¥37,500

合 計 残 高 試 算 表
平成○1年3月31日

借方残高	借方合計	勘　定　科　目	貸方合計	貸方残高
		現　　　　　金		
		当　座　預　金		
		売　　掛　　金		
		繰　越　商　品		
		備　　　　　品		
		買　　掛　　金		
		貸　倒　引　当　金		
		減価償却累計額		
		資　　本　　金		
		売　　　　　上		
		仕　　　　　入		
		給　　　　　料		
		支　払　家　賃		

3 基礎問題

6月の月初繰越高は合計試算表に記載されているとおりである。下記の6月中の取引にもとづいて、仕訳を示し、6月末の合計試算表を完成しなさい。

6月中の取引

(1) 現金出納帳より
　a. 現　金　売　上　高　¥ 81,000　　e. 給　料　支　払　高　¥160,000
　b. 現　金　仕　入　高　¥ 27,000　　f. 事務用品購入高　¥ 14,000
　c. 当座預金引出高　¥138,000　　g. 家　賃　支　払　高　¥ 22,000
　d. 当座預金預入高　¥ 19,000

(2) 当座預金出納帳より
　a. 現　金　預　入　高　¥ 19,000　　d. 手形代金支払高　¥ 80,000
　b. 現　金　引　出　高　¥138,000　　e. 売掛金回収高　¥405,000
　c. 手形代金取立高　¥190,000　　f. 買掛金支払高　¥188,000

(3) 売上帳より
　a. 現　金　売　上　高　¥ 81,000　　c. 約束手形受取高　¥160,000
　b. 掛　売　上　高　¥602,000　　d. 掛売上戻り高　¥ 29,000

(4) 仕入帳より
　a. 現　金　仕　入　高　¥ 27,000　　c. 約束手形振出高　¥170,000
　b. 掛　仕　入　高　¥330,000　　d. 掛仕入値引高　¥ 18,000

仕　訳

(1)

	借方科目	金　　額	貸方科目	金　　額
a				
b				
c				
d				
e				
f				
g				

(2)

	借方科目	金　　額	貸方科目	金　　額
a				
b				
c				
d				
e				
f				

(3)

	借方科目	金額	貸方科目	金額
a				
b				
c				
d				

(4)

	借方科目	金額	貸方科目	金額
a				
b				
c				
d				

合 計 試 算 表

6月末合計高	月初繰越高	勘定科目	月初繰越高	6月末合計高
	526,000	現　　　　金	225,000	
	870,000	当 座 預 金	498,000	
	390,000	受 取 手 形	210,000	
	780,000	売　　掛　　金	450,000	
	105,000	有 価 証 券		
	180,000	繰 越 商 品		
	200,000	備　　　　品		
	78,000	支 払 手 形	197,000	
	310,000	買　　掛　　金	505,000	
		貸 倒 引 当 金	11,000	
		減価償却累計額	72,000	
		資　　本　　金	1,150,000	
	35,000	売　　　　上	806,000	
	468,000	仕　　　　入	17,000	
	150,000	給　　　　料		
	35,000	支 払 家 賃		
	14,000	消 耗 品 費		
	4,141,000		4,141,000	

4 **練習問題** 次の合計試算表(A)と諸取引(B)にもとづいて、月末の合計残高試算表と、売掛金および買掛金の明細表を作成しなさい。なお、売上と仕入はすべて掛けで行っている。

(A) 平成○年5月26日現在の合計試算表

	借　方	貸　方
現　　　　　金	¥ 344,000	¥ 228,000
当　座　預　金	1,200,000	760,000
受　取　手　形	480,000	280,000
売　　掛　　金	1,200,000	720,000
繰　越　商　品	96,000	
備　　　　　品	240,000	
支　払　手　形	200,000	320,000
買　　掛　　金	320,000	680,000
借　　入　　金		240,000
減価償却累計額		108,000
資　　本　　金		480,000
売　　　　　上		1,320,000
仕　　　　　入	800,000	64,000
給　　　　　料	208,000	
支　払　家　賃	96,000	
支　払　利　息	16,000	
	5,200,000	5,200,000

(B) 平成○年5月27日から31日までの取引

27日　a．売上：青森商店　¥24,000　　福島商店　¥16,000
　　　b．山梨商店に対する買掛金¥80,000の支払のため、同店宛の約束手形を振り出した。

28日　a．仕入：静岡商店　¥40,000　　愛知商店　¥32,000
　　　b．青森商店に対する売掛金¥96,000が当座預金に振り込まれた。
　　　c．愛知商店に振り出した約束手形¥56,000の支払期日が到来し、小切手を振り出して支払った。

29日　a．売上：岩手商店　¥40,000
　　　b．仕入：山梨商店　¥24,000
　　　c．28日に静岡商店から仕入れた商品のうち¥16,000を不良品につき返品した。なお代金は買掛金と相殺する。
　　　d．静岡商店に対する買掛金¥48,000の支払のため、福島商店宛の為替手形を振り出した。

30日　a．売上：福島商店　¥64,000
　　　b．愛知商店に対する買掛金¥24,000の支払のため、青森商店振出し、当店宛の約束手形を裏書譲渡した。
　　　c．備品の一部（取得原価¥100,000　減価償却累計額¥60,000）を

¥50,000で売却し，代金は現金で受け取った。
d．借入金のうち¥120,000を，利息¥8,000とともに小切手を振り出して返済した。

31日　a．売上：青森商店　¥40,000
　　　b．仕入：静岡商店　¥16,000
　　　c．岩手商店に対する売掛金¥100,000が当座預金に振り込まれた。
　　　d．本月分の従業員給料¥20,000を現金で支給した。
　　　e．本月分の家賃¥16,000を現金で支払った。

合計残高試算表
平成○年5月31日

借方残高	借方合計	勘定科目	貸方合計	貸方残高
		現　　　　金		
		当　座　預　金		
		受　取　手　形		
		売　　掛　　金		
		繰　越　商　品		
		備　　　　品		
		支　払　手　形		
		買　　掛　　金		
		借　　入　　金		
		減価償却累計額		
		資　　本　　金		
		売　　　　上		
		仕　　　　入		
		給　　　　料		
		支　払　家　賃		
		支　払　利　息		
		固定資産売却（　）		

売掛金明細表

	5月26日	5月31日
青森商店	¥120,000	¥
福島商店	200,000	
岩手商店	160,000	
	¥480,000	¥

買掛金明細表

	5月26日	5月31日
静岡商店	¥80,000	¥
山梨商店	160,000	
愛知商店	120,000	
	¥360,000	¥

5 **練習問題** 次の7月中の取引にもとづいて，次頁の合計試算表の「月中取引高」欄と「合計」欄の記入を行いなさい。なお，必要な勘定科目は追加すること。

7月中の取引
- (1) 商品の仕入れ
    - a．小切手振出しによる仕入高　　　　　　　　　　　　¥36,000
    - b．掛けによる仕入高　　　　　　　　　　　　　　　　¥25,600
        - このうちの戻し高　　　　　　　　　　　　　　　¥ 1,600
    - c．約束手形振出しによる仕入高　　　　　　　　　　　¥32,000
- (2) 商品の売上げ
    - a．掛けによる売上高　　　　　　　　　　　　　　　　¥60,000
        - このうちの値引高　　　　　　　　　　　　　　　¥ 1,200
    - b．約束手形受入れによる売上高　　　　　　　　　　　¥56,000
- (3) 当座預金の増減（(1) a．を除く）
    - a．売掛金の回収　　　　　　　　　　　　　　　　　　¥50,400
    - b．買掛金の支払　　　　　　　　　　　　　　　　　　¥12,000
    - c．手形代金の取立て　　　　　　　　　　　　　　　　¥36,000
    - d．手形代金の支払い　　　　　　　　　　　　　　　　¥26,000
    - e．小口現金の補充　　　　　　　　　　　　　　　　　¥ 7,600
        - （小口現金支払の内訳：通信費　¥4,900　消耗品費　¥2,700）
    - f．有価証券の売却　　　　　　　　　　　　　　　　　¥11,200
        - （売却した有価証券の帳簿価額　¥10,000）
    - g．備品の売却　　　　　　　　　　　　　　　　　　　¥ 2,000
        - （売却した備品の取得原価　¥8,000　減価償却累計額　¥4,800）
    - h．給料の支払　　　　　　　　　　　　　　　　　　　¥14,400
    - i．家賃の支払　　　　　　　　　　　　　　　　　　　¥ 6,400
    - j．手形の売却（手取金のみを当座預金とする）　　　　¥14,800
        - （売却した手形の額面金額¥16,000）
- (4) その他の取引
    - a．買掛金支払のため手持の約束手形の裏書譲渡高　　　¥16,000
    - b．得意先の倒産による売掛金の貸倒高　　　　　　　　¥ 1,600
    - c．仕入先より当店宛に振り出された為替手形の引受高　¥ 8,000

合計試算表

借方			勘定科目	貸方		
合 計	月中取引高	前月からの繰越高		前月からの繰越高	月中取引高	合 計
		8,000	小 口 現 金			
		207,600	当 座 預 金	170,400		
		68,000	受 取 手 形	28,000		
		109,600	売 掛 金	57,600		
		22,800	有 価 証 券			
		20,800	繰 越 商 品			
		32,000	備 品			
		27,200	支 払 手 形	60,400		
		21,600	買 掛 金	56,800		
			貸 倒 引 当 金	2,100		
			減価償却累計額	14,400		
			資 本 金	120,000		
		2,800	売 上	227,200		
		172,800	仕 入	6,800		
		25,600	給 料			
		12,800	支 払 家 賃			
		5,900	通 信 費			
		2,600	消 耗 品 費			
		3,600	手 形 売 却 損			
			( )			
			( )			
		743,700		743,700		

6 練習問題 下に示す残高試算表(A)は，総勘定元帳の勘定記録(B)にもとづいて作成したものであるが，貸借残高の合計額が一致していない。よって，その不一致の原因を調べ，これを訂正して，解答用紙の残高試算表に正しい金額を記入しなさい。

なお，調査の結果，現金・売上・仕入の各勘定に誤りはなく，またその他の勘定については，金額および借方記入と貸方記入との間違いは予想されても，勘定科目を間違えて転記したものはなかった。

(A)

残 高 試 算 表
平成○年4月30日

借　　　方	勘 定 科 目	貸　　　方
23,000	現　　　　　金	
164,000	当　座　預　金	
170,000	受　取　手　形	
360,000	売　　掛　　金	
	繰　越　商　品	140,000
	備　　　　　品	320,000
50,000	支　払　手　形	
	買　　掛　　金	293,000
50,000	借　　入　　金	
45,000	減価償却累計額	
	資　　本　　金	450,000
	売　　　　　上	730,000
	受 取 手 数 料	7,000
475,000	仕　　　　　入	
	給　　　　　料	125,000
69,000	支　払　家　賃	
	支　払　利　息	3,000
1,406,000		2,068,000

(B) 総勘定元帳の勘定記録

現　　金

4/1	繰越	49,000	4/10		70,000
5		60,000	26		125,000
16		141,000	29		96,000
27		70,000	30		6,000

当座預金

4/1	繰越	92,000	4/8		43,000
3		45,000	11		30,000
4		70,000	18		100,000
17		140,000	21		160,000
24		150,000			

受取手形

4/1	繰越	70,000	4/4		70,000
3		50,000	17		140,000
9		90,000			
19		80,000			
24		90,000			

売掛金

4/1	繰越	95,000	4/3		95,000
5		140,000	15		10,000
14		130,000			
25		100,000			

繰越商品

4/1	繰越	140,000			

備品

4/1	繰越	250,000			
10		70,000			

支払手形

4/1	繰越	43,000	4/8		43,000
7		60,000	21		160,000
11		100,000			
22		50,000			

買掛金

4/11		130,000	4/1	繰越	58,000
12		5,000	2		130,000
			22		140,000
			25		100,000

借入金

4/16		150,000	4/1	繰越	100,000

減価償却累計額

			4/1	繰越	45,000

資本金

			4/1	繰越	450,000

売上

4/15		10,000	4/5		200,000
			9		90,000
			14		130,000
			19		80,000
			24		240,000

受取手数料

			4/27		7,000

仕入

4/2		130,000	4/12		5,000
7		60,000			
18		100,000			
22		190,000			

給料

4/26		125,000			

支払家賃

4/29		69,000			

支払利息

4/30		6,000	4/16		9,000

残 高 試 算 表

平成〇年4月30日

借　　　方	勘 定 科 目	貸　　　方
	現　　　　　金	
	当　座　預　金	
	受　取　手　形	
	売　　掛　　金	
	繰　越　商　品	
	備　　　　　品	
	支　払　手　形	
	買　　掛　　金	
	借　　入　　金	
	減価償却累計額	
	資　　本　　金	
	売　　　　　上	
	受　取　手　数　料	
	仕　　　　　入	
	給　　　　　料	
	支　払　家　賃	
	支　払　利　息	

7 練習問題　次の取引にもとづいて，解答用紙の合計残高試算表を作成しなさい。なお，平成〇年8月25日現在の合計試算表は解答用紙の8月25日現在欄のとおりである。また，売上と仕入はすべて掛けで行われている。　　　　　　　　　　　　（第98回　類題）

〔8月26日から8月31日までの取引　（27は休業日）〕

26日　仕　入：福岡商店　¥28,000　　売　上：山口商店　¥35,000

　　　　8月22日に出張中の従業員から当座預金口座に¥38,000振り込まれ，仮受金で処理していたが，熊本商店への売掛金を回収したものである旨の報告を受けた。

　　　　長崎商店への買掛金¥20,000を支払うため，同店受取り，広島商店宛（引受済み）の為替手形を振り出した。

　　　　当社ビル3階に賃貸で入居している博多商店から今月分の家賃¥40,000が当座預金口座に振り込まれた。

28日　仕　入：長崎商店　¥22,000　　売　上：熊本商店　¥28,000

　　　　福岡商店から仕入れた商品に不良品があったため，¥2,400の値引を受けた。

　　　　山口商店より売掛金¥17,000が当座預金口座に振り込まれた。

　　　　福岡商店への買掛金¥31,000を支払うため，同店宛の約束手形を振り出した。

29日　売　上：山口商店　¥37,000

　　　　かねて支払不能となっていた得意先が，経営再建に成功し，前期に貸倒れとして処理していた売掛金の一部¥45,000が本日当座預金口座に振り込まれた。

　　　　取立てを依頼していた広島商店振出，当店宛の約束手形¥24,000が決済され，当座預金口座に振り込まれた。

　　　　建物に対する火災保険料¥58,000を小切手を振り出して支払った。

30日　仕　入：長崎商店　¥26,000

　　　　宮崎商店から，同店振出，鹿児島商店受取り，当店宛の為替手形¥25,000を提示され，引き受けた。

　　　　経理事務用にコンピュータ¥150,000を購入し，代金のうち¥40,000は小切手を振り出して支払い，残額は9月末に支払うことにした。

　　　　額面¥100につき¥95で購入していた東洋株式会社の社債のうち，額面総額¥160,000を額面¥100につき¥98で売却し，代金は9月6日に受け取ることにした。

31日　仕　入：宮崎商店　¥33,000　　売　上：広島商店　¥31,000

　　　　熊本商店への売掛金¥29,000を同店振出し，当店宛の約束手形で回収した。

　　　　得意先山口商店に対し，期間6か月，利率は年4％で貸しつけた貸付金¥150,000が本日返済期日となったため，利息とともに同店振出しの小切手で回収し，ただちに当座預金に預け入れた。

　　　　今月分の従業員の給料総額¥200,000のうち，所得税の源泉徴収分¥14,000と従業員への立替分¥24,000を差し引き，手取金を当座預金口座から従業員の預金口座へ振り込んだ。

　　　　小口現金係より次のような支払報告を受けたため，ただちに小切手を振り出して補給した。なお，小口現金については定額資金前渡法を採用している。

　　　　切手・ハガキ代：¥1,400　　筆記用具代：¥1,200　　バス回数券代：¥1,400

合計残高試算表

借方残高 8月31日現在	借方合計 8月31日現在	借方合計 8月25日現在	勘定科目	貸方合計 8月25日現在	貸方合計 8月31日現在	貸方残高 8月31日現在
		8,000	小口現金			
		1,008,000	当座預金	574,000		
		744,000	受取手形	384,000		
		1,232,000	売掛金	814,000		
		280,000	有価証券	64,000		
		144,000	繰越商品			
		40,000	立替金	10,000		
		85,000	未収入金	16,000		
		320,000	貸付金	80,000		
		240,000	備品			
		800,000	建物			
		232,000	支払手形	576,000		
		594,000	買掛金	764,000		
		10,000	未払金	34,000		
			仮受金	38,000		
		11,000	預り金	26,000		
			借入金	80,000		
		8,000	貸倒引当金	13,000		
			備品減価償却累計額	65,000		
			建物減価償却累計額	192,000		
			資本金	1,600,000		
		21,000	売上	1,027,000		
			受取利息	4,000		
			受取家賃	13,000		
			有価証券売却益	5,000		
			償却債権取立益			
		548,000	仕入	11,000		
		33,000	給料			
		8,000	消耗品費			
		6,000	通信費			
		11,000	支払保険料			
		7,000	旅費交通費			
		6,390,000		6,390,000		

8 検定問題

次の期首貸借対照表(A)と期中取引高(B)にもとづいて，解答用紙の期末における合計残高試算表を作成しなさい。　　　　　　　　　（第94回　類題）

(A) 期首貸借対照表

貸借対照表

平成○年1月1日

資　　産	金　額	負債および純資産	金　額
現　　　　　　金	40,000	支　払　手　形	42,000
当　座　預　金	101,000	買　　掛　　金	83,000
受　取　手　形	60,000	未　　払　　金	20,000
売　　掛　　金	96,000	借　　入　　金	96,000
有　価　証　券	45,000	貸　倒　引　当　金	4,000
商　　　　　品	34,000	減価償却累計額	43,000
備　　　　　品	72,000	資　　本　　金	160,000
	448,000		448,000

(B) 期中取引高

(1) 現金の増減
　　a．現金売上高　　　¥ 15,000　　b．現金仕入高　　　¥ 9,000
　　c．当座預金の預入高　¥ 23,000　　d．当座預金の引出高　¥ 25,000
　　e．売掛金の回収高　¥ 29,000　　f．家賃の支払高　　¥ 26,000
　　g．給料の支払高　　¥ 14,000　　h．交通費の支払高　¥ 7,000

(2) 当座預金の増減
　　a．現金の預入高　　¥ 23,000　　b．現金の引出高　　¥ 25,000
　　c．手形代金の取立高　¥ 59,000　　d．手形代金の支払高　¥ 76,000
　　e．売掛金の回収高　¥125,000　　f．買掛金の支払高　¥ 55,000
　　g．手形の売却高（額面¥16,000の手形の売却後の手取金）　¥ 15,600
　　h．有価証券の売却代金（帳簿価額¥17,000の売却代）　¥ 20,000
　　i．小切手振出しによる仕入高　　　　　　　　　　　¥ 11,000
　　j．備品の売却代金　　¥ 7,000
　　　　（取得原価¥20,000，減価償却累計額 ¥12,000の備品の売却代金）
　　k．借入金の返済　　　¥ 40,000　　l．借入金利息の支払　¥ 2,500
　　m．前期に購入した有価証券代金の支払高　　　　　　¥ 16,000

(3) 商品の仕入高
　　a．現金による仕入高　¥ 9,000　　b．小切手振出しによる仕入高　¥ 11,000
　　c．掛けによる仕入高　¥156,000　　d．掛け戻し高　　　¥ 5,200
　　e．約束手形振出しによる仕入高　　　¥42,800
　　f．手持ち約束手形の裏書譲渡による仕入高　　¥22,400

(4) 商品の売上高
　　a．現金による売上高　¥ 15,000　　b．掛けによる売上高　¥237,600

c．掛け値引高　　¥ 3,600
d．約束手形の受入れによる売上高　¥45,600
e．為替手形の受入れによる売上高　¥32,800

(5) その他の取引

a．得意先の倒産による売掛金の貸倒高　¥ 3,300
b．仕入先から振り出された当店宛の為替手形引受高　¥44,000
c．有価証券の購入代金の未払高　¥26,400

合計残高試算表
平成○年12月31日

借方残高	借方合計	勘定科目	貸方合計	貸方残高
		現　　　　　金		
		当　座　預　金		
		受　取　手　形		
		売　　掛　　金		
		有　価　証　券		
		繰　越　商　品		
		備　　　　　品		
		支　払　手　形		
		買　　掛　　金		
		未　　払　　金		
		借　　入　　金		
		貸　倒　引　当　金		
		減価償却累計額		
		資　　本　　金		
		売　　　　　上		
		仕　　　　　入		
		支　払　家　賃		
		給　　　　　料		
		旅　費　交　通　費		
		有価証券売却（　）		
		固定資産売却（　）		
		手　形　売　却　損		
		支　払　利　息		

9 検定問題　以下に示した天王寺商会の平成〇年10月1日における残高試算表(A)および同年10月中の取引(B)，にもとづいて同年10月31日の合計試算表を作成しなさい。

(第96回　類題)

(A)
残　高　試　算　表
平成〇年10月1日

借　　　方	金　　額	貸　　　方	金　　額
現　　　　　金	24,000	支　払　手　形	60,000
当　座　預　金	80,000	買　　掛　　金	96,000
受　取　手　形	31,000	借　　入　　金	180,000
売　　掛　　金	77,000	貸　倒　引　当　金	9,000
前　　払　　金	12,000	備品減価償却累計額	108,000
繰　越　商　品	144,000	車両減価償却累計額	120,000
備　　　　　品	240,000	資　　本　　金	240,000
車　両　運　搬　具	400,000	売　　　　　上	960,000
仕　　　　　入	640,000	受　取　手　数　料	10,000
給　　　　　料	88,000		
支　払　家　賃	38,000		
支　払　利　息	9,000		
	1,783,000		1,783,000

(B)　平成〇年10月中の取引
(1)　仕入取引
　　a．掛仕入高　￥72,000　　b．現金仕入高　￥5,000
　　c．約束手形振出しによる仕入高　￥16,000
　　d．手付金の相殺による仕入高　￥8,000
　　e．品違いによる仕入戻し高（買掛金から差し引く）　￥5,000
(2)　売上取引
　　a．掛売上高　￥120,000　　b．小切手による売上高　￥11,000
　　c．約束手形受入れによる売上高　￥24,000
　　d．品質不良による売上戻り高（売掛金から差し引く）　￥8,000
(3)　手形取引（上記(1)および(2)に含まれるものを除く）
　　a．約束手形受入れによる売掛金の回収高　￥57,000
　　b．約束手形の裏書譲渡による買掛金の支払高　￥18,000
　　c．小切手による受取手形取立高　￥25,000
　　d．約束手形振出しによる買掛金決済高　￥32,000
　　e．仕入先より当店宛に振り出された為替手形の引受額　￥28,000
　　f．現金による支払手形決済高　￥44,000
(4)　売掛金および買掛金の決済等（上記(1), (2), (3)に含まれるものを除く）
　　a．現金による売掛金の回収高　￥43,000　　b．売掛金貸倒高　￥7,000
　　c．小切手振出しによる買掛金支払高　￥10,000

(5) その他の取引
　　a．小切手の当座預金預入高　　　￥35,000
　　b．車両購入高￥160,000の一部の小切手振出しによる支払高　￥16,000
　　　なお，残額は翌月末より9回分割払い
　　c．車両の売却による現金収入高　　　　　　　　　　　　　￥64,000
　　　（取得原価　￥120,000，減価償却累計額　￥72,000）
　　d．小切手振出しによる有価証券の購入高　　　　　　　　　￥48,000
　　e．現金による給料の支払高　　　　　　　　　　　　　　　￥ 8,000
　　f．家賃の当座預金引落高　　　　　　　　　　　　　　　　￥ 3,000
　　g．小切手振出しによる借入金返済高　　　　　　　　　　　￥20,000
　　h．支払利息の当座預金引落高　　　　　　　　　　　　　　￥ 6,000

合計試算表
平成○年10月31日

借方合計	勘定科目	貸方合計
	現　　　　　金	
	当　座　預　金	
	受　取　手　形	
	売　　掛　　金	
	有　価　証　券	
	前　　払　　金	
	繰　越　商　品	
	備　　　　　品	
	車　両　運　搬　具	
	支　払　手　形	
	買　　掛　　金	
	借　　入　　金	
	未　　払　　金	
	貸　倒　引　当　金	
	備品減価償却累計額	
	車両減価償却累計額	
	資　　本　　金	
	売　　　　　上	
	受　取　手　数　料	
	仕　　　　　入	
	給　　　　　料	
	支　払　家　賃	
	支　払　利　息	
	固定資産売却（　）	

10 〔検定問題〕 次に示した東海商事(決算年1回,12月末決算)の〔資料Ⅰ：前期末貸借対照表〕と〔資料Ⅱ：1月中の取引〕にもとづいて，答案用紙の平成○5年1月31日の合計試算表を作成しなさい。

〔資料Ⅰ：前期末貸借対照表〕

貸借対照表
平成○4年12月31日

資　　　　産	金　　額	負債・純資産	金　　額
現　　　　　　金	111,000	支　払　手　形	167,000
当　座　預　金	333,000	買　　掛　　金	223,000
受　取　手　形	187,000	前　　受　　金	46,000
売　　掛　　金	213,000	未　払　家　賃	9,000
有　価　証　券	721,000	貸　倒　引　当　金	12,000
商　　　　　品	98,000	備品減価償却累計額	324,000
未　収　入　金	21,000	資　　本　　金	2,500,000
従業員立替金	35,000	当　期　純　利　益	350,000
前　払　保険料	12,000		
備　　　　　品	700,000		
貸　　付　　金	1,200,000		
	3,631,000		3,631,000

〔資料Ⅱ：1月中の取引〕

1月1日　再振替仕訳を行う。

　　3日　高知商店から商品¥237,000を仕入れ，代金のうち¥87,000については小切手を振り出して支払い，残額については同店あての約束手形を振り出した。

　　4日　秋田商店に商品¥360,000を売り渡し，代金のうち¥36,000については先に同店から受け取っていた手付金と相殺し，残額については掛けとした。なお，発送費¥2,000については現金で支払った。

　　5日　高知商店に対する買掛金¥100,000を支払うため，同店受取り，岩手商店あて(引受済)の為替手形を振り出した。

　　6日　松山商店から商品¥160,000を仕入れ，代金のうち¥67,000については先に青森商店から受け取っていた同店振出し，当店あての約束手形を裏書譲渡し，残額については掛けとした。

　　〃　 私用のため店の商品¥30,000を引き出して消費した。

　　7日　岩手商店に商品¥300,000を売り渡し，代金のうち¥200,000については同店振出し，福岡商店あての為替手形で受け取り，残額は掛けとした。

　　9日　得意先長崎商店が倒産し，前期に同店に商品を売り渡したさいに生じた売掛金¥15,000が貸倒れとなった。

　　10日　従業員の出張にあたり，旅費の概算額¥50,000を渡すため，小切手を振り出した。

　　11日　出張中の従業員から¥190,000が当座預金口座に振り込まれた旨の通知が取

　　　　引銀行からあった。しかし，その内容は不明である。
15日　6日に松山商店から仕入れた商品の一部が汚損していたため，¥8,000の値引を請求したところ，承諾されたため，同店に対する買掛金と相殺することとした。
16日　先に香川商店あてに当店が振り出していた約束手形¥97,000について，支払期日に当座預金口座から引き落とされた。
17日　出張中の従業員が帰店し，旅費交通費の精算を行い，現金で残額¥4,000の返済を受けた。また，11日の当座預金口座への振込の内訳は，得意先岩手商店に対する売掛金の回収額¥140,000と，同店から新たな注文を受けたことにともなう手付金¥50,000であるとの報告を受けた。
18日　香川商店から商品¥130,000を仕入れ，代金のうち¥80,000については同店あての約束手形を振り出し，残額を掛けとした。なお，引取運賃¥4,000については現金で支払った。
21日　今月分の従業員の給与総額¥180,000のうち所得税の源泉徴収分¥21,000と従業員への立替金の一部¥18,000を差し引き，手取金を当座預金口座から従業員の預金口座に振り込んだ。
22日　岩手商店に商品¥512,000を売り渡し，代金のうち¥50,000については先に同店から受け取っていた手付金と相殺し，¥340,000については大分商店振出し，宮崎商店あての為替手形を裏書譲渡され，残額については掛けとした。
25日　得意先秋田商店に対する貸付金¥400,000が満期をむかえ，利息¥9,000とともに当座預金口座に振り込まれた。
28日　先に岩手商店から裏書譲渡された為替手形¥340,000を取引銀行で割引きし，割引料¥1,800を差し引いた残額を当座預金に預け入れた。
31日　平成○1年度期首に取得した備品の一部（取得原価：¥200,000，耐用年数：5年，残存価額：取得原価の10％，償却方法：定額法，記帳方法：間接法）が不用となったため，¥58,000で売却することにし，代金については翌月決済することにした。なお，当期分の減価償却費については，月割計算により計上する。
〃　　1年分の家賃¥108,000を小切手を振り出して支払った。

合 計 試 算 表
平成○5年1月31日

借 方 合 計	勘 定 科 目	貸 方 合 計
	現　　　　　金	
	当 座 預 金	
	受 取 手 形	
	売 　掛 　金	
	有 価 証 券	
98,000	繰 越 商 品	
	未 　収 　金	
	従 業 員 立 替 金	
	前 払 保 険 料	
	仮 　払 　金	
	備　　　　　品	
1,200,000	貸 　付 　金	
	支 払 手 形	
	買 　掛 　金	
	前 　受 　金	
	仮 　受 　金	
	所 得 税 預 り 金	
	未 払 家 賃	
	貸 倒 引 当 金	
	備品減価償却累計額	324,000
	資 　本 　金	
	売　　　　　上	
	受 取 利 息	
	固 定 資 産 売 却 益	
	仕　　　　　入	
	(　　　　　　　)	
180,000	給　　　　　料	
	旅 費 交 通 費	
	発 　送 　費	
	保 　険 　料	
	支 払 家 賃	
	手 形 売 却 損	
	貸 倒 損 失	

第26回 精算表

要点整理

1 精算表（8けた精算表） 残高試算表と棚卸表（決算整理事項または期末修正事項を記載した表）から損益計算書と貸借対照表を作成するまでの手続を一つにまとめた表。

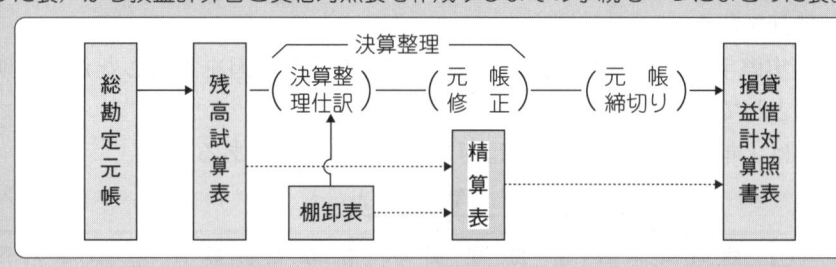

総勘定元帳 → 残高試算表 →（決算整理仕訳）（元帳修正）（元帳締切り）→ 損益計算書・貸借対照表
　　　　　　　　　　　　　　棚卸表 → 精算表

2 精算表の作成法 …… 6けた精算表に新たに修正記入欄を設け，決算整理仕訳を記入

勘定科目	残高試算表 借方	残高試算表 貸方	修正記入 借方	修正記入 貸方	損益計算書 借方	損益計算書 貸方	貸借対照表 借方	貸借対照表 貸方
資産の勘定	700		⊕ 40	⊖ 20			→720	
負債の勘定		350	⊖ 15	⊕ 10				→345
純資産(資本)の勘定		200	⊖	⊕				→200
収益の勘定		450	⊖ 30	⊕ 25		→445		
費用の勘定	300		⊕ 35	⊖ 65	→270			
当期純利益					175			175
	1,000	1,000	120	120	445	445	720	720

3 修正記入欄の記入例

(1) 期末商品棚卸高 ¥15,000　売上原価は「仕入」の行で計算する。

勘定科目	残高試算表 借方	残高試算表 貸方	修正記入 借方	修正記入 貸方	損益計算書 借方	損益計算書 貸方	貸借対照表 借方	貸借対照表 貸方
繰越商品	10,000		⊕15,000	⊖10,000			15,000	
仕入	800,000		⊕10,000	⊖15,000	795,000			

決算整理仕訳
（借）仕　　　　入　　10,000　　（貸）繰　越　商　品　　10,000
　　　繰　越　商　品　15,000　　　　　仕　　　　入　　15,000

(2) 貸倒引当金の計上　貸倒れ見積額¥1,500　差額補充法による。

貸倒引当金		600		⊕ 900				1,500
貸倒引当金繰入			900		900			

決算整理仕訳
（借）貸倒引当金繰入　　900　　（貸）貸倒引当金　　900

1 基礎問題

次の期末修正事項によって、精算表を作成しなさい。ただし、会計期間は平成〇年1月1日から平成〇年12月31日までの1年である。

(1) 期末商品棚卸高は¥45,000である。売上原価は「仕入」の行で計算する方法によること。
(2) 受取手形と売掛金の期末残高に対し、2％の貸倒れを見積もる。貸倒引当金は期末残高に実績法（補充法）によって計上すること。
(3) 備品について、残存価額を取得原価の10％、耐用年数を6年として、定額法により減価償却を行う。
(4) 現金の実際手許有高は¥27,500である。過不足の原因を調査したが、不明のため、雑損として処理する。
(5) 保険料は1年分で、保険契約日は平成〇年4月1日である。

精算表

勘定科目	残高試算表 借方	残高試算表 貸方	整理記入 借方	整理記入 貸方	損益計算書 借方	損益計算書 貸方	貸借対照表 借方	貸借対照表 貸方
現　　　　金	27,800							
当　座　預　金	55,500							
受　取　手　形	40,000							
売　　掛　　金	65,000							
有　価　証　券	37,500							
繰　越　商　品	25,000							
備　　　　品	120,000							
支　払　手　形		24,000						
買　　掛　　金		37,000						
貸　倒　引　当　金		1,000						
減価償却累計額		36,000						
資　　本　　金		250,000						
売　　　　上		537,000						
仕　　　　入	450,000							
給　　　　料	37,000							
支　払　家　賃	26,000							
支　払　保　険　料	1,200							
	885,000	885,000						
貸倒引当金繰入								
減　価　償　却　費								
雑　　　　損								
前　払　保　険　料								
当期純（　　）								

2 練習問題

次の期末整理事項によって，①決算整理仕訳を示し，②精算表を完成しなさい。ただし，会計期間は平成〇年1月1日から平成〇年12月31日までの1年である。

(1) 売掛金に対して，3％の貸倒れを見積もる。引当金の設定は実績法（差額補充法）による。
(2) 期末商品棚卸高は，¥140,000である。売上原価は「仕入」の行で計算する。
(3) 備品の減価償却を定額法によって行う。ただし，備品の取得日は本年7月1日，残存価額は取得原価の10％，耐用年数は5年であり間接法によって記帳する。減価償却額は月割りで計算する。
(4) 借入金は来年9月30日に返済する約束で，本年10月1日に年利率6％で借り入れたもので，利息は元本を返済するときに支払う。なお，利息は月割りで計算する。
(5) 本年12月分の家賃¥4,000が未払となっている。
(6) 保険料¥6,000は本年10月1日に支払った1年分の火災保険料の金額である。

① 仕　訳

	借方科目	金　額	貸方科目	金　額
(1)				
(2)				
(3)				
(4)				
(5)				
(6)				

②

精　算　表

勘定科目	試算表 借方	試算表 貸方	修正記入 借方	修正記入 貸方	損益計算書 借方	損益計算書 貸方	貸借対照表 借方	貸借対照表 貸方
現　　　　金	61,000							
売　掛　金	340,000							
有　価　証　券	160,000							
繰　越　商　品	127,000							
備　　　　品	120,000							
買　掛　金		280,000						
借　入　金		100,000						
貸倒引当金		2,000						
資　本　金		300,000						
売　　　　上		930,000						
受　取　利　息		7,000						
仕　　　　入	670,000							
給　　　　料	87,000							
支　払　家　賃	44,000							
支　払　保　険　料	6,000							
雑　　　　費	4,000							
	1,619,000	1,619,000						
貸倒引当金繰入								
減価償却費								
備品減価償却累計額								
(　　)利　息								
未　払　(　　)								
(　　)家　賃								
(　　)保険料								
当期純(　　)								

3 検定問題

次に示した，(1)決算日までに判明した未記帳事項，および(2)期末整理事項にもとづいて，答案用紙の精算表を完成しなさい。なお，会計期間は平成○年1月1日から12月31日までの1年間である。　　　　　　　　　　　(第115回)

(1) 決算日までに判明した未記帳事項
1. 得意先香川商店振出し，当店宛ての約束手形￥*270,000*を銀行で割り引き，手取額￥*261,000*を当座預金に預け入れたが，この取引が未記帳である。
2. 仮払金は，当期に備品を発注したさいに購入代金の一部を頭金として支払ったものである。なお，この備品￥*300,000*は平成○年12月1日に引渡しを受け，すでに使用を始めているが，代金の残額を1月末に支払うこととなっているため，未記帳となっている。
3. 店主が私用のため商品（原価￥*70,000*）を消費したが，この取引が未記帳となっている。

(2) 期末整理事項
1. 受取手形および売掛金の期末残高に対して3％の貸倒れを見積もる。引当金の設定は差額補充法による。
2. 期末商品の棚卸高は￥*130,000*である。売上原価は「仕入」の行で計算すること。
3. 建物および備品については定額法により減価償却を行う。

　　建　物　　耐用年数20年　　残存価額：取得原価の10％
　　備　品　　耐用年数5年　　残存価額：取得原価の10％

　なお，新備品についても，従来の備品と同様に減価償却を行うが，月割り計算による。

4. 貸付金は，平成○年2月1日に貸付期間1年，年利率5％の条件で貸し付けたもので，利息は元金とともに返済時に受け取ることになっている。
5. 保険料は，全額建物に対する火災保険料で，毎年同額を5月1日に12か月分として支払っている。
6. 消耗品の期末未消費高は￥*8,000*である。
7. 受取家賃は，所有する建物の一部の賃貸によるもので，毎年2月と8月の初日に向こう半年分（毎回同額）を受け取っている。

〔メモ欄〕
(1) 決算日までに判明した未記帳事項

	借方科目	金　　額	貸方科目	金　　額
1				
2				
3				

(2) 期末整理事項

	借方科目	金　　額	貸方科目	金　　額
1				
2				
3				
4				
5				
6				
7				

精算表

勘定科目	試算表 借方	試算表 貸方	整理記入 借方	整理記入 貸方	損益計算書 借方	損益計算書 貸方	貸借対照表 借方	貸借対照表 貸方
現　　　　　金	50,000							
受　取　手　形	520,000							
売　　掛　　金	450,000							
仮　　払　　金	100,000							
有　価　証　券	927,000							
繰　越　商　品	110,000							
貸　　付　　金	960,000							
建　　　　　物	1,900,000							
備　　　　　品	400,000							
支　払　手　形		180,000						
買　　掛　　金		129,000						
当　座　借　越		81,000						
未　　払　　金		20,000						
貸　倒　引　当　金		4,000						
建物減価償却累計額		1,026,000						
備品減価償却累計額		216,000						
資　　本　　金		2,870,000						
売　　　　　上		9,521,000						
受　取　家　賃		78,000						
受　取　利　息		5,000						
仕　　　　　入	6,743,000							
給　　　　　料	880,000							
支　払　地　代	432,000							
旅　費　交　通　費	231,000							
通　　信　　費	181,000							
消　耗　品　費	93,000							
保　　険　　料	96,000							
雑　　　　　損	26,000							
手　形　売　却　損	31,000							
	14,130,000	14,130,000						
(　　　　　)								
貸倒引当金繰入								
減　価　償　却　費								
(　　　)　利　息								
(　　　)　保　険　料								
消　耗　品								
(　　　)　家　賃								
当期純(　　　)								

4 検定問題 次の精算表を完成しなさい。なお、売上原価は仕入の行で計算をすること。

精　算　表

勘定科目	試算表 借方	試算表 貸方	修正記入 借方	修正記入 貸方	損益計算書 借方	損益計算書 貸方	貸借対照表 借方	貸借対照表 貸方
現 金 預 金	95,000							
受 取 手 形	390,000							
売 掛 金	170,000							
有 価 証 券	220,000						220,000	
未 収 金	52,000							
繰 越 商 品	85,000							
備 品	1,500,000							
支 払 手 形		271,000						271,000
買 掛 金		315,000						
借 入 金		500,000						
未 払 金		82,000						
貸 倒 引 当 金		19,000						
備品減価償却累計額		270,000						315,000
資 本 金		1,000,000						
売 上		1,345,000						
受 取 手 数 料		4,000						
有 価 証 券 売 却 益								
仕 入	967,000				944,000			
給 料								
支 払 家 賃	74,000							
水 道 光 熱 費	63,000							
支 払 保 険 料					32,000			
支 払 利 息	11,000							
固定資産売却損	6,000							
	3,820,000	3,820,000						
貸倒引当金繰入			9,000					
減 価 償 却 費								
未 払 給 料								4,000
未 収 手 数 料							5,000	
前 払 利 息			3,000					
当期純(　　)								

第27回 元帳の締切り

要点整理

1. 棚卸表（決算整理事項）にもとづいて決算整理仕訳を行い，該当する勘定口座に転記したあと，総勘定元帳のすべての勘定を締め切る。これを 元帳の締切り という。締切りの方法には，英米式と大陸式の二つがある。

2. 英米式による 総勘定元帳の締切り は，次の手順で行う。

(1) 収益・費用の各勘定の残高を，決算に際し，新しく設けた損益勘定に移す。これは損益勘定において当期の純損益を計算するためである。このように，ある勘定口座の金額を他の勘定口座に移すことを 振替え といい，そのための仕訳を 振替仕訳 という。

(2) 損益勘定で計算された当期純損益を資本金勘定に振り替える。

(3) 収益・費用の各勘定と損益勘定を締め切る。

(4) 資産・負債の各勘定と資本金勘定を締め切る。

＊ 資産・負債・純資産（資本）の勘定を締め切った後，各勘定について繰越高の計算と記入が正しく行われたかどうかを確かめるために，繰越試算表を作成する。繰越記入が正しく行われていれば，繰越試算表の借方と貸方の合計額は一致する。

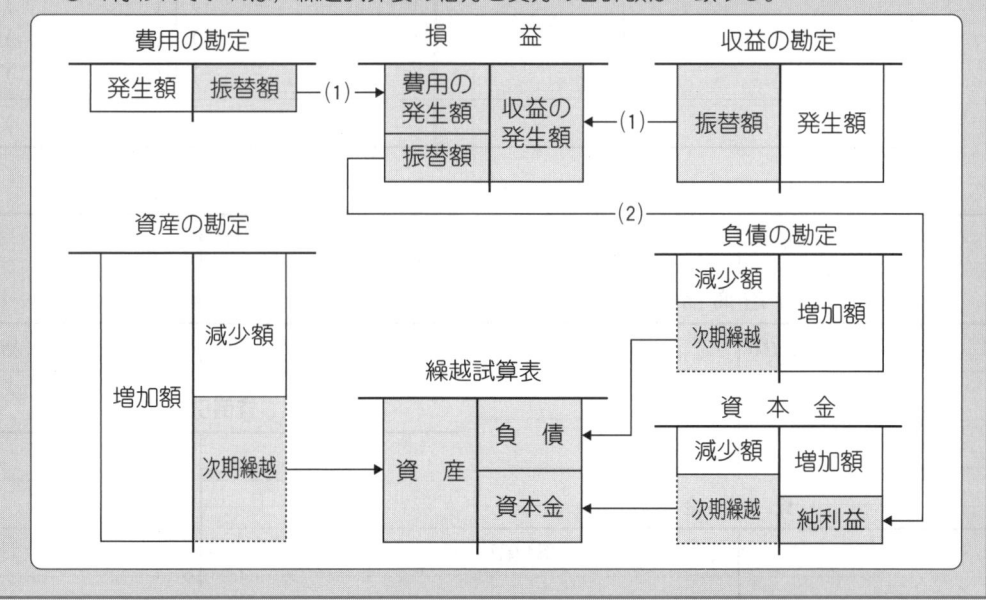

費用の勘定	損　　益	収益の勘定
発生額 / 振替額 —(1)→	費用の発生額 / 振替額 ｜ 収益の発生額 ←(1)—	振替額 / 発生額

資産の勘定		負債の勘定
増加額 ｜ 減少額 / 次期繰越	繰越試算表 資　産 ｜ 負　債 / 資本金	減少額 / 次期繰越 ｜ 増加額
	資　本　金	減少額 / 次期繰越 ｜ 増加額 / 純利益

(2)

1 **基礎問題** 山形商店の12月31日における決算整理前の各勘定口座の記録と決算整理事項によって，決算整理仕訳・決算振替仕訳を示し，各勘定口座を締め切りなさい。

決算整理事項
(1) 期末商品棚卸高 ¥38,000
(2) 売掛金の期末残高に対し，2％の貸倒引当金を実績法（差額補充法）によって計上する。

決算整理仕訳

	借 方 科 目	金 額	貸 方 科 目	金 額
(1)				
(2)				

決算振替仕訳

	借 方 科 目	金 額	貸 方 科 目	金 額
(1)	( ) ( )	( ) ( )	( )	( )
(2)	( )	( )	( ) ( ) ( ) ( )	( ) ( ) ( ) ( )
(3)	( )	( )	( )	( )

現　　　金　　　1	売　　掛　　金　　2
247,000	770,000

繰 越 商 品　　3	買　　掛　　金　　4
35,000	380,000

	貸 倒 引 当 金　　5
	3,000

資　　本　　金　　6	
350,000	

	仕　　　入　　　9
	1,166,000

売　　　上　　　7	
1,890,000	

受 取 手 数 料　　8	
44,000	

給　　料	10
420,000	

損　　益	13

貸倒引当金繰入	11

雑　　費	12
29,000	

2 **基礎問題** 神戸商店の期末（平成〇年12月31日）における総勘定元帳の勘定記録と決算整理事項は次のとおりであった。よって，(1)決算に必要な仕訳を示し，(2)総勘定元帳に転記して締め切り，(3)繰越試算表を作成しなさい。ただし，会計期間は1年とする。

〔総勘定元帳の勘定記録〕

現　　金	
65,140	53,000

当座預金	
414,000	366,000

売　掛　金	
352,000	212,000

有価証券	
52,000	

繰越商品	
37,000	

備　　品	
200,000	

貸倒引当金	
	1,140

買　掛　金	
154,000	222,000

資　本　金	
	300,000

減価償却累計額	
	36,000

売　　　上		仕　　　入	
	497,000	360,000	

給　　　料		支払家賃	
31,000		22,000	

貸倒引当金繰入		損　　　益	

減価償却費			

〔決算整理事項〕

① 期末商品棚卸高は¥42,000である。

② 売掛金の期末残高に対し2％の貸倒れを見積もる。貸倒引当金の計上は実績法（差額補充法）による。

③ 備品に対し，定額法によって減価償却を行う。なお，残存価額は取得原価の10％，耐用年数は5年とする。

決算仕訳

－決算整理仕訳－

	借方科目	金　額	貸方科目	金　額
①				
②				
③				

－振替仕訳－

借 方 科 目	金　　額	貸 方 科 目	金　　額

（注）　収益の勘定残高，費用の勘定残高，純損益の順に仕訳すること。

繰越試算表
平成〇年12月31日

借　　方	勘 定 科 目	貸　　方
	現　　　　金	
	当 座 預 金	
	売　　掛　　金	
	有 価 証 券	
	繰 越 商 品	
	備　　　　品	
	買　　掛　　金	
	貸 倒 引 当 金	
	減価償却累計額	
	資　　本　　金	

3 練習問題

次に示すのは，石川商店の期末（平成○年12月31日）の(A)残高試算表，(B)決算に際して行われた仕訳，(C)繰越試算表のそれぞれの一部である。これらの資料にもとづいて(A)(B)(C)を完成しなさい。

(A)

残 高 試 算 表

借　　　方	勘 定 科 目	貸　　　方
26,600	現　　　　　　金	
65,000	当 座 預 金	
52,000	受 取 手 形	
78,000	売 　掛 　金	
(　　　　)	有 価 証 券	
(　　　　)	繰 越 商 品	
80,000	貸 　付 　金	
200,000	備　　　　　　品	
	支 払 手 形	33,000
	買 　掛 　金	42,000
	貸 倒 引 当 金	(　　　　)
	減 価 償 却 累 計 額	(　　　　)
	資 　本 　金	(　　　　)
	売　　　　　　上	(　　　　)
	受 取 手 数 料	(　　　　)
	受 取 利 息	2,000
(　　　　)	仕　　　　　　入	
78,000	給　　　　　　料	
(　　　　)	支 払 保 険 料	
55,000	支 払 家 賃	
(　　　　)		(　　　　)

(B) 決算に際して行われた仕訳

(1) 仕入勘定で売上原価を計算するための決算整理仕訳

　　仕　　　　入　　65,000　　　繰　越　商　品　　65,000
　　(　　　　)　　　53,000　　　(　　　　)　　　53,000

(2) 貸倒れの見積りに関する決算整理仕訳

　　(　　　　)　　　1,200　　　(　　　　)　　　1,200

(3) 備品の減価償却に関する決算整理仕訳

　　(　　　　)　　　15,000　　　(　　　　)　　　15,000

(4) 受取手数料の繰延べに関する決算整理仕訳

　　(　　　　)　　　16,000　　　(　　　　)　　　16,000

(5) 受取利息の見越しに関する決算整理仕訳

　　(　　　　)　　　1,000　　　(　　　　)　　　1,000

(6) 保険料の繰延べに関する決算整理仕訳
　（　　　　　）　　300　　（　　　　　）　　300
(7) 支払家賃の見越しに関する決算整理仕訳
　（　　　　　）　11,000　　（　　　　　）　11,000
(8) 収益・費用の各勘定の残高を損益勘定に振り替える仕訳

売　　　　　上	670,000	損　　　益	（　　　）
受 取 手 数 料	80,000		
受 取 利 息	（　　　）		
損　　　　　益	（　　　）	仕　　　入	532,000
		給　　　料	78,000
		支 払 保 険 料	1,500
		支 払 家 賃	（　　　）
		貸倒引当金繰入	（　　　）
		減 価 償 却 費	（　　　）

(9) 損益勘定で計算した当期純損益を資本金勘定に振り替える仕訳
　（　　　　　）（　　　　　）（　　　　　）（　　　　　）

(C)

繰　越　試　算　表

借　方	勘 定 科 目	貸　方
26,600	現　　　　　金	
65,000	当 座 預 金	
52,000	受 取 手 形	
78,000	売 掛 金	
38,000	有 価 証 券	
（　　　）	繰 越 商 品	
（　　　）	前 払 保 険 料	
（　　　）	未 収 利 息	
80,000	貸 付 金	
（　　　）	備　　　　　品	
	支 払 手 形	33,000
	買 掛 金	42,000
	未 払 家 賃	（　　　）
	前 受 手 数 料	（　　　）
	貸 倒 引 当 金	2,600
	減 価 償 却 累 計 額	30,000
	資 本 金	459,300
（　　　）		（　　　）

4 検定問題

次に示すのは，富山商店の会計年度末（平成○年12月31日）の(A)合計試算表，(B)決算に際して行われた仕訳，(C)繰越試算表のそれぞれの一部である。これらの資料にもとづいて合計試算表を完成しなさい。

（第79回　類題）

(A)
合　計　試　算　表

借　　　方	勘　定　科　目	貸　　　方
144,000	現　　　　　金	100,000
396,600	当　座　預　金	341,000
360,000	受　取　手　形	240,000
432,000	売　　掛　　金	372,000
160,000	有　価　証　券	
(　　　　)	繰　越　商　品	
(　　　　)	備　　　　　品	
180,000	支　払　手　形	356,000
304,000	買　　掛　　金	325,000
	借　　入　　金	180,000
	貸　倒　引　当　金	(　　　　)
	備品減価償却累計額	(　　　　)
40,000	資　　本　　金	(　　　　)
2,000	売　　　　　上	(　　　　)
(　　　　)	仕　　　　　入	
(　　　　)	給　　　　　料	
(　　　　)	支　払　保　険　料	
(　　　　)	雑　　　　　費	
(　　　　)	支　払　利　息	
(　　　　)		(　　　　)

(B)　決算に際して行われた仕訳

(1)　仕入勘定で売上原価を計算するための決算整理仕訳

　　仕　　　　　入　　120,000　　　繰　越　商　品　　120,000
　　(　　　　　　)　　160,000　　　(　　　　　　)　　160,000

(2)　貸倒引当金に関する決算整理仕訳（差額補充法による）

　　(　　　　　　)　　　1,200　　　(　　　　　　)　　　1,200

(3)　備品の減価償却に関する決算整理仕訳

　　(　　　　　　)　　　18,000　　　(　　　　　　)　　　18,000

(4)　前払保険料に関する決算整理仕訳

　　(　　　　　　)　　　4,000　　　(　　　　　　)　　　4,000

(5) 未払利息に関する決算整理仕訳
　　（　　　　　）　　600　　（　　　　　）　　600
(6) 収益および費用の諸勘定の残高を損益勘定へ振り替える仕訳
　　売　　　上　　638,000　　損　　益　（　　　　　）
　　損　　益　（　　　　　）　仕　　入　　261,000
　　　　　　　　　　　　　　　給　　料　　200,000
　　　　　　　　　　　　　　　支払保険料　20,000
　　　　　　　　　　　　　　　貸倒引当金繰入（　　　）
　　　　　　　　　　　　　　　減価償却費（　　　）
　　　　　　　　　　　　　　　雑　　費　　6,000
　　　　　　　　　　　　　　　支払利息　　5,000
(7) 損益勘定で計算した当期純損益を資本金勘定に振り替える仕訳
　　（　　　　）（　　　　）　（　　　　　）（　　　　）

(C) 　　　　　　　繰　越　試　算　表

借　方	勘　定　科　目	貸　方
44,000	現　　　金	
55,600	当　座　預　金	
120,000	受　取　手　形	
60,000	売　掛　金	
160,000	有　価　証　券	
（　　　）	繰　越　商　品	
100,000	備　　　品	
（　　　）	前　払　保　険　料	
	支　払　手　形	176,000
	買　掛　金	21,000
	借　入　金	180,000
	未　払　利　息	（　　　）
	貸　倒　引　当　金	3,200
	備品減価償却累計額	36,000
	資　本　金	286,800
（　　　）		（　　　）

第28回 損益計算書・貸借対照表の作成

要点整理

1. **損益計算書** 一会計期間のすべての収益・費用を対照表示して，当期純利益（当期純損失）とその発生原因を明らかにする計算書。主として損益勘定にもとづいて作成する。
2. **貸借対照表** 一定時点における資産・負債・資本の現在高を対照表示して，財政状態を明らかにする計算書。資産・負債・資本の各勘定残高や繰越試算表にもとづいて作成する。
3. 決算整理を行ったあとで残高試算表を作成しているときは，この試算表（決算整理後残高試算表）から損益計算書と貸借対照表を作成することができる。決算整理後残高試算表の金額は，精算表でいえば，整理記入を行ったあとの損益計算書欄と貸借対照表欄の金額である。したがって，この金額のままで，損益計算書と貸借対照表に記入すればよい。

---

1 基礎問題 京都商店の損益勘定にもとづいて，損益計算書を完成しなさい。

損 益

仕　　　　　入	764,000	売　　　　　上	1,486,000
給　　　　　料	393,000	受 取 手 数 料	5,000
支 払 家 賃	162,000	受　取　利　息	15,000
減 価 償 却 費	21,000		
支 払 保 険 料	9,000		
貸倒引当金繰入	7,000		
雑　　　　　費	47,000		
支 払 利 息	25,000		
資　本　金	（　　　　）		

損 益 計 算 書

京都商店　　　平成○年1月1日から　平成○年12月31日まで

費　　用	金　　額	収　　益	金　　額
（　　　　）		（　　　　）	
給　　　　料		受 取 手 数 料	
支 払 家 賃		受　取　利　息	
減 価 償 却 費			
支 払 保 険 料			
貸倒引当金繰入			
雑　　　　費			
支 払 利 息			
（　　　　）			

―148―

2 基礎問題　下記に示した秋田商店の繰越試算表にもとづいて，貸借対照表を完成しなさい。ただし，会計期間は1年とする。なお，受取手形および売掛金に対する貸倒見積額はそれぞれの期末残高の3％であり，当期純利益は¥350,000であった。

繰越試算表

秋田商店　　　　　　　平成○年12月31日

借　　方	勘　定　科　目	貸　　方
88,000	現　　　　　　金	
290,000	当　座　預　金	
240,000	受　取　手　形	
260,000	売　　掛　　金	
196,000	繰　越　商　品	
2,000	消　　耗　　品	
300,000	備　　　　　　品	
1,000,000	土　　　　　　地	
1,000	前　払　保　険　料	
	支　払　手　形	146,000
	買　　掛　　金	157,000
	借　　入　　金	440,000
	未　払　利　息	11,000
	貸　倒　引　当　金	15,000
	備品減価償却累計額	108,000
	資　　本　　金	1,500,000
2,377,000		2,377,000

貸借対照表

秋田商店　　　　　　　平成○年12月31日

資　　産	金　　額	負債および純資産	金　　額
現　　　　金		支　払　手　形	
当　座　預　金		買　　掛　　金	
受　取　手　形		借　　入　　金	
（　　　　）		未　払　利　息	
売　　掛　　金		（　　　　　　）	
（　　　　）		（　　　　　　）	
（　　　　）			
消　耗　品			
前　払　保　険　料			
備　　　品			
（　　　　）			
土　　　地			

—149—

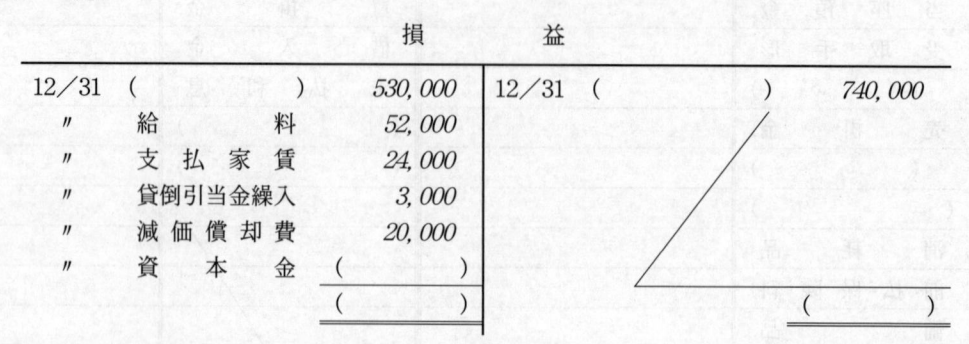

3 **基礎問題** 福岡商店の決算整理後の残高試算表にもとづいて、損益計算書と貸借対照表表を作成しなさい。ただし、会計期間は1年とする。

残 高 試 算 表
平成○年12月31日

借　　方	勘　定　科　目	貸　　方
26,000	現　　　　　　　金	
85,000	当　座　預　金	
150,000	売　　掛　　金	
68,000	有　価　証　券	
120,000	繰　越　商　品	
200,000	備　　　　　　　品	
	買　　掛　　金	165,000
	貸　倒　引　当　金	3,000
	減　価　償　却　累　計　額	20,000
	資　　本　　金	350,000
	売　　　　　　　上	740,000
530,000	仕　　　　　　　入	
52,000	給　　　　　　　料	
24,000	支　払　家　賃	
3,000	貸　倒　引　当　金　繰　入	
20,000	減　価　償　却　費	
1,278,000		1,278,000

【参　考】

損　　　益

12/31 （　　　　）	530,000	12/31 （　　　　）	740,000
〃　給　　料	52,000		
〃　支　払　家　賃	24,000		
〃　貸倒引当金繰入	3,000		
〃　減　価　償　却　費	20,000		
〃　資　本　金	（　　　　）		
	（　　　　）		（　　　　）

損益計算書

福岡商店　平成○年（　）月（　）日から　平成○年（　）月（　）日まで

費　　　用	金　　額	収　　　益	金　　額

貸借対照表

福岡商店　　　　　平成○年（　）月（　）日

資　　　産	金　　額	負債および純資産	金　　額

【参　考】

繰越試算表

借　　方	勘　定　科　目	貸　　方
26,000	現　　　　　　金	
85,000	当　座　預　金	
150,000	売　　掛　　金	
68,000	有　価　証　券	
120,000	（　　　　　　）	
200,000	備　　　　　品	
	買　　掛　　金	165,000
	貸　倒　引　当　金	3,000
	減 価 償 却 累 計 額	20,000
	（　　　　　　）	（　　　　）
（　　　　）		（　　　　）

4 練習問題

岡山商店の当期末の残高試算表(A)と決算整理事項(B)にもとづいて，損益計算書と貸借対照表を作成しなさい。ただし，会計期間は1年とする。

(A)

残 高 試 算 表
平成〇年12月31日

借　　　方	勘　定　科　目	貸　　　方
31,600	現　　　　　　　金	
92,000	当　座　預　金	
65,000	受　取　手　形	
85,000	売　　掛　　金	
34,000	有　価　証　券	
52,000	繰　越　商　品	
120,000	備　　　　　　　品	
400,000	建　　　　　　　物	
500,000	土　　　　　　　地	
	支　払　手　形	43,000
	買　　掛　　金	178,000
	借　　入　　金	300,000
	貸　倒　引　当　金	1,500
	備品減価償却累計額	21,600
	建物減価償却累計額	24,000
	資　　本　　金	600,000
	売　　　　　　　上	890,000
	受　取　手　数　料	54,000
	受　取　地　代	20,000
680,000	仕　　　　　　　入	
57,000	給　　　　　　　料	
4,800	支　払　保　険　料	
3,200	消　耗　品　費	
7,500	支　払　利　息	
2,132,100		2,132,100

(B) 決算整理事項

(1) 期末商品棚卸高は¥45,000である。
(2) 受取手形と売掛金の期末残高に対し，2％の貸倒引当金を実績法（差額補充法）によって計上する。
(3) 備品と建物に対し定額法によって減価償却を行う。なお，残存価額は備品・建物ともに取得原価の10％，耐用年数は備品5年，建物30年とする。
(4) 消耗品の未使用高は¥600である。
(5) 現金の実際手許有高は¥31,000である。
(6) 受取手数料のうち¥9,000は前受けしたものである。
(7) 毎月の地代は¥2,000であり，毎年4月末と10月末に各半年分の支払いを受け

ることになっている。
(8) 保険料は1年分で，契約日は平成○年4月1日である。
(9) 借入金は平成○年3月1日に借入期間2年，利率年5％で借り入れたもので，利息は2月末と8月末に各半年分を支払うことになっている。利息は月割計算による。

損 益 計 算 書

岡山商店　　平成○年1月1日から　平成○年12月31日まで

費　　用	金　　額	収　　益	金　　額

貸 借 対 照 表

岡山商店　　　　　　　平成○年12月31日

資　　産	金　　額	負債および純資産	金　　額

5 **練習問題** 横浜商店における決算整理後の残高試算表にもとづいて，損益計算書と貸借対照表を完成しなさい。ただし，会計期間は1年である。

残 高 試 算 表

平成○年12月31日

借　　方	勘　定　科　目	貸　　方
62,000	現　　　　　　金	
154,000	売　　　掛　　　金	
60,000	有　価　証　券	
60,000	繰　越　商　品	
120,000	備　　　　　　品	
252,000	土　　　　　　地	
	買　　　掛　　　金	104,000
	貸　倒　引　当　金	3,080
	減　価　償　却　累　計　額	54,000
	資　　　本　　　金	480,000
	売　　　　　　上	520,000
	受　取　地　代	18,000
	受　取　配　当　金	3,200
404,000	仕　　　　　　入	
36,000	給　　　　　　料	
12,000	支　払　家　賃	
4,200	支　払　保　険　料	
1,280	貸　倒　引　当　金　繰　入	
21,600	減　価　償　却　費	
	前　受　地　代	6,000
	未　払　家　賃	2,000
3,000	前　払　保　険　料	
	受　取　利　息	1,720
1,920	未　収　利　息	
1,192,000		1,192,000

— 154 —

損　益　計　算　書

横浜商店　平成○年（　）月（　）日から　平成○年（　）月（　）日まで

費　　　用	金　　額	収　　　益	金　　額
売 上 原 価	(　　　)	売 上 高	(　　　)
給　　　料	(　　　)	(　　) 地 代	(　　　)
支 払 家 賃	12,000	(　　　　)	(　　　)
支 払 保 険 料	(　　　)	(　　) 利 息	(　　　)
減 価 償 却 費	(　　　)		
貸倒引当金繰入	(　　　)		
(　　　　)	(　　　)		
	(　　　)		(　　　)

貸　借　対　照　表

横浜商店　　　　　平成○年（　）月（　）日

資　　　産	金　　　額	負債および純資産	金　　　額
現　　　金	(　　　)	買 掛 金	104,000
(　　　　)	(　　　)	(　　) 家 賃	(　　　)
貸 倒 引 当 金	(　　) (　　)	(　　) 地 代	(　　　)
有 価 証 券	(　　　)	資 本 金	480,000
商　　　品	(　　　)	(　　　　)	(　　　)
(　　) 利 息	(　　　)		
(　　) 保 険 料	(　　　)		
備　　　品	(　　　)		
減価償却累計額	(　　) (　　)		
土　　　地	(　　　)		
	(　　　)		(　　　)

6 練習問題

九州商店の次の決算整理後の残高試算表と下記の参考資料にもとづいて、解答用紙の損益計算書と貸借対照表を完成しなさい。

残 高 試 算 表
平成〇年12月31日

借　　　方	勘 定 科 目	貸　　　方
37,700	現　　　　　　金	
47,700	当　座　預　金	
98,000	売　　掛　　金	
(　　　　)	繰　越　商　品	
220,000	建　　　　　　物	
42,000	定　期　預　金	
	支　払　手　形	25,500
	買　　掛　　金	33,000
	借　　入　　金	85,000
	貸 倒 引 当 金	2,940
	建物減価償却累計額	49,500
	資　　本　　金	(　　　　)
	売　　　　　　上	975,900
	受　取　利　息	1,400
(　　　　)	仕　　　　　　入	
118,460	給　　　　　　料	
33,000	広　告　宣　伝　費	
6,700	支　払　保　険　料	
1,940	貸倒引当金繰入	
9,900	減　価　償　却　費	
1,700	支　払　利　息	
1,400	前　払　保　険　料	
	未　払　利　息	460
1,200	未　収　利　息	
(　　　　)		(　　　　)

【参考資料】

商品に関する資料は次のとおり

① 期首商品棚卸高　¥129,000
② 期末商品棚卸高　¥115,000
③ 当期仕入高　¥775,000

損 益 計 算 書

九州商店　　平成○年1月1日から　平成○年12月31日まで

費　　　　用	金　　額	収　　　　益	金　　額
売　上　原　価	(　　　)	売　　上　　高	(　　　)
給　　　　料	(　　　)	(　　　　　)	(　　　)
広　　告　　料	(　　　)		
(　　)保険料	(　　　)		
貸倒(　　　)	(　　　)		
(　　　　　)	(　　　)		
(　　)利　息	(　　　)		
(　　　　　)	(　　　)		
	(　　　)		(　　　)

貸 借 対 照 表

九州商店　　平成○年12月31日

資　　　産	金　　額	負債および純資産	金　　額
現　　　　金	(　　　)	支　払　手　形	(　　　)
当　座　預　金	(　　　)	買　　掛　　金	(　　　)
売　　掛　　金	(　　)(　　　)	(　　　　　)	(　　　)
(　　　　　)	(　　)(　　　)	(　　　　　)	(　　　)
商　　　　品	(　　　)		
(　　)保険料	(　　　)		
(　　　　　)	(　　　)		
建　　　　物	(　　　)		
(　　　　　)	(　　)(　　　)		
定　期　預　金	(　　　)		
	(　　　)		(　　　)

7 検定問題

本州商店（決算 年1回）平成〇年12月期における決算整理前の残高試算表は，資料Aのとおりである。決算に際して行われた決算仕訳資料Bにもとづき，解答用紙の損益計算書および貸借対照表を完成しなさい。　　　　（第97回 類題）

【資料A】

残 高 試 算 表
平成〇年12月31日

借　　　方	勘　定　科　目	貸　　　方
109,000	現　　　　　　金	
201,000	当　座　預　金	
390,000	売　　掛　　金	
(　　　　　)	繰　越　商　品	
500,000	建　　　　　　物	
850,000	土　　　　　　地	
	買　　掛　　金	225,500
	借　　入　　金	250,000
	貸　倒　引　当　金	6,300
	建物減価償却累計額	135,000
	資　　本　　金	1,570,000
	売　　　　　　上	1,128,500
	受　取　手　数　料	90,000
755,000	仕　　　　　　入	
(　　　　　)	給　　　　　　料	
16,200	消　耗　品　費	
1,300	支　払　保　険　料	
1,800	支　払　利　息	
3,405,300		3,405,300

【資料B】 決算仕訳

(1) 仕入勘定で売上原価の計算

　仕　　　入　 315,000　　　繰　越　商　品　 315,000
　（　　　　　） 360,000　　（　　　　　）　 360,000

(2) 貸倒引当金の設定（実績法（差額補充法）による）

　（　　　　　）　 5,400　　（　　　　　）　　5,400

(3) 建物の減価償却費の計上

　（　　　　　）　20,250　　（　　　　　）　 20,250

(4) 消耗品の未消費分の計上

　（　　　　　）　 2,100　　（　　　　　）　　2,100

(5) 支払保険料の前払分の繰延べ

　（　　　　　）　　 500　　（　　　　　）　　　500

(6) 支払利息の未払分の見越し

　（　　　　　）　　 300　　（　　　　　）　　　300

—158—

(7) 収益および費用の諸勘定の残高を損益勘定に振替え

(　　　　　)	(　　　)	損　　　益	(　　　)
受取手数料	(　　　)		
損　　　益	(　　　)	(　　　　　)	(　　　)
		給　　　料	266,000
		貸倒引当金繰入	(　　　)
		減価償却費	(　　　)
		消耗品費	(　　　)
		支払保険料	(　　　)
		支払利息	(　　　)

損　益　計　算　書

本州商店　　　平成〇年1月1日から　平成〇年12月31日まで

費　　用	金　　額	収　　益	金　　額
売上原価	(　　　)	売上高	(　　　)
給　料	(　　　)	(　　　)	(　　　)
貸倒引当金繰入	(　　　)		
減価償却費	(　　　)		
(　　　)	(　　　)		
支払保険料	(　　　)		
支払利息	(　　　)		
(　　　)	(　　　)		
	(　　　)		(　　　)

貸　借　対　照　表

本州商店　　　　　　平成〇年12月31日

資　　産	金　　額	負債および純資産	金　　額
現　金	(　　　)	買掛金	(　　　)
当座預金	(　　　)	借入金	(　　　)
売掛金	(　　　)	(　　)利息	(　　　)
(　　　)	(　　　)	資本金	1,570,000
商　品	(　　　)	(　　　)	(　　　)
(　　　)	(　　　)		
(　　)保険料	(　　　)		
建　物	(　　　)		
(　　　)	(　　　)		
土　地	(　　　)		

8 検定問題

四国商店（決算　12月31日　年1回）の期末における決算整理後残高試算表は以下のとおりである。決算整理後残高試算表および参考資料にもとづき，解答欄の損益計算書と貸借対照表を完成しなさい。なお，決算整理後残高試算表上の？の箇所は各自算出すること。

決算整理後残高試算表
平成○年12月31日

借　　　方	勘　定　科　目	貸　　　方
63,000	現　金　預　金	
67,000	受　取　手　形	
61,000	売　　掛　　金	
79,600	有　価　証　券	
68,000	繰　越　商　品	
1,200,000	建　　　　　物	
200,000	備　　　　　品	
800,000	土　　　　　地	
	支　払　手　形	94,000
	買　　掛　　金	79,000
	借　　入　　金	160,000
	貸　倒　引　当　金	?
	建物減価償却累計額	270,000
	備品減価償却累計額	108,000
	資　　本　　金	1,780,000
	売　　　　　上	?
	受　取　手　数　料	12,000
	受　取　配　当　金	4,000
?	仕　　　　　入	
252,000	販　　売　　費	
200,000	給　　　　　料	
18,000	支　払　保　険　料	
5,800	支　払　利　息	
	雑　　　　　益	400
?	減　価　償　却　費	
?	貸　倒　引　当　金　繰　入	
4,000	前　払　保　険　料	
	前　受　手　数　料	2,400
	未　払　利　息	300
4,084,200		4,084,200

【参考資料】
(1) 期首の商品棚卸高は¥84,000であり，当期の商品仕入高は¥955,000である。
(2) 貸倒引当金は差額補充法により，受取手形および売掛金のそれぞれの期末残高の5％を設定している。貸倒引当金の決算整理前の当期末残高は¥1,600であった。

—160—

損 益 計 算 書

四国商店　　　平成〇年1月1日から　平成〇年12月31日まで

売 上 原 価	( )	売　上　高	( )
販　売　費	( )	受 取 手 数 料	( )
給　　料	( )	受 取 配 当 金	( )
支 払 保 険 料	( )	( )	( )
減 価 償 却 費	( )		
貸倒引当金繰入	( )		
( )	( )		
( )	( )		
	( )		( )

貸 借 対 照 表

四国商店　　　　　　　平成〇年12月31日

現 金 預 金	( )	支 払 手 形	( )
受 取 手 形　( )		買　掛　金	( )
( )　( )	( )	借　入　金	( )
売　掛　金　( )		( )	( )
( )　( )	( )	( )利　息	( )
有 価 証 券	( )	資　本　金	( )
商　　品	( )	( )	( )
( )	( )		
建　　物　( )			
( )　( )	( )		
備　　品　( )			
( )　( )	( )		
土　　地	( )		
	( )		( )

第29回 伝票

要点整理

1. |伝　　票|　一定の形式を印刷した紙片に，取引の内容を記入したもの。実務では，記帳を合理化するために，仕訳帳の代わりに用いることが多い。

2. |3伝票制|　入金・出金・振替の3伝票を用いて記帳する方法。

|入金伝票|……入金取引を記入する伝票

入金取引は借方科目がすべて「現金」であるから，入金伝票の科目欄には相手勘定科目（貸方科目）を記入する。

〔例〕　A商品を¥50,000で売上げ，代金は現金で受け取った。

(借) 現　金　50,000　　(貸) 売　上　50,000

入金伝票

(売　上)　　50,000

|出金伝票|……出金取引を記入する伝票

出金取引は貸方科目がすべて「現金」であるから，出金伝票の科目欄には相手勘定科目（借方科目）を記入する。

〔例〕　B商品を¥30,000で仕入れ，代金は現金で支払った。

(借) 仕　入　30,000　　(貸) 現　金　30,000

出金伝票

(仕　入)　　30,000

|振替伝票|……入金取引・出金取引以外の取引について記入する伝票

振替伝票には，普通の仕訳の形式に準じて記入する。

〔例〕　備品¥100,000を購入し，代金は後日支払うことにした。

(借) 備品　100,000　　(貸) 未払金　100,000

振替伝票

(備　品)　100,000　(未払金)　100,000

＊　一部振替取引の起票

一つの取引が，入金取引または出金取引とそれ以外の振替取引からなる場合

起票には，①取引を分解する方法，②取引を擬制する方法の2つの方法がある。

〔例〕　C商品を¥70,000で売り渡し，¥20,000は現金で受取り，残額は掛けとした。

① 取引を分解する方法……取引を入出金部分と振替部分に分けて，2種類の伝票を起票

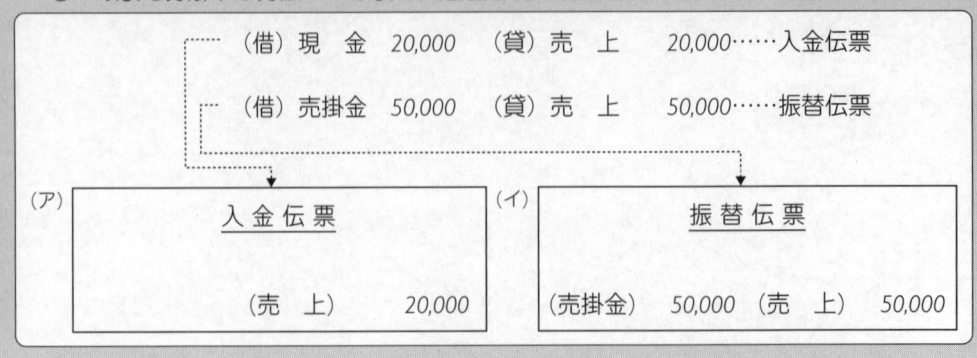

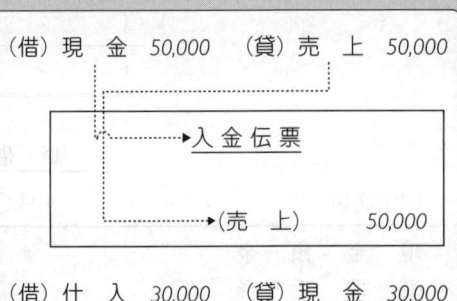

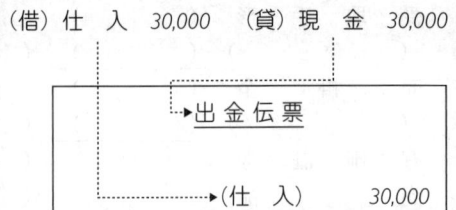

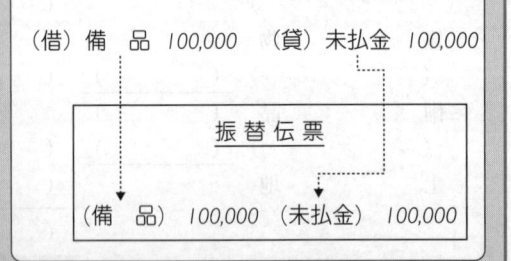

(借) 現　金　20,000　　(貸) 売　上　　20,000……入金伝票

(借) 売掛金　50,000　　(貸) 売　上　　50,000……振替伝票

(ア) 入金伝票

(売　上)　　20,000

(イ) 振替伝票

(売掛金)　50,000　(売　上)　50,000

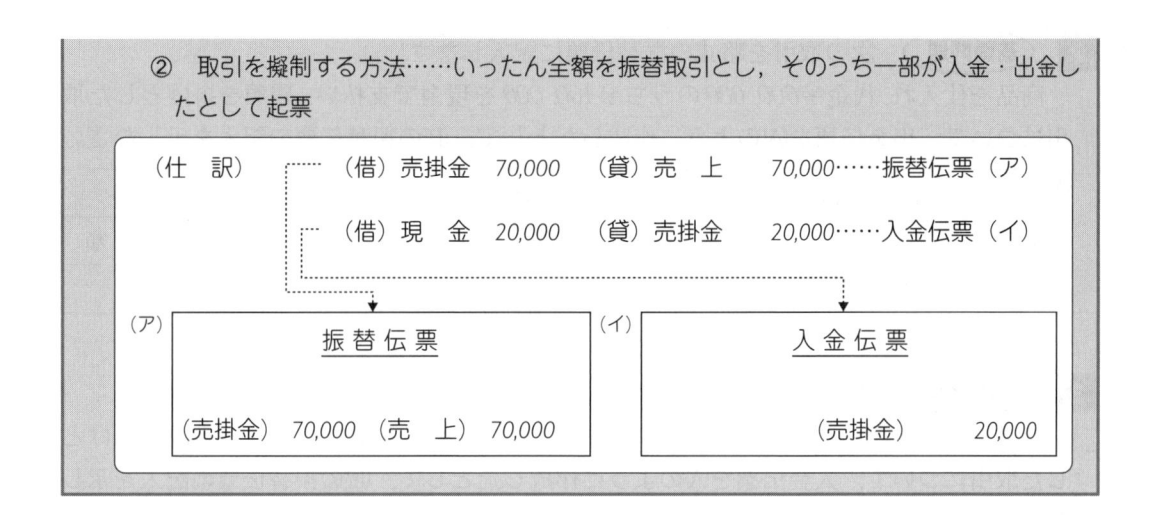

② 取引を擬制する方法……いったん全額を振替取引とし，そのうち一部が入金・出金したとして起票

（仕　訳）　　（借）売掛金　70,000　　（貸）売　上　　70,000……振替伝票（ア）
　　　　　　　（借）現　金　20,000　　（貸）売掛金　　20,000……入金伝票（イ）

(ア)
振 替 伝 票
（売掛金）70,000　（売　上）70,000

(イ)
入 金 伝 票
（売掛金）　　20,000

1 基礎問題　次の取引を略式の各伝票に記入しなさい。

(1) 商品￥60,000を売り渡し，代金は現金で受け取った。

入 金 伝 票	
科　　　目	金　　額

(2) 買掛金￥25,000と借入金￥50,000を，ともに現金で支払った。

出 金 伝 票	
科　　　目	金　　額

出 金 伝 票	
科　　　目	金　　額

(3) 商品￥40,000を仕入れ，代金は掛けとした。

振　替　伝　票			
借方科目	金　額	貸方科目	金　額

2 基礎問題　次の取引を略式の振替伝票に記入しなさい。

商品を仕入れ，代金￥600,000のうち￥100,000を現金で支払い，残額を掛けとした取引について，出金伝票を(A)のように作成したとして，(B)の振替伝票の記入を示しなさい。

(A)
出　金　伝　票
買　掛　金　100,000

(B)
振　替　伝　票			
借方科目	金　額	貸方科目	金　額

3 基礎問題　次の取引を略式の振替伝票に記入しなさい。

商品を売り上げ，代金￥700,000のうち￥200,000を現金で受け取り，残額を掛けとした取引について，入金伝票を(A)のように作成したとして，(B)の振替伝票の記入を示しなさい。

(A)
入　金　伝　票
売　掛　金　200,000

(B)
振　替　伝　票			
借方科目	金　額	貸方科目	金　額

4 基礎問題　次の伝票にもとづいて，下の仕訳欄にそれぞれの仕訳を示しなさい。

出　金　伝　票　No.2001	
平成〇年10月31日	
科　　目	金　額
有　価　証　券	￥250,000

入　金　伝　票　No.1002	
平成〇年10月31日	
科　　目	金　額
未　収　金	￥80,000

	借　方　科　目	金　　額	貸　方　科　目	金　　額
10/31				
〃				

5 練習問題　商品を売り上げ，代金￥900,000のうち￥400,000を現金で受け取り，残額を掛けとした取引について，入金伝票を(A)のように作成した場合と，(B)のように作成した場合のそれぞれについて振替伝票の記入を示しなさい。

(A)
入　金　伝　票
売　　上　400,000

振　替　伝　票			
借方科目	金　額	貸方科目	金　額

(B)
入　金　伝　票
売　掛　金　400,000

振　替　伝　票			
借方科目	金　額	貸方科目	金　額

—164—

6 練習問題　次の2枚の伝票は，ある一つの取引について作成されたものである。これらの伝票から取引を推定して，その取引の仕訳を示しなさい。

(A)
出　金　伝　票	
平成○年11月7日	
科　　　目	金　　額
買　掛　金	600,000

(B)
振　替　伝　票			
平成○年11月7日			
借方科目	金　額	貸方科目	金　額
仕　　入	1,600,000	買　掛　金	1,600,000

借　方　科　目	金　　　額	貸　方　科　目	金　　　額

7 検定問題　次の各取引について，答案用紙の伝票に記入しなさい。　　　　（第112回）

(1) 備品￥100,000を￥150,000で売却し，代金のうち￥60,000は現金で受け取り，残額は翌月末に受け取ることとした。

(2) かねて売り上げた商品￥70,000が戻り，代金のうち￥10,000は現金で支払い，残額は掛代金から控除した。商品の売買取引は，三分法によって処理すること。

(1)
入　金　伝　票	
科　　　目	金　額
(　　　)	(　　　)

振　替　伝　票			
借方科目	金　額	貸方科目	金　額
(　　　)	150,000	備　　品	100,000
		(　　　)	(　　　)

(2)
出　金　伝　票	
科　　　目	金　額
(　　　)	(　　　)

振　替　伝　票			
借方科目	金　額	貸方科目	金　額
(　　　)	60,000	(　　　)	60,000

8 検定問題　社員が出張から戻り，概算払いで渡してあった￥60,000の旅費交通費の精算をし，残額￥9,000を返金された。この取引の処理につき，入金伝票および振替伝票の金額が以下の①あるいは②のように記入される二通りの場合が考えられる。①あるいは②の方法がとられた場合，入金伝票および振替伝票のa～dに記入されるべき勘定科目を記入しなさい。　　　　（第95回　類題）

①
入　金　伝　票	
(　a　)	9,000

振　替　伝　票			
借方科目	金　額	貸方科目	金　額
旅費交通費	51,000		51,000

—165—

②
| 入　金　伝　票 |
| (b)　　9,000 |

振　替　伝　票				
借方科目	金　額	貸方科目	金　額
c	60,000	d	60,000

| a | | b | |
| c | | d | |

9 （検定問題）　次の各取引について，答案用紙の各伝票に起票しなさい。ただし，当店は3伝票制を採用し，仕入取引・売上取引の起票は，いったん全額を掛け取引とする方法ではなく，取引を適切に分解して起票する方法を用いている。また，商品売買の記帳方法は3分法によること。　　　　　　　　　　　　　　　　　　　　　　（第118回）

(1) 静岡商店から商品￥500,000を仕入れ，代金のうち￥100,000は注文時に支払った手付金と相殺し，残額は現金で支払った。

(2) 埼玉商店に商品￥700,000を売り上げ，代金のうち￥400,000は群馬商店振出し，埼玉商店あての約束手形を同店より裏書譲渡され，残額は同店振出しの小切手で受け取った。

(1)
出　金　伝　票	
科　目	金　額

振　替　伝　票			
借方科目	金　額	貸方科目	金　額

(2)
入　金　伝　票	
科　目	金　額

振　替　伝　票			
借方科目	金　額	貸方科目	金　額

10 （検定問題）　次のような出金伝票への記入から，解答用紙の元帳への転記を示しなさい。なお，相手勘定科目と金額を記入すること。　　　　　　　　　　　　（第96回　類題）

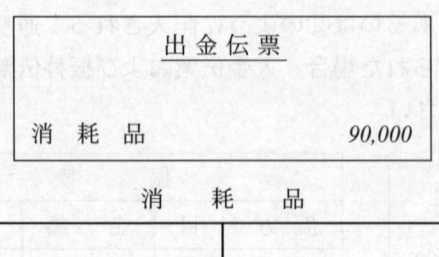

| 出　金　伝　票 ||
| 消　耗　品 | 90,000 |

消　耗　品

11 検定問題

下記の(A)および(B)の2枚の伝票は，次の各取引について2通りの方法で作成されたものである。各伝票の（　）に記入すべき勘定科目または金額を解答用紙の所定の欄に記入しなさい。　　　　　　　　　　　　　　　　（第92回　類題）

〔取引〕

商品¥760,000を売り上げ，代金のうち¥76,000は現金で受け取り，残りは掛けとした。

(A)

入　金　伝　票
売　　上　（①）

振　替　伝　票			
借方科目	金　額	貸方科目	金　額
②	③	④	⑤

(B)

入　金　伝　票
売　掛　金　（⑥）

振　替　伝　票			
借方科目	金　額	貸方科目	金　額
⑦	⑧	⑨	⑩

①	②	③	④	⑤
⑥	⑦	⑧	⑨	⑩

12 検定問題

出張していた社員が帰社し，旅費として概算払いしていた¥40,000のうち，残金¥2,600が入金された取引について，以下のような入金伝票が作成されていた場合，振替伝票はどのように作成されますか。解答用紙の振替伝票に適切な勘定科目と金額を記入しなさい。　　　　　　　　　　　　　　　　　　　　　（第98回　類題）

入　金　伝　票	
平成〇年4月23日	
科　　目	金　額
仮　払　金	2,600

振　替　伝　票			
平成〇年4月23日			
借方科目	金　額	貸方科目	金　額

—167—

13 **検定問題** 次の各取引について，答案用紙の振替伝票に起票しなさい。ただし，当店は3伝票制を採用している。 (第114回)

(1) 商品¥300,000を売り渡し，代金のうち¥100,000は相手先振出しの小切手で受け取り，残額は掛けとした。なお，入金伝票の科目欄には「売上」と記入されている。

(2) 商品¥200,000を仕入れ，かねてより売掛金のある得意先あてに同額の為替手形を振り出し，引受を得た上で仕入先に渡して支払った。

(1)

振 替 伝 票			
借方科目	金額	貸方科目	金額

(2)

振 替 伝 票			
借方科目	金額	貸方科目	金額

第30回 伝票の集計・転記

要点整理

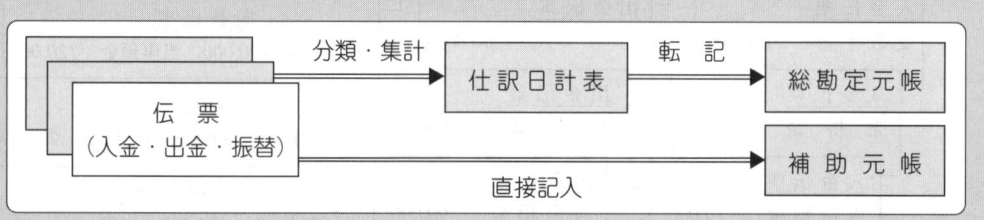

1. 伝票から総勘定元帳へ直接転記してもよいが，伝票の枚数が多いときは，次のような方法で伝票を分類・集計してから合計額で転記したほうが，合理的で誤りが少ない。なお，得意先元帳・仕入先元帳への記入は，伝票から直接行う。

```
伝票          分類・集計   仕訳日計表   転記   総勘定元帳
（入金・出金・振替）                            補助元帳
                    直接記入
```

2. 仕訳日計表は，1日分の伝票の諸勘定の借方と貸方の金額を勘定科目別に分類・集計し，一つの表にまとめたものである。

3. 3伝票を分類，集計する手続きは次のとおりである。
   ① ｜入金伝票｜の金額を合計し，仕訳日計表の｜現金｜の｜借方｜に記入する。
   ② ｜出金伝票｜の金額を合計し，仕訳日計表の｜現金｜の｜貸方｜に記入する。
   ③ ｜振替伝票｜の｜借方｜と｜出金伝票｜の同一科目を集計し，仕訳日計表の各勘定の｜借方｜に記入する。
   ④ ｜振替伝票｜の｜貸方｜と｜入金伝票｜の同一科目を集計し，仕訳日計表の各勘定の｜貸方｜に記入する。
   ⑤ 仕訳日計表の記入ののち，借方欄と貸方欄の合計を計算し一致することを確認する。

4. 仕訳日計表の｜借方金額｜を総勘定元帳のその勘定の｜借方｜に，｜貸方金額｜をその勘定の｜貸方｜に，それぞれ転記する。

1 基礎問題　次の伝票によって，仕訳日計表を作成しなさい。

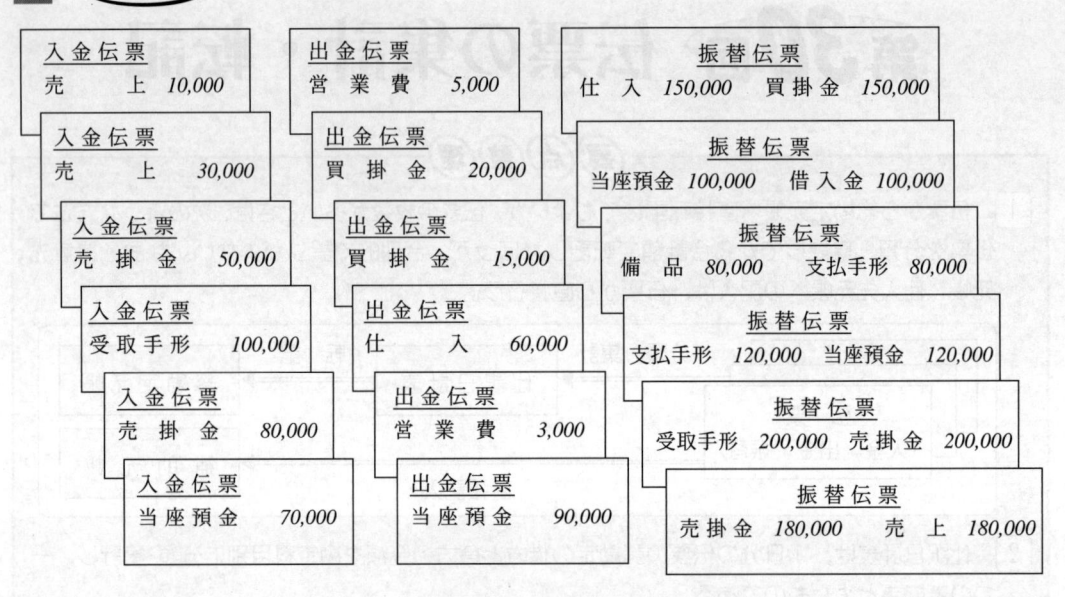

入金伝票	出金伝票	振替伝票
売　　上　10,000	営業費　5,000	仕入 150,000　買掛金 150,000
売　　上　30,000	買掛金 20,000	当座預金 100,000　借入金 100,000
売掛金　50,000	買掛金 15,000	備品 80,000　支払手形 80,000
受取手形 100,000	仕入　60,000	支払手形 120,000　当座預金 120,000
売掛金　80,000	営業費　3,000	受取手形 200,000　売掛金 200,000
当座預金 70,000	当座預金 90,000	売掛金 180,000　売上 180,000

仕 訳 日 計 表
平成〇年8月1日　　　1

借　方	元丁	勘 定 科 目	元丁	貸　方
340,000		現　　　　金		193,000
190,000		当　座　預　金		190,000
200,000		受　取　手　形		100,000
180,000		売　　掛　　金		330,000
80,000		備　　　　品		
120,000		支　払　手　形		80,000
35,000		買　　掛　　金		150,000
		借　　入　　金		100,000
		売　　　　上		220,000
210,000		仕　　　　入		
8,000		営　　業　　費		
1,363,000				1,363,000

—170—

（これまでの検定問題補充）

1 次の10月中の取引にもとづいて，下記の当座預金勘定と当座借越勘定に必要な記入を行い，10月末の当座預金勘定残高を答えなさい。なお，商品売買に関する記帳は3分法により行い，取引銀行とは¥500,000を限度額とする当座借越契約を結んでいる。勘定記入にあたっては，日付，相手勘定科目，金額を（　）内に取引日順に記入し，締切りは不要である。

10月4日　小切手¥100,000を振り出し，現金を引き出した。
　　9日　商品¥600,000を仕入れ，代金の半額は小切手を振り出し，残額は掛けとした。
　　15日　買掛金¥400,000の支払のため，小切手を振り出した。
　　19日　商品¥250,000を売り上げ，代金として先方振出しの小切手を受け取り，直ちに当座預金に預け入れた。
　　24日　満期日の到来した得意先振出しの約束手形¥500,000について，当座預金口座への振込を受けた。
　　26日　かねて引受けをしていた仕入先振出しの為替手形¥200,000について支払期日が到来し，当座預金口座からの引落しがあった。
　　29日　広告宣伝費¥80,000を小切手を振り出して支払った。

当　座　預　金

10／1　前　月　繰　越　　500,000	10／（　）（　　　　　）（　　　　　）
（　）（　　　　　）（　　　　　）	（　）（　　　　　）（　　　　　）
	（　）（　　　　　）（　　　　　）
	（　）（　　　　　）（　　　　　）
	（　）（　　　　　）（　　　　　）

当　座　借　越

10／（　）（　　　　　）（　　　　　）	10／（　）（　　　　　）（　　　　　）
（　）（　　　　　）（　　　　　）	

10月末の当座預金勘定残高　　¥ _____

2 次の文章の（①）～（⑤）の空欄に当てはまる最も適当と思われる語句を下記の語群から選んで，その語句を記入しなさい。

1．商品の期首棚卸高と当期仕入高が一定であるとした場合，期末棚卸高が大きくなると，当期の売上総利益は（①）する。
2．現金出納帳を補助記入帳として利用する場合，入金取引と出金取引は現金出納帳の他に（②）にも記入しなければならない。
3．売上（③）については，商品有高帳への記入は不要である。
4．資金の借入れのために約束手形を振り出した場合には，（④）勘定の貸方に

記入する。
5．為替手形の名宛人欄には，手形代金の（ ⑤ ）の名前を記入する。

〔語 群〕

・受 取 人	・支 払 人	・増 加	・減 少
・戻 り	・値 引	・補 助 元 帳	・仕 訳 帳
・振 替 伝 票	・受 取 手 形	・支 払 手 形	・手 形 貸 付 金
・手 形 借 入 金	・買 掛 金	・財 務 諸 表	・取 扱 銀 行

①	②	③	④	⑤

3 静岡商店は，取引を記帳するに当たって，主要簿のほかに下記に示した補助簿を用いている。次の取引は，どの補助簿に記入されることになるか。解答欄の補助簿の番号を○印で囲みなさい。

(1) 信濃商店より商品￥300,000を仕入れ，代金のうち￥100,000は伊豆商店振出し，当店あての約束手形を裏書譲渡し，残額は信濃商店あての約束手形を振り出して支払った。

(2) 前期に得意先遠江商店が倒産し，そのさいに同店に対する売掛金￥90,000について貸倒処理をしていたが，本日￥10,000を現金にて回収した。

(3) 越後商店に商品￥850,000を売り上げ，代金のうち￥400,000は越後商店振出し，出羽商店あての為替手形（出羽商店引受済）を受け取り，残額は掛けとした。なお，運送業者武蔵運輸に運賃￥5,000を小切手で支払ったが，当店と越後商店とで半額ずつ負担することになっている。

(4) 先日三河商店から仕入れた商品￥50,000に汚損があったので，同店に返品した。なお，代金は掛け代金から控除することにした。

〔解答欄〕

	(1)	(2)	(3)	(4)
1．現 金 出 納 帳	1	1	1	1
2．当座預金出納帳	2	2	2	2
3．仕 入 帳	3	3	3	3
4．売 上 帳	4	4	4	4
5．支払手形記入帳	5	5	5	5
6．受取手形記入帳	6	6	6	6
7．商 品 有 高 帳	7	7	7	7
8．仕 入 先 元 帳	8	8	8	8
9．得 意 先 元 帳	9	9	9	9

	仕		訳	
	借方科目	金額	貸方科目	金額
1	貸倒引当金	100,000	償却債権取立益	100,000
2	(建物減価償却累計額) 7,200,000		固定資産売却損	7,200,000

実力テスト ●第1回●

第1問 (20点)

次の取引について仕訳しなさい。ただし，勘定科目は，次の中から最も適当と思われるものを選ぶこと。

受取家賃	雑　　益	受取利息	売　　上	受取手数料
現　　金	当座預金	売掛金	前払金	受取手形
手形貸付金	未収金	貸付金	車両運搬具	土　　地
仮払金	現金過不足	支払手形	買掛金	手形借入金
未払金	仕　　入	支払家賃	支払手数料	支払利息

1　銚子商店から仕入れた商品の一部に不良品があり，返品した。この金額￥110,000については，同店に対する買掛金と相殺することにした。

2　根室商店へ商品￥800,000を売上げ，代金のうち￥500,000は当店振出し，帯広商店あての約束手形を裏書譲渡され，残額は月末に受け取ることにした。なお，根室商店負担の発送運賃￥15,000を現金で支払った。

3　営業用自動車￥1,800,000を購入し，代金のうち￥800,000は小切手を振り出して支払い，残額￥1,000,000は手数料￥50,000とともに，手元の他店振出しの小切手で支払った。

4　平成〇年4月1日に，東西銀行から国債を担保に￥3,500,000を借り入れ，同額の約束手形を振り出し，利息控除後の金額が当座預金口座に振り込まれた。借入期間は9か月で，利率は年5％である。

5　現金の実際有高は￥555,000，帳簿残高は￥550,000で，差額は現金過不足勘定で処理してあったが，決算日の調査で，家賃の受取額￥3,000が記入漏れ，受取手数料￥4,000を￥3,500と誤記入していたことが判明した。なお，残額は原因不明のため，雑益として処理することとした。

	借方科目	金　　額	貸方科目	金　　額
1				
2				
3				
4				
5				

第2問（8点）

四国商店（年1回12月末決算）の次の取引を解答用紙の買掛金元帳（香川商店）に記入し，6月30日付でこの補助簿を締め切りなさい。

6月 1日　買掛金の前月繰越残高は￥440,000（高知商店￥120,000，香川商店￥320,000）である。

　　 8日　高知商店から商品￥70,000，また香川商店から商品￥100,000をそれぞれ仕入れ，代金は掛けとした。

　　13日　香川商店から商品￥130,000を仕入れ，代金は掛けとした。

　　14日　昨日香川商店から仕入れた商品のうち￥27,000は，不良品であったため返品した。なお，代金は同店に対する買掛金から差し引いた。

　　27日　高知商店に対する買掛金のうち￥150,000，香川商店に対する買掛金のうち￥260,000を，それぞれ小切手を振り出して支払った。

買 掛 金 元 帳
香 川 商 店

平成○年		摘　　要	借　方	貸　方	借または貸	残　高
6	1	前 月 繰 越		320,000	貸	320,000
	8	仕　　　入				
	13					
	14		27,000			
	27	支　　　払				
	30	次 月 繰 越				
7	1					

第3問（30点）

　6月の月初繰越高は次頁の合計試算表に記載されているとおりである。下記の6月中の取引にもとづいて，6月末の合計試算表を完成しなさい。なお，必要な勘定科目は追加すること。

〔6月中の取引〕
1　現金出納帳より
　　a　現　金　売　上　高　　¥136,000　　b　現　金　仕　入　高　　¥ 40,000
　　c　当座預金引出高　　¥ 50,000　　d　当座預金預入高　　¥130,000
　　e　給　料　支　払　高　　¥ 50,000　　f　事務用品購入高　　¥ 12,000
　　g　家　賃　支　払　高　　¥ 30,000
2　当座預金出納帳より
　　a　現　金　預　入　高　　¥130,000　　b　現　金　引　出　高　　¥ 50,000
　　c　手形代金取立高　　¥110,000　　d　手形代金支払高　　¥140,000
　　e　売　掛　金　回　収　高　　¥510,000　　f　買　掛　金　支　払　高　　¥290,000
　　g　有価証券売却高　　¥147,000　　h　手　形　売　却　高　　¥ 87,000
　　　（帳簿価額¥170,000の有価証券の売却代）　（手取金¥84,000）
　　i　備　品　売　却　高　　¥ 30,000
　　　（売却備品の取得原価　¥100,000　減価償却累計額　¥36,000）
　　j　借入金返済高　　¥165,000
　　　（利息¥15,000を含む）
3　売上帳より
　　a　現　金　売　上　高　　¥136,000　　b　掛　売　上　高　　¥545,000
　　c　約束手形受入，売上高　¥130,000
　　d　売上戻り高（掛売上）　¥ 48,000
4　仕入帳より
　　a　現　金　仕　入　高　　¥ 40,000　　b　掛　仕　入　高　　¥320,000
　　c　約束手形振出，仕入高　¥160,000
　　d　仕入値引高（掛仕入）　¥ 10,000
5　その他の取引
　　a　売掛金の得意先振出しの為替手形による回収高　　　　　¥ 65,000
　　b　買掛金の手持手形の裏書譲渡による支払高　　　　　　　¥ 40,000
　　c　買掛金支払いのため得意先あての為替手形の振出高　　　¥ 37,000
　　d　仕入先振出しの為替手形の引受高　　　　　　　　　　　¥ 56,000
　　e　得意先倒産による売掛金の貸倒高　　　　　　　　　　　¥ 7,000

合　計　試　算　表

借　　　方		勘　定　科　目	貸　　　方	
6月末合計高	月初繰越高		月初繰越高	6月末合計高
	464,000	現　　　　　　金	285,000	
	1,830,000	当　座　預　金	1,210,000	
	960,000	受　取　手　形	640,000	
	1,580,000	売　　掛　　金	1,190,000	
	350,000	有　価　証　券		
	270,000	繰　越　商　品		
	300,000	備　　　　　　品		
	250,000	支　払　手　形	480,000	
	840,000	買　　掛　　金	1,260,000	
		借　　入　　金	400,000	
		貸　倒　引　当　金	15,000	
		減価償却累計額	108,000	
		資　　本　　金	1,200,000	
	45,000	売　　　　　　上	1,370,000	
	1,090,000	仕　　　　　　入	50,000	
	96,000	給　　　　　　料		
	60,000	支　払　家　賃		
	22,000	消　耗　品　費		
	43,000	支　払　手　数　料		
	8,000	支　払　利　息		
		手　形　売　却　損		
		(　　　　　　)		
		(　　　　　　)		
	8,208,000		8,208,000	

第4問 （8点）

社員が出張から戻り，概算払いで渡してあった¥80,000の旅費交通費の精算をし，残額¥6,000を返金した。この取引の処理につき，入金伝票および振替伝票の金額が以下の①あるいは②のように記入される二とおりの場合が考えられる。①あるいは②の方法がとられた場合，入金伝票および振替伝票のa～dに記入されるべき勘定科目名を記入しなさい。

①

入　金　伝　票
（ a ）　6,000

振　替　伝　票			
借方科目	金　額	貸方科目	金　額
旅費交通費	74,000	仮 払 金	74,000

②

入　金　伝　票
（ b ）　6,000

振　替　伝　票			
借方科目	金　額	貸方科目	金　額
c	80,000	d	80,000

a		b	
c		d	

第5問 （34点）

次の期末整理事項によって精算表を作成しなさい。ただし，会計期間は平成〇年1月1日から12月31日までの1年である。

(1) 現金の実際手許有高は¥26,100であった。
(2) 売掛金の期末残高に対し5％の貸倒引当金を設定する。実績法（差額補充法）によること。
(3) 期末商品棚卸高は¥84,000である。売上原価は「仕入」の行で計算すること。
(4) 消耗品の期末未消費高が¥500ある。
(5) 備品および建物について定額法により減価償却を行う。ただし，残存価額は備品・建物ともに取得価額の10％，耐用年数は備品については9年，建物については30年とする。
(6) 受取利息の未収分が¥1,000ある。
(7) 毎月の家賃は¥2,500であり，毎年2月1日に向う1年分を前払いしている。
(8) 借入金は平成〇年12月1日に利率年6％で借り入れたものである。なお，利息は返済期日（翌年11月30日）に元金とともに支払う。利息は月割計算による。
(9) 保険料の前払分が¥200ある。

精算表

勘定科目	試算表 借方	試算表 貸方	整理記入 借方	整理記入 貸方	損益計算書 借方	損益計算書 貸方	貸借対照表 借方	貸借対照表 貸方
現　　　　金	26,400							
当 座 預 金	61,500							
売 　掛　 金	130,000							
有 価 証 券	65,000							
繰 越 商 品	81,000							
消 耗 品	2,100							
備　　　　品	60,000							
建　　　　物	150,000							
買 　掛　 金		95,000						
借 　入　 金		40,000						
貸 倒 引 当 金		3,500						
備品減価償却累計額		18,000						
建物減価償却累計額		27,000						
資 　本　 金		350,000						
売　　　　上		735,000						
受 取 利 息		1,900						
仕　　　　入	565,000							
給　　　　料	94,500							
支 払 家 賃	32,500							
支 払 利 息	1,600							
支 払 保 険 料	800							
	1,270,400	1,270,400						
雑（　　　）								
貸倒引当金繰入								
消 耗（　　）								
減 価 償 却 費								
未 収（　　）								
（　　）家 賃								
（　　）利 息								
（　　）保 険 料								
当 期 純（　　）								

実力テスト ●第2回●

第1問（20点）

次の取引について仕訳しなさい。ただし，勘定科目は，次の中から最も適当と思われるものを選ぶこと。

繰越商品	有価証券	当座借越	売　　上	所得税預り金
現　　金	当座預金	売掛金	前払金	有価証券売却益
備　　品	未収金	給　　料	減価償却費	固定資産売却損
受取手形	資本金	支払手形	買掛金	減価償却累計額
未払金	仕　　入	前受金	支払手数料	社会保険料預り金
租税公課	発送費	固定資産売却益	有価証券売却損	

1. 仙台商店から商品¥770,000を仕入れ，代金のうち¥250,000は山形商店から受け取った手形を裏書譲渡して支払い，残額は引取運賃¥30,000とともに小切手を振り出して支払った。なお，銀行の当座預金の残高は¥330,000であったが，借越限度額¥900,000の当座借越契約を結んでいる。

2. 岩手商事株式会社の株式40株を1株当たり¥96,000で買い入れ，代金は購入手数料¥56,000を含めて月末に支払うことにした。

3. 平成×2年8月31日に備品（取得日　平成×1年4月1日，取得原価¥200,000，耐用年数5年，残存価額　取得原価の10%　決算日　3月31日年1回）を定額法により償却し，間接法で記帳してきた。この備品を¥160,000で売却し，代金は20日後に受け取ることにした。なお，減価償却費は月割計算による。

4. かねて注文を受けていた秋田商店へ商品¥630,000を売上げ，代金のうち¥120,000は注文時に受け取ってあった手付金と相殺し，残額は送金小切手で受け取った。

5. 従業員に給料の支給総額¥2,750,000のうち，所得税の源泉徴収分¥230,000と社会保険料の従業員負担分¥88,000を差し引き，手取り金を現金で支払った。

	借方科目	金　　額	貸方科目	金　　額
1				
2				
3				
4				
5				

第2問（10点）

次の受取手形記入帳の記録にもとづき，下に示してある日付の仕訳を完成しなさい。

受取手形記入帳

平成○年 月日	手形種類	手形番号	摘要	支払人	振出人または裏書人	振出日 月日	満期日 月日	支払場所	手形金額	てん末 月日	摘要
9 1	約手	17	売掛金	佐賀商店	佐賀商店	9 1	11 1	A銀行	200,000	9 5	裏書譲渡
10	為手	12	売掛金	長崎商店	熊本商店	9 10	11 10	B銀行	300,000	9 15	売却
20	約手	16	売上	福岡商店	福岡商店	9 20	11 20	C銀行	150,000	11 20	入金

日付	借方科目	金額	貸方科目	金額
9／1	（　　　）	200,000	（　　　）	200,000
9／5	買掛金	350,000	（　　　） 売掛金	200,000 150,000
9／10	（　　　）	300,000	（　　　）	300,000
9／15	（　　　） 当座預金	4,000 296,000	（　　　）	300,000
9／20	（　　　）	150,000	（　　　）	150,000
11／20	当座預金	150,000	（　　　）	150,000

第3問 (30点)

次の合計試算表(A)と諸取引(B)にもとづいて，解答用紙の月末の合計残高試算表と売掛金および買掛金の各明細表を作成しなさい。なお，仕入と売上はすべて掛けで行っている。

(A) 平成○年11月25日現在の合計試算表

合　計　試　算　表

借　　　方	勘　定　科　目	貸　　　方
443,000	現　　　　　　金	278,000
2,127,000	当　座　預　金	1,859,000
718,000	受　取　手　形	337,000
2,463,000	売　　掛　　金	1,729,000
100,000	有　価　証　券	
370,000	繰　越　商　品	
230,000	備　　　　　　品	
256,000	支　払　手　形	436,000
1,495,000	買　　掛　　金	2,148,000
62,000	未　　払　　金	118,000
12,000	預　　り　　金	12,000
	借　　入　　金	200,000
	資　　本　　金	1,000,000
48,000	売　　　　　　上	2,125,000
1,636,000	仕　　　　　　入	43,000
154,000	給　　　　　　料	
82,000	発　　送　　費	
70,000	支　払　家　賃	
19,000	支　払　利　息	
10,285,000		10,285,000

(B) 平成○年11月26日から30日までの諸取引

26日　売上：秋田商店¥40,000　岩手商店¥25,000
　　　静岡商店の買掛金¥134,000を支払うため小切手を振り出した。
　　　秋田商店より売掛金¥230,000が当座預金口座に振り込まれた。

27日　仕入：岐阜商店¥47,000　静岡商店¥59,000
　　　岩手商店の売掛金¥60,000を同店振出，当店あての約束手形で回収した。
　　　愛知商店に対する買掛金¥80,000を支払うため，宮城商店あての為替手形を振り出し，同店の引受けをえて渡した。
　　　備品¥30,000を買い入れ，代金は引取運賃¥3,000を含めて，現金で支払った。

28日　売上：秋田商店¥38,000　宮城商店¥63,000
　　　宮城商店から裏書譲渡された山形商店振出の約束手形¥100,000を銀行へ売却し，手取金¥98,000を当座預金に預け入れた。
　　　取立てを依頼していた秋田商店振出，当店あての約束手形¥120,000が決済され，当座預金口座に振り込まれた。
　　　愛知商店の買掛金¥70,000につき，同店振出，三重商店受取，当店あての為替手形を引き受けた。

29日　仕入：岐阜商店¥35,000　愛知商店¥56,000
　　　秋田商店から26日に売り上げた商品の一部¥5,000が品違いのために返品された。

保有している日本電力株式会社の株券2株（帳簿価額1株￥50,000）について，配当金領収証￥6,000が郵送されてきた。

岐阜商店の買掛金￥180,000を支払うため，宮城商店振出し，当店あての約束手形を裏書譲渡した。

宮城商店の売掛金￥125,000を同店振出し，福島商店引受の為替手形で回収した。

今月分の給料を支払総額￥75,000から所得税の源泉徴収分￥6,500を控除し，現金で支払った。

今月分の家賃￥35,000を小切手を振り出して支払った。

30日　売上：岩手商店￥55,000　宮城商店￥32,000

静岡商店へ振り出した約束手形￥64,000が満期となり，小切手を振り出して支払った。

今月分の発送運賃￥8,300を一括して現金で支払った。

借入金￥50,000を利息￥4,000とともに小切手を振り出して返済した。

先月に購入した備品の購入代金の残額￥35,000を小切手を振り出して支払った。

合計残高試算表
平成〇年11月30日

借方残高	借方合計	勘定科目	貸方合計	貸方残高
		現　　　　　金		
		当　座　預　金		
		受　取　手　形		
		売　　掛　　金		
		有　価　証　券		
		繰　越　商　品		
		備　　　　　品		
		支　払　手　形		
		買　　掛　　金		
		未　　払　　金		
		預　　り　　金		
		借　　入　　金		
		資　　本　　金		
		売　　　　　上		
		仕　　　　　入		
		給　　　　　料		
		発　　送　　費		
		支　払　家　賃		
		手形売却損		
		支　払　利　息		
		受取配当金		

売掛金明細表

	11月25日	11月30日
秋田商店	￥318,000	￥
岩手商店	171,000	
宮城商店	245,000	
	￥734,000	￥

買掛金明細表

	11月25日	11月30日
岐阜商店	￥252,000	￥
静岡商店	186,000	
愛知商店	215,000	
	￥653,000	￥

第4問（8点）
次の各取引の伝票記入について，空欄①〜⑤にあてはまる適切な語句または金額を答えなさい。ただし，いったん全額を掛取引として起票する方法と取引を分解して起票する方法のいずれを採用しているかについては，取引ごとに異なるため，各伝票の記入から各自判断すること。

(1) 商品を¥220,000で仕入れ，代金のうち¥20,000については現金で支払い，残額は掛けとした。

出　金　伝　票			振　替　伝　票			
科　　目	金　　額		借方科目	金　　額	貸方科目	金　　額
(　　　　)	(　①　)		仕　　入	220,000	(　②　)	220,000

(2) 商品を¥350,000で売り渡し，代金のうち¥50,000については現金で受け取り，残額は掛けとした。

入　金　伝　票			振　替　伝　票			
科　　目	金　　額		借方科目	金　　額	貸方科目	金　　額
売　　上	(　③　)		(　④　)	300,000	(　　　　)	300,000

①	②	③	④

第5問（32点）
次の精算表の勘定科目欄（　　）内に適当な勘定科目を記入の上，試算表欄，整理記入欄，損益計算書欄および貸借対照表欄の未記入欄に適当な金額を記入して精算表を完成しなさい。

精算表

勘定科目	試算表 借方	試算表 貸方	整理記入 借方	整理記入 貸方	損益計算書 借方	損益計算書 貸方	貸借対照表 借方	貸借対照表 貸方
現　　　　　金	2,300			100				
当　座　預　金							10,500	
売　　掛　　金	16,000							
有　価　証　券	8,300						8,300	
繰　越　商　品							5,600	
前　払　保　険　料				1,200			100	
貸　　付　　金	7,100							
備　　　　　品	6,000							
買　　掛　　金								14,500
借　　入　　金								7,000
貸　倒　引　当　金				100				800
備品減価償却累計額		1,800						2,400
資　　本　　金								
売　　　　　上		42,500						
受　取　利　息		600				480		
有価証券売却益						300		
仕　　　　　入	33,000		5,800					
給　　　　　料					3,100			
消　耗　品　費					900			
支　払　家　賃					2,400			
支　払　利　息	200							
	97,400	97,400						
雑（　　　）								
貸倒引当金繰入								
消　耗　品							700	
（　　　　　）								
支　払（　　）								
（　　）利　息								
未　払　家　賃				200				
（　　）利　息								250
当　期　純（　　）								

実力テスト ●第3回●

第1問 (20点)

次の取引について仕訳しなさい。ただし，勘定科目は，次の中から最も適当と思われるものを選ぶこと。

繰越商品	売　　　上	当座借越	他店商品券
現　　　金	当座預金	売　掛　金	支払保険料
商　品　券	未　収　金	貸倒損失	貸倒引当金
受取手形	引　出　金	支払手形	買　掛　金
未　払　金	仕　　　入	租税公課	貸倒引当金繰入

1　商品券の精算をし，当店がもっている他店商品券¥150,000と，他店が保有している自店商品券¥110,000とを交換し，差額を現金で受け取った。

2　三陸商店が倒産し，同店に対する売掛金¥135,000を貸倒れとして処理した。なお，貸倒引当金の残高は¥75,000であった。

3　青森商店へ買掛金支払いのため，かねて売掛金のある弘前商店宛為替手形¥267,000を振り出し，同店の引受を得て，青森商店へ渡した。

4　盛岡商店へ商品¥555,000を売り渡し，代金として盛岡商店振出，当店宛の約束手形¥205,000とかねて，当店が振り出した福島商店宛約束手形¥350,000を受け取った。

5　建物の火災保険料¥120,000と店主の生命保険料¥78,000を店の現金で支払った。ただし，火災保険料のうち40%は店主の個人用住居部分に対してのものである。

	借方科目	金　　額	貸方科目	金　　額
1				
2				
3				
4				
5				

第2問 (10点)

次の仕入帳と売上帳にもとづいて，(1)移動平均法によって商品有高帳に記入し，(2)6月中の売上高，売上原価および売上総利益を計算しなさい。

仕　入　帳

平成〇年		摘　　　　　要			金　額
6	5	高松商店	Yシャツ　80枚	@¥4,000	320,000
	15	松山商店	Yシャツ　120枚	@¥4,200	504,000

売　上　帳

平成〇年		摘　　　　　要			金　額
6	10	栃木商店	Yシャツ　100枚	@¥5,500	550,000
	20	福井商店	Yシャツ　100枚	@¥6,000	600,000

(1)　　　　　　　　　　　　　商 品 有 高 帳

移動平均法　　　　　　　　　　Yシャツ　　　　　　　　　　　（単位：枚）

平成〇年		摘要	受入高			払出高			残高		
			数量	単価	金額	数量	単価	金額	数量	単価	金額
6	1	繰越	60	4,000	240,000				60	4,000	240,000
	5	高松商店	80	4,000	320,000				140	4,000	560,000
	10	栃木商店				100	4,000	400,000	40	4,000	160,000
	15	松山商店	120	4,200	504,000				160	4,150	664,000
	20	福井商店				100	4,150	415,000	60	4,150	249,000

(2) 売上総利益の計算

売　上　高　　　¥　1,150,000
売 上 原 価　　　¥　　815,000
売 上 総 利 益　　¥　　335,000

第3問 (30点)

次の神奈川商店の決算整理後の残高試算表および参考資料にもとづいて，解答用紙の損益計算書と貸借対照表を完成しなさい。なお，決算整理後残高試算表の？の箇所は各自算出すること。

決算整理後残高試算表
平成〇年3月31日　　　（単位：円）

借方残高	勘定科目	貸方残高
255,000	現　　　　　金	
535,000	当　座　預　金	
1,450,000	売　　掛　　金	
	貸　倒　引　当　金	58,000
496,000	有　価　証　券	
①　　？	繰　越　商　品	
400,000	備　　　　　品	
	減価償却累計額	④　　？
	支　払　手　形	260,000
	買　　掛　　金	604,000
	借　　入　　金	270,000
	資　　本　　金	2,400,000
	売　　　　　上	⑤　　？
	受　取　手　数　料	192,000
	雑　　　　　益	18,000
1,830,000	仕　　　　　入	
306,000	給　　　　　料	
248,000	旅　費　交　通　費	
31,000	広　告　宣　伝　費	
68,000	支　払　保　険　料	
②　　？	貸倒引当金繰入	
③　　？	減　価　償　却　費	
19,000	支　払　利　息	
	未　払　利　息	19,000
23,000	前　払　保　険　料	
6,573,000		6,573,000

【参考資料】
① 期首商品棚卸高は¥756,000，当期の商品仕入高は¥1,880,000である。
② 備品について定額法によって減価償却を行った。
　　耐用年数　6年　　残存価額　　取得原価の10％
　　決算整理前の減価償却累計額の期末残高は¥120,000であった。
③ 売掛金の期末残高について4％の貸倒引当金を実績法（差額補充法）によって計上する。決算整理前の貸倒引当金の期末残高は¥12,000であった。

損　益　計　算　書

神奈川商店　　平成△年4月1日から　平成○年3月31日まで　　（単位：円）

費　　　用	金　　額	収　　　益	金　　額
売　上　原　価	（　　）	（　　　　）	（　　　　）
給　　　　料	（　　）	（　　　　）	（　　　　）
旅　費　交　通　費	（　　）	（　　　　）	（　　　　）
広　告　宣　伝　費	（　　）		
支　払　保　険　料	（　　）		
（　　　　　）	（　　）		
（　　　　　）	（　　）		
支　払　利　息	（　　）		
（　　　　　）	（　　）		
	（　　　）		（　　　　）

貸　借　対　照　表

神奈川商店　　　　　平成○年3月31日　　　　　（単位：円）

資　　産	金　　　額	負債および純資産	金　　額
現　　　金	（　　　　）	支　払　手　形	（　　　）
当　座　預　金	（　　　　）	買　掛　金	（　　　）
（　　　　　）	（　　）	借　入　金	（　　　）
貸倒引当金	（　　）（　　）	（　　　　）	（　　　）
有　価　証　券	（　　　　）	資　本　金	（　　　）
商　　　品	（　　　　）	（　　　　）	（　　　）
（　　　　　）	（　　　　）		
備　　　品	（　　）		
（　　　　　）	（　　）（　　）		
	（　　　）		（　　　）

第4問（8点）

次の取引の仕訳に誤りがあれば，解答欄に正しい仕訳を書きなさい。もし誤りがなければ，解答欄の番号に○印をつけなさい。

1　那覇商会に対する買掛金280,000円の支払いのため，自己宛為替手形を振り出した。
　　（借）買　　掛　　金　　280,000　　（貸）受　取　手　形　　280,000
2　原因が不明であった現金過不足額は，通信費3,000円の記入もれによることと，受取手数料8,000円の受取りが二重記帳されていたことにより生じたことが判明した。
　　（借）通　　信　　費　　　3,000　　（貸）受　取　手　数　料　　8,000
　　　　現　金　過　不　足　　　5,000

	借方科目	金　額	貸方科目	金　額
1				
2				

第5問（32点）

次の期末整理事項にもとづいて精算表を完成しなさい。ただし，会計期間は平成○年4月1日から翌年3月31日までとする。

1　仮払金の内訳は次のとおりであった。
　(1)　注文した備品の購入代金の前払分￥20,000（なお，備品は平成○年10月1日に引渡しを受け，使用を始めた）。
　(2)　店員の出張旅費前払分￥3,400（店員は決算日に帰店した。全額を旅費とする）
2　仮受金の内訳は次のとおりであった。
　(1)　出張中の店員からの送金分￥15,000（帰店後，売掛金の回収と判明した）
　(2)　商品の注文を受けたときに受け取った手付金分￥8,000（商品の引渡しは次期の予定）
3　売掛金の期末残高に対し2％の貸倒れを見積る。貸倒引当金の設定は差額補充法による。
4　期末商品棚卸高は￥64,800である。売上原価は「仕入」の行で計算すること。
5　消耗品の期末未消費高は￥4,000である。
6　備品について定額法によって減価償却を行う。耐用年数は旧備品10年，新備品9年であり，残存価額はいずれも取得原価の10％である。新備品の減価償却は月割計算による。
7　所有有価証券について配当金領収証￥1,600を受け取っていたが，その処理がなされていなかった。
8　家賃1か月当たり￥4,500で，毎年1月1日と7月1日に向う6か月分を前払いしている。
9　支払保険料のうち￥18,000は平成○年12月1日に向う1年分を前払いしたものである。

10 借入金のうち¥100,000は平成〇年8月1日に期間1年,利率年6％で借り入れたもので,利息は返済期日に元金とともに支払う約束である。

精 算 表

勘定科目	試算表 借方	試算表 貸方	修正記入 借方	修正記入 貸方	損益計算書 借方	損益計算書 貸方	貸借対照表 借方	貸借対照表 貸方
現　　　　　金	79,100							
当 座 預 金	178,000							
売 掛 金	245,000							
有 価 証 券	56,000							
繰 越 商 品	63,000							
消 耗 品	12,000							
備　　　　　品	40,000							
仮 払 金	23,400							
買 掛 金		174,000						
借 入 金		150,000						
仮 受 金		23,000						
貸 倒 引 当 金		2,200						
減価償却累計額		16,000						
資 本 金		350,000						
売　　　　　上		948,200						
受 取 配 当 金		1,600						
仕　　　　　入	768,000							
給　　　　　料	70,000							
支 払 家 賃	67,500							
旅 費 交 通 費	28,000							
支 払 保 険 料	30,000							
支 払 利 息	5,000							
	1,665,000	1,665,000						
(　　　　　)								
貸倒引当金繰入								
消 耗 品 費								
減 価 償 却 費								
(　　)家 賃								
(　　)保険料								
(　　)利 息								
当 期 純(　　)								

Memo

解答・解説編

「別冊解答・解説編」は，色紙を残したまま，ていねいに抜き取って下さい。
　なお，抜取りの際の損傷についてのお取替えは，ご遠慮願います。

段階式
日商簿記ワークブック
3級商業簿記
解答・解説編

第1回 資産・負債・資本と貸借対照表

1
(1) 備　　品（A） (2) 買　掛　金（B） (3) 貸　付　金（A）
(4) 建　　物（A） (5) 現　　金（A） (6) 受取手数料（D）
(7) 資　本　金（C） (8) 売　掛　金（A） (9) 銀　行　預　金（A）
(10) 車両運搬具（A） (11) 給　　料（D） (12) 借　入　金（B）

2

	資　産　総　額	負　債　総　額	純資産（資本）の額
(1)	¥　800,000	¥　200,000	¥　600,000
(2)	¥　1,400,000	¥　400,000	¥　1,000,000

3
(1) 資　本　金　¥　700,000

(2)
貸　借　対　照　表

（青　森）商店　　　　　平成〇年（1）月（1）日

資　　産	金　　額	負債および純資産	金　　額
現　　　　金	800,000	借　　入　　金	300,000
備　　　　品	200,000	資　　本　　金	700,000
	1,000,000		1,000,000

4

① 期首純資産（期首資本）の額　¥2,500,000	② 期末の資産総額　¥3,850,000
③ 期末の負債総額　¥1,150,000	④ 期末純資産（資本）の額　¥2,700,000
⑤ 当期純（利益）・損失　¥200,000	

5

貸　借　対　照　表

（岩　手）商店　　　　　平成〇年（12）月（31）日

資　　産	金　　額	負債および純資産	金　　額
現　　　　金	400,000	買　　掛　　金	800,000
売　　掛　　金	1,200,000	借　　入　　金	350,000
商　　　　品	500,000	資　　本　　金	2,500,000
建　　　　物	1,500,000	当　期　純　利　益	200,000
備　　　　品	250,000		
	3,850,000		3,850,000

第2回 収益・費用と損益計算書

1 (1) 受取手数料（P） (2) 雑　　費（L） (3) 商品売買益（P）
(4) 支払家賃（L） (5) 受取利息（P） (6) 広告宣伝費（L）
(7) 資本金（N） (8) 売掛金（N） (9) 受取家賃（P）
(10) 支払利息（L） (11) 給　料（L） (12) 通信費（L）

2

	収益総額	費用総額	純損益
(1)	¥670,000	¥300,000	(+) ¥370,000
(2)	¥280,000	¥300,000	(−) ¥20,000

3 (1) 収益総額 ¥500,000　費用総額 ¥385,000　純利益 ¥115,000

(2)
損益計算書

(岩手)商店　平成○年(1)月(1)日から　平成○年(12)月(31)日まで

費用	金額	収益	金額
給　　　　料	250,000	商 品 売 買 益	480,000
広　　告　　料	62,000	受 取 手 数 料	20,000
支　払　家　賃	40,000		
通　　信　　費	25,000		
雑　　　　費	8,000		
当 期 純 利 益	115,000		
	500,000		500,000

4

	期首資本金	期末資産	期末負債	期末資本金	収益総額	費用総額	純損益
(1)	¥200,000	¥650,000	¥430,000	ア¥220,000	¥700,000	イ¥680,000	ウ¥20,000
(2)	¥350,000	¥770,000	エ¥290,000	オ¥480,000	¥880,000	¥750,000	カ¥130,000
(3)	キ¥230,000	¥580,000	ク¥280,000	¥300,000	ケ¥650,000	¥580,000	¥70,000
(4)	¥480,000	コ¥745,000	¥290,000	サ¥455,000	シ¥600,000	¥625,000	−¥25,000
(5)	ス¥600,000	¥700,000	セ¥60,000	¥640,000	¥900,000	ソ¥860,000	¥40,000

5 (1) ¥2,180,000　(2) ¥3,124,000　(3) ¥724,000　(4) ¥2,400,000
(5) ¥535,000　(6) ¥315,000　(7) ¥220,000

第3回　取引と勘定記入

1
(1) 宮崎商店から商品￥100,000を買いたいという注文を受けた。　　　（×）
(2) 大分商店から商品￥100,000を掛けで仕入れた。　　　（○）
(3) 商品￥10,000が盗難にあった。　　　（○）
(4) 営業用トラックの駐車場を月￥40,000で借りる契約を結んだ。　　　（×）
(5) 備品￥200,000を購入し，代金は月末払いとした。　　　（○）
(6) 事務用品￥5,000を現金で買い入れた。　　　（○）

2

建　　物	買　掛　金	支　払　家　賃
（増　加）｜（減　少）	（減　少）｜（増　加）	（発　生）｜

受取手数料	資　本　金	売　掛　金
｜（発　生）	（減　少）｜（増　加）	（増　加）｜（減　少）

借　入　金	商品売買益	銀　行　預　金
（減　少）｜（増　加）	｜（発　生）	（増　加）｜（減　少）

3

	借　方　の　要　素		貸　方　の　要　素	
(1)	資産（商　　品）の増加	￥100,000	負債（買　掛　金）の増加	￥100,000
(2)	負債（買　掛　金）の減少	￥80,000	資産（現　　金）の減少	￥80,000
(3)	資産（現　　金）の増加	￥500,000	純資産（資本）（資本金）の増加	￥500,000
(4)	費用（給　　料）の発生	￥30,000	資産（現　　金）の減少	￥30,000
(5)	資産（現　　金）の増加	￥22,000	収益（受取手数料）の発生	￥22,000
(6)	資産（売　掛　金）の増加	￥60,000	資産（商　　品）の減少 収益（商品売買益）の発生	￥48,000 ￥12,000
(7)	負債（借　入　金）の減少 費用（支　払　利　息）の発生	￥50,000 ￥2,000	資産（現　　金）の減少	￥52,000

4

A群	B群	(ア)	(イ)	(ウ)
a	5	［買　掛　金］	［現　　金］	［　──　］
b	2	［現　　金］	［貸　付　金］	［受　取　利　息］
c	1	［商　　品］	［現　　金］	［買　掛　金］
d	6	［給　　料］	［現　　金］	［　──　］
e	4	［現　　金］	［支　払　利　息］	［借　入　金］

5

現　　　金			
〔例〕1,000,000	a	60,000
b	105,000	c	80,000
e	190,000	d	80,000

商　　　品			
c	180,000		

貸　付　金			
		b	100,000

買　掛　金			
a	60,000	c	100,000

借　入　金			
		e	200,000

資　本　金			
		〔例〕	1,000,000

受取利息			
		b	5,000

給　　料			
d	80,000		

支払利息			
e	10,000		

第4回　仕訳と転記

1

(1)	現　　　　金	1,000,000	資　本　金	1,000,000
(2)	現　　　　金	200,000	借　入　金	200,000
(3)	商　　　　品	300,000	買　掛　金	300,000
(4)	売　掛　金	210,000	商　　　　品	150,000
			商品売買益	60,000
(5)	給　　　　料	25,000	現　　　　金	25,000
(6)	現　　　　金	18,000	受取手数料	18,000
(7)	借　入　金	100,000	現　　　　金	101,000
	支　払　利　息	1,000		

2

現　　　金			
6/1	1,000,000	(6/25)	(25,000)
(4)	(200,000)	(30)	(101,000)
(28)	(18,000)		

売　掛　金			
(6/15)	(210,000)		

商　　　品			
(6/12)	(300,000)	(6/15)	(150,000)

買　掛　金			
		(6/12)	(300,000)

借　入　金			
(6/30)	(100,000)	(6/4)	(200,000)

資　本　金			
		(6/1)	(1,000,000)

商品売買益			
		(6/15)	(60,000)

受取手数料			
		(6/28)	(18,000)

給　　料			
(6/25)	(25,000)		

支払利息			
(6/30)	(1,000)		

3

(1)
現 金	800,000	資 本 金	1,000,000
備 品	200,000		

(2)
商 品	400,000	現 金	150,000
		買 掛 金	250,000

(3)
現 金	80,000	商 品	200,000
売 掛 金	200,000	商 品 売 買 益	80,000

(4)
現 金	114,000	借 入 金	120,000
支 払 利 息	6,000		

4

7/1	現 金	1,000,000	資 本 金	1,250,000
	備 品	250,000		
6	商 品	450,000	買 掛 金	450,000
8	現 金	10,000	受 取 手 数 料	10,000
12	売 掛 金	480,000	商 品	300,000
			商 品 売 買 益	180,000
15	給 料	30,000	現 金	30,000
20	買 掛 金	150,000	現 金	150,000
25	現 金	200,000	売 掛 金	200,000
30	雑 費	3,000	現 金	3,000

現 金

7/1 資本金	1,000,000	7/15 給 料	30,000
8 受取手数料	10,000	20 買掛金	150,000
25 売掛金	200,000	30 雑 費	3,000

備 品

7/1 資本金	250,000		

資 本 金

		7/1 諸 口	1,250,000

受取手数料

		7/8 現 金	10,000

雑 費

7/30 現 金	3,000		

売 掛 金

7/12 諸 口	480,000	7/25 現 金	200,000

商 品

7/6 買掛金	450,000	7/12 売掛金	300,000

買 掛 金

7/20 現 金	150,000	7/6 商 品	450,000

商品売買益

		7/12 売掛金	180,000

給 料

7/15 現 金	30,000		

第5回 仕訳帳と総勘定元帳

1

仕　訳　帳　　　　　1

平成〇年		摘　　　　要	元丁	借　方	貸　方
6	1	(現　　金)	1	(1,000,000)	
		(資　本　金)	10		(1,000,000)
		開業			
	8	(商　品) 諸　　口	5	(350,000)	
		(現　　金)	1		(50,000)
		(買　掛　金)	7		(300,000)
		一関商店から仕入れ			

（解　説）
元丁欄は，総勘定元帳へ転記した後に記入する。

2

総　勘　定　元　帳

現　　金　　　　1

平成〇年		摘　要	仕丁	借　方	平成〇年		摘　要	仕丁	貸　方
6	1	資　本　金	(1)	(1,000,000)	6	8	(商　品)	(1)	(50,000)

商　　品　　　　5

(6)	(8)	(諸　　口)	(1)	(350,000)					

買　掛　金　　　　7

					(6)	(8)	(商　品)	(1)	(300,000)

資　本　金　　　　10

					(6)	(1)	(現　金)	(1)	(1,000,000)

3

仕　訳　帳　　　　　1

平成〇年		摘　　　　要	元丁	借　方	貸　方
7	1	(現　　金)	1	800,000	
		(資　本　金)	5		800,000
	6	(商　品)	3	300,000	
		(買　掛　金)	4		300,000
	15	諸　　口 諸　　口			
		(現　　金)	1	40,000	
		(売　掛　金)	2	160,000	
		(商　品)	3		150,000

		摘　　　要	元丁	借　方	貸　方
		（商品売買益）	6		50,000
	20	（現　　　　金）	1	12,000	
		（受取手数料）	7		12,000
		次ページへ		1,312,000	1,312,000

仕　訳　帳　　　　2

平成○年		摘　　　要	元丁	借　方	貸　方
		前ページから		1,312,000	1,312,000
7	25	（給　　　料）	8	25,000	
		（現　　　　金）	1		25,000
	30	（雑　　　費）	9	4,000	
		（現　　　　金）	1		4,000
				1,341,000	1,341,000

総　勘　定　元　帳

現　金　　　　1

平成○年		摘　要	仕丁	借　方	平成○年		摘　要	仕丁	貸　方
7	1	資　本　金	1	800,000	7	25	給　　料	2	25,000
	15	諸　　　口	1	40,000		30	雑　　費	2	4,000
	20	受取手数料	1	12,000					

売　掛　金　　　　2

7	15	諸　　　口	1	160,000					

商　品　　　　3

7	6	買　掛　金	1	300,000	7	15	諸　　　口	1	150,000

買　掛　金　　　　4

					7	6	商　　品	1	300,000

資　本　金　　　　5

					7	1	現　　金	1	800,000

商品売買益　　　　6

					7	15	諸　　　口	1	50,000

受取手数料　　　　7

					7	20	現　　金	1	12,000

給料　8

7	25	現　　　金	2	25,000			

雑費　9

7	30	現　　　金	2	4,000			

4

仕　訳　帳　1

平成○年		摘　　　要		元丁	借　方	貸　方
7	1	(現　　金)		1	1,500,000	
			(資　本　金)	5		1,500,000
	5	(商　　品)		3	330,000	
			(買　掛　金)	4		330,000
	12	諸　　口	諸　　口			
		(現　　金)		1	50,000	
		(売　掛　金)		2	150,000	
			(商　　品)	3		150,000
			(商品売買益)	6		50,000
	15	(買　掛　金)		4	100,000	
			(現　　金)	1		100,000

総　勘　定　元　帳

現　金　1

平成○年		摘　要	仕丁	借　方	貸　方	借または貸	残　高
7	1	資　本　金	1	1,500,000		借	1,500,000
	12	諸　　口	〃	50,000		〃	1,550,000
	15	買　掛　金	〃		100,000	〃	1,450,000

売　掛　金　2

7	12	諸　　口	1	150,000		借	150,000

商　品　3

7	5	買　掛　金	1	330,000		借	330,000
	12	諸　　口	〃		150,000	〃	180,000

買　掛　金　　　　　　　　　　4

7	5	商　　　品	1		330,000	貸	330,000
	15	現　　　金	〃	100,000		〃	230,000

資　本　金　　　　　　　　　　5

7	1	現　　　金	1		1,500,000	貸	1,500,000

商　品　売　買　益　　　　　　　　6

7	12	諸　　　口	1		50,000	貸	50,000

5

仕　訳　帳　　　　　　　　10ページ

平成○年	摘　　　要	元丁	借　方	貸　方
～～～～～～～～～～～～省　略～～～～～～～～～～～～
(10)(31)	(現　金)　(諸　　　口)	(1)	(302,500)	
	(貸　付　金)			(300,000)
	(受　取　利　息)			(2,500)
	次ページへ		5,709,500	5,709,500

仕　訳　帳　　　　　　　　11ページ

平成○年	摘　　　要	元丁	借　方	貸　方
	(前ページから)		(5,709,500)	(5,709,500)
(11)(6)	(通　信　費)	(13)	(16,000)	
	(現　　　金)	(1)		(16,000)

総　勘　定　元　帳

現　　金　　　　　　　　　　1

平成○年	摘　要	仕丁	借　方	平成○年	摘　要	仕丁	貸　方
～～～～～～～～～～～～省　略～～～～～～～～～～～～
10	31	諸　　口	10	302,500	11	6	通 信 費	11	16,000

通　信　費　　　　　　　　　　13

平成○年	摘　要	仕丁	借　方				
～～～～～～～～～～～～省　略～～～～～～～～～～～～
11	6	現　　金	11	16,000			

(解説)
　10／31の取引は，貸方が二つの勘定科目になるので，その上に「諸口」と記入する。利息は受け取ったものであるので，「受取利息」とする。11／6の取引の電話料金は「通信費」とする。
　10ページの「次ページへ」の繰越額は11ページの「前ページから」の借方・貸方の金額欄に記入する。

第6回　試算表の作成

1

合　計　試　算　表

平成○年12月31日

借　　方	元丁	勘　定　科　目	貸　　方
420,000	1	現　　　　　金	180,000
905,000	2	売　　掛　　金	295,000
650,000	3	商　　　　　品	270,000
250,000	4	備　　　　　品	
150,000	5	買　　掛　　金	610,000
80,000	6	借　　入　　金	180,000
	7	資　　本　　金	800,000
20,000	8	商　品　売　買　益	380,000
150,000	9	給　　　　　料	
60,000	10	支　　払　　家　　賃	
25,000	11	雑　　　　　費	
5,000	12	支　　払　　利　　息	
2,715,000			2,715,000

	現　　金　　　　1			売　掛　金　　　2	
	380,000	180,000		905,000	255,000
12/31	40,000		12/31	40,000	

(解説)
① 12／31の取引（借）現金 40,000 （貸）売掛金 40,000 を転記してから，次の②③を行う。
② 各勘定の借方合計額は，その勘定の借方に記入し，貸方合計額は，その勘定の貸方に記入する。
③ 各勘定の借方合計額の総合計額を計算し，貸方合計額の総合計額を計算する。その合計額が一致したなら締め切る。

2

残 高 試 算 表
平成○年12月31日

借　　方	元丁	勘 定 科 目	貸　　方
160,000	1	現　　　　　金	
650,000	2	売　　掛　　金	
380,000	3	商　　　　　品	
250,000	4	備　　　　　品	
	5	買　　掛　　金	420,000
	6	借　　入　　金	100,000
	7	資　　本　　金	800,000
	8	商 品 売 買 益	360,000
150,000	9	給　　　　　料	
60,000	10	支 払 家 賃	
25,000	11	雑　　　　　費	
5,000	12	支 払 利 息	
1,680,000			1,680,000

（解　説）
① 各勘定の借方合計額から貸方合計額を差し引いて残高を算出し，借方か貸方か多い側に残高を記入する。
② 各勘定の借方の残高合計額を計算し，貸方の残高合計額を計算する。その合計額が一致したなら締め切る。

3

A　6月24日までの勘定記録
　　（注）　6／25～6／30までの勘定記入がない勘定口座は問題を参照のこと。

```
          現        金       1              売   掛   金      2              商       品       3
      1,000,000 |    340,000           120,000 |    280,000           650,000 |    400,000
        350,000 |    200,000           670,000 | 27 220,000           580,000 |    500,000
        280,000 |      6,000      25   100,000 |                  26  200,000 | 25 100,000
        250,000 |     70,000              買   掛   金      5              借   入   金      6
  25     45,000 |     35,000           340,000 |    650,000      30   50,000 |    250,000
  27    220,000 | 28  240,000      28   240,000 |    380,000              商 品 売 買 益   8
                | 30   51,000                   |    200,000                         70,000
                                     支 払 利 息   12                               170,000
                                          5,000 |                             25     45,000
                                     30   1,000 |
```

— 13 —

合計残高試算表

平成〇年6月30日

借方 残高	借方 合計	元丁	勘定科目	貸方 合計	貸方 残高
1,203,000	2,145,000	1	現　　　　金	942,000	
390,000	890,000	2	売　掛　　金	500,000	
430,000	1,430,000	3	商　　　　品	1,000,000	
300,000	300,000	4	備　　　　品		
	580,000	5	買　掛　　金	1,230,000	650,000
	50,000	6	借　入　　金	250,000	200,000
		7	資　本　　金	1,300,000	1,300,000
		8	商品売買益	285,000	285,000
70,000	70,000	9	給　　　　料		
35,000	35,000	10	支払家賃		
1,000	1,000	11	雑　　　　費		
6,000	6,000	12	支払利息		
2,435,000	5,507,000			5,507,000	2,435,000

第7回　精算表の作成

1

精算表

平成〇年12月31日

勘定科目	元丁	残高試算表 借方	残高試算表 貸方	損益計算書 借方	損益計算書 貸方	貸借対照表 借方	貸借対照表 貸方
現　　　　金	1	160,000				160,000	
売　掛　　金	2	650,000				650,000	
商　　　　品	3	380,000				380,000	
備　　　　品	4	250,000				250,000	
買　掛　　金	5		420,000				420,000
借　入　　金	6		100,000				100,000
資　本　　金	7		800,000				800,000
商品売買益	8		360,000		360,000		
給　　　　料	9	150,000		150,000			

支 払 家 賃	10	60,000		60,000			
雑 費	11	25,000		25,000			
支 払 利 息	12	5,000		5,000			
当 期 純 利 益				120,000			120,000
		1,680,000	1,680,000	360,000	360,000	1,440,000	1,440,000

2

(1)

精　算　表

平成○年12月31日

勘 定 科 目	残高試算表 借方	残高試算表 貸方	損益計算書 借方	損益計算書 貸方	貸借対照表 借方	貸借対照表 貸方
現　　　　金	34,000				34,000	
当 座 預 金	165,000				165,000	
売 掛 金	175,000				175,000	
商　　　　品	145,000				145,000	
備　　　　品	135,000				135,000	
買 掛 金		65,000				65,000
借 入 金		50,000				50,000
資 本 金		(550,000)				550,000
商品売買益		124,000		124,000		
給　　　　料	75,000		75,000			
支 払 家 賃	48,000		48,000			
支 払 利 息	12,000		12,000			
当期（純損失）				11,000	11,000	
	789,000	789,000	135,000	135,000	665,000	665,000

(2) 期末資本　　¥539,000

*　¥550,000 － ¥11,000 ＝ ¥539,000

第8回　決算と財務諸表の作成

1 (1)
商 品 売 買 益	900,000	損　　　　益	925,000
受 取 手 数 料	25,000		

(2)
損　　　　益	800,000	給　　　　料	560,000
		発　送　費	180,000
		消 耗 品 費	40,000
		雑　　　　費	20,000

(3)
損　　　　益	125,000	資 本 金	125,000

(4)

資　本　金		
	1/1 前期繰越	800,000
	12/31 損　　益	125,000

損　　益			
12/31 給　　料	560,000	12/31 商品売買益	900,000
〃 発 送 費	180,000	〃 受取手数料	25,000
〃 消 耗 品 費	40,000		
〃 雑　　費	20,000		
〃 資 本 金	125,000		
	925,000		925,000

（解　説）
① 収益の諸勘定は残高が貸方にあるから，これを損益勘定に移すために収益の勘定の借方と損益勘定の貸方に記入する。そのための仕訳（振替仕訳）である。
② 費用の諸勘定は残高が借方にあるから，これを損益勘定に移すために費用の勘定の貸方と損益勘定の借方に記入する。そのための振替仕訳である。
③ 損益勘定で純損益を計算し，貸方合計（収益総額）と借方合計（費用総額）の差額が，貸方が多いときは純利益で，反対の場合は純損失である。純損益は資本金勘定に振り替えるための振替仕訳である。

2 (1)　決算仕訳
（収益勘定の振替）

商 品 売 買 益	79,000	損　　　　益	81,500
受 取 手 数 料	2,500		

（費用勘定の振替）

損　　　　益	57,000	給　　　　料	34,000
		広 告 宣 伝 費	5,000
		支 払 家 賃	15,000
		雑　　　　費	2,000
		支 払 利 息	1,000

（純損益の振替）

損　　　　益	24,500	資　本　金	24,500

(2)　各勘定の記入

現　　金			1
370,500			297,000
		12/31 次期繰越	73,500
370,500			370,500
1/1 前期繰越	73,500		

給　　料			11
34,000		12/31 損　　益	34,000

— 16 —

	資　本　金		8			損　　　　益		16
12/31 次期繰越	274,500		250,000	12/31	給　　料	34,000	12/31 商品売買益	79,000
		12/31 損　益	24,500	〃	広告宣伝費	5,000	〃 受取手数料	2,500
	274,500		274,500	〃	支払家賃	15,000		
		1/1 前期繰越	274,500	〃	雑　　費	2,000		
				〃	支払利息	1,000		
				〃	資　本　金	24,500		
						81,500		81,500

(3)　繰越試算表

繰越試算表
平成〇年12月31日

借　　方	元丁	勘　定　科　目	貸　　方
73,500	1	現　　　　金	
65,000	2	当　座　預　金	
102,000	3	売　　掛　　金	
80,000	4	商　　　　品	
57,000	5	備　　　　品	
	6	買　　掛　　金	73,000
	7	借　　入　　金	30,000
	8	資　　本　　金	274,500
377,500			377,500

(4)　損益計算書と貸借対照表

損益計算書
奈良商店　　　平成〇年1月1日から　平成〇年12月31日

費　　　　用	金　　額	収　　　益	金　　額
給　　　　料	34,000	商　品　売　買　益	79,000
広　告　宣　伝　費	5,000	受　取　手　数　料	2,500
支　払　家　賃	15,000		
雑　　　　費	2,000		
支　払　利　息	1,000		
当　期　純　利　益	24,500		
	81,500		81,500

貸 借 対 照 表

奈良商店　　　　　　　平成○年12月31日

資　　　産	金　　額	負債および純資産	金　　額
現　　　　　金	73,500	買　　掛　　金	73,000
当　座　預　金	65,000	借　　入　　金	30,000
売　　掛　　金	102,000	資　　本　　金	250,000
商　　　　　品	80,000	当 期 純 利 益	24,500
備　　　　　品	57,000		
	377,500		377,500

　(5)　売掛金の回収高　　￥158,000
　　　＊　売掛金勘定の貸方金額
　　　　期 末 資 本 額　　￥274,500
　　　＊　資本金勘定の次期繰越高

(解　説)
(1), (2)　上記 1 と同様に決算に必要な仕訳を行い、関係勘定に転記して各勘定を締め切る。費用の各勘定、収益の各勘定および損益勘定は貸借の合計額が一致して締め切られる。資産・負債・純資産(資本)の各勘定は、貸借の差額を「次期繰越」として貸借の少ない側に赤字で記入し、貸借の合計額の一致を確認して締め切る。
(3)　資産・負債・純資産（資本）の各勘定の残高を集めて繰越試算表を作成する。繰越試算表は、貸借の合計額が一致すれば、次期繰越額の記入が適切であったことになる。
(4)　損益計算書は損益勘定をもとにして作成する。貸借対照表は繰越試算表をもとにして作成する。注意するところは、損益勘定の上で相手勘定が「資本金」として表示されるが、損益計算書では、当期純利益と表示をする。貸借対照表では、期末資本を期首の資本金額と当期純利益に分けて記入することである。
(5)　売掛金の回収高は、売掛金勘定の貸方の合計金額である。ただし、売上戻りや値引きがあれば、それらを差し引いた金額である。期末資本金は、期首資本金と当期純利益からなる。

第9回　現　金・預　金

1

9/1	現　　　　　金	150,000	売　　掛　　金	150,000
5	商　　　　　品	200,000	現　　　　　金	200,000
14	現　　　　　金	30,000	受 取 手 数 料	30,000
28	給　　　　　料	50,000	現　　　　　金	50,000

(解　説)
9/1　他人振出しの小切手・送金小切手・郵便為替証書・株式配当金領収書などの通貨代用証券を受け取ったときは通貨と同様に、現金勘定の増加として借方に記入する。
　5　通貨代用証券をそのまま仕入代金の支払いなどにあてたときは現金勘定の減少として貸方

に記入する。ここでは，いずれも現金として処理する。
14 郵便為替証書も現金の入金として，現金勘定の借方に記入する。
28 現金の支払いは，現金勘定の減少として貸方に記入する。

2

現 金 出 納 帳

平成×年		摘　　　要	収　入	支　出	残　高
9	1	前 月 繰 越	450,000		450,000
	〃	秋田商店の売掛金受取り	150,000		600,000
	5	宮崎商店へ仕入代金支払い		200,000	400,000
	14	山形商店から手数料受取り	30,000		430,000
	28	9月分給料支払い		50,000	380,000
	30	次 月 繰 越		380,000	
			630,000	630,000	
10	1	前 月 繰 越	380,000		380,000

(解　説)
現金出納帳の摘要には，収入・支出の相手先，収入や支出の理由などを記入する。
残高は，前行に残高あれば，それに収入は加え，支出は差し引いて，残高を算出する。

3

(1)	現 金 過 不 足	6,000	現　　　　　金	6,000		
(2)	通 信 費	4,000	現 金 過 不 足	6,000		
	雑 損	2,000				
(3)	現　　　　　金	15,000	現 金 過 不 足	15,000		
(4)	現 金 過 不 足	15,000	受 取 手 数 料	12,000		
			雑 益	3,000		

(解　説)
(1) 現金不足は現金の減少とし，その原因が不明なので現金過不足勘定の借方に記入する。
(2) その原因がわかったときは，現金過不足勘定の残高が借方であるので，貸方に記入し，原因が判明した勘定（ここでは通信費勘定）の借方に記入する。決算までに原因がわからなかった金額は，不足額¥6,000－判明額¥4,000＝¥2,000であり，雑損（または雑損失）勘定に振り替える。
(3) 現金過剰は現金の増加とし，その原因が不明なので現金過不足勘定の貸方に記入する。
(4) その原因がわかったときは，現金過不足勘定の残高が貸方であるので，借方に記入し，原因が判明した勘定（ここでは受取手数料勘定）の貸方に記入する。決算までに原因がわからなかったのは，過剰額¥15,000－判明額¥12,000＝¥3,000であり，雑益（または雑収入）勘定に振り替える。

4

10/2	現　　　　　金	240,000	借 入 金	250,000	
	支 払 利 息	10,000			
6	商　　　　　品	85,000	現　　　　　金	25,000	
			買 掛 金	60,000	

15	現	金	100,000	商 品	65,000	
				商 品 売 買 益	35,000	
16	買 掛 金	100,000	現	金	100,000	
20	現 金 過 不 足	15,000	現	金	15,000	
25	現	金	110,000	売 掛 金	110,000	
28	水 道 光 熱 費	10,000	現	金	10,000	

現　　　　金

10/1 前月繰越	120,000	10/6 商　品	25,000
2 借入金	240,000	16 買掛金	100,000
15 諸　口	100,000	20 現金過不足	15,000
25 売掛金	110,000	28 水道光熱費	10,000

現金過不足

| 10/20 現　金 | 15,000 | | |

現　金　出　納　帳　　　　　　　　1ページ

平成×年		摘　　　要	収　入	支　出	残　高
10	1	前月繰越	120,000		120,000
	2	京南銀行から借入れ	240,000		360,000
	6	米原商店から仕入れ		25,000	335,000
	15	大津商店に売上げ	100,000		435,000
	16	米原商店に買掛金支払い		100,000	335,000
	20	現金過不足		15,000	320,000
	25	長浜商店の売掛金回収	110,000		430,000
	28	電気代・ガス代支払い		10,000	420,000
	31	次　月　繰　越		420,000	
			570,000	570,000	
11	1	前　月　繰　越	420,000		420,000

（解　説）
10/ 2　借入額¥250,000から利息¥10,000を差し引かれているので，手取額は¥240,000になる。
　　6　商品の仕入代金¥85,000から現金支払額¥25,000を差し引いた額が，買掛金となる。
　　15　他店振出しの小切手を受け取っただけであるので，現金勘定の入金として処理する。
　　16　15日に受け取った小切手（現金勘定処理）で支払ったので，現金勘定の出金として処理する。
　　20　現金出納帳の残高（帳簿残高）と実際残高の差額（不足額）を現金過不足勘定で処理しておく。現金出納帳の摘要欄には現金過不足といったん記入し，後日判明したとき（×／×　○○費記入漏れ）のように追加記入する。
　　28　電気代・ガス代・水道料は水道光熱費勘定で処理する。

5

10/1	当 座 預 金	200,000		現 金	200,000
4	買 掛 金	150,000		当 座 預 金	150,000
12	当 座 預 金	110,000		売 掛 金	110,000

（解 説）

10/1 当座預金に預け入れることで増加し，当座預金勘定の借方に記入する。

4 小切手を振り出したときに，当座預金の引出しがあったとして減少し，当座預金勘定の貸方に記入する。

12 他店から受け取った小切手を預け入れたり，他店から送金として当座振込みがあったときに当座預金は増加し，同勘定の借方に記入する。

6

10/15	商 品	180,000		当 座 預 金	160,000
				当 座 借 越	20,000
20	当 座 借 越	20,000		商 品	90,000
	当 座 預 金	120,000		商 品 売 買 益	50,000

（解 説）

10/15の取引で振り出した小切手が当座預金残高を超え，その金額が当座借越となる。

20の取引によって¥140,000預け入れて，当座借越が返され，残りが当座預金になる。

7

10/15	商 品	180,000		当 座	180,000
20	当 座	140,000		商 品	90,000
				商 品 売 買 益	50,000

（解 説）

10/15の取引で仕訳の貸方が，当座勘定一つで処理する。10/20の取引も仕訳の借方が，当座勘定一つで処理する。

8

<u>当 座 預 金 出 納 帳</u>

平成○年		摘 要	預 入	引 出	借または貸	残 高
10	1	現 金 預 入 れ	200,000		借	200,000
	4	酒田商店の買掛金支払い#001		150,000	〃	50,000
	12	福井商店の売掛金受取り	110,000		〃	160,000
	15	仙台商店仕入代金支払い#002		180,000	貸	20,000
	20	天童商店売上代金受取り	140,000		借	120,000
	31	次 月 繰 越		120,000		
			450,000	450,000		
11	1	前 月 繰 越	120,000		借	120,000

（解 説）

当座預金出納帳には，当座預金への預入れや振り込まれる取引は預入欄に，小切手振出し，振り

込み，自動引落としなどは，引出欄に記入する。「借または貸」欄は残高が借方か，貸方を記入し，（前行の残高）＋預入－引出で，プラスなら「借」，マイナスなら「貸」となる。締め切るときは，最後の残高を次月繰越とし，借方残高であれば引出欄に，貸方残高であれば預入欄に記入して，両欄を締め切る。

10/15の取引で当座預金出納帳の残高は「貸」残になる。10/20の取引で当座預金出納帳の残高は「借」残になる。

9 (1) 普 通 預 金　　100,000　　現　　　　　　金　　100,000
　　(2) 現　　　　　金　　201,500　　定 期 預 金　　200,000
　　　　　　　　　　　　　　　　　　受 取 利 息　　　1,500

（解 説）
　その他の預金は，各預金の勘定科目（ここでは普通預金勘定と定期預金勘定）で処理するか，まとめて「諸預金勘定」で処理する。

10 (1) 現 金 過 不 足　　4,000　　現　　　　　　金　　4,000
　　(2) 通 　信 　費　　2,700　　現 金 過 不 足　　2,700
　　(3) 雑　　　　　損　　1,300　　現 金 過 不 足　　1,300
　　(4) 従 業 員 立 替 金　3,300　　現　　　　　　金　　5,000
　　　　雑　　　　　損　　1,700

（別 解）
　　(4) 現 金 過 不 足　　5,000　　現　　　　　　金　　5,000
　　　　従 業 員 立 替 金　3,300　　現 金 過 不 足　　5,000
　　　　雑　　　　　損　　1,700

（解 説）
　(1)(2)(3)は現金過不足に関する処理で，上記の **3** の（解説）を参照。
　(4)　決算時の現金過剰や不足分は，直接，現金勘定を増減して，調査結果で判明した従業員立替金勘定に振り替え，不明額（¥5,000－¥3,300＝）¥1,700は雑損とする。なお，不足額をいったん現金過不足勘定として処理する別解もある。

11 (1) 現 金 過 不 足　　24,000　　売　　掛　　金　　35,000
　　　　発 　送　 費　　16,000　　雑　　　　　益　　　5,000
　　(2) 当 座 預 金　　100,000　　売　　掛　　金　　190,000
　　　　現　　　　　金　　90,000
　　(3) 買 　掛 　金　　440,000　　当　　　　　座　　440,000
　　(4) 当 座 借 越　　50,000　　商　　　　　品　　330,000
　　　　当 座 預 金　　150,000　　商 品 売 買 益　　120,000
　　　　売 　掛 　金　　250,000
　　(5) 商　　　　　品　　340,000　　現　　　　　金　　200,000
　　　　　　　　　　　　　　　　　　当 座 預 金　　140,000
　　(6) 旅 費 交 通 費　　　600　　現 金 過 不 足　　　600

（解 説）
　(2)の自己振出小切手を受け取ったときは，まだ引出が行われていないので，当座預金勘定の借方に記入する。
　(6)の現金過不足勘定の借方¥800は不足を意味し，その一部が電車賃¥600と判明したので旅費

交通費勘定に振り替え，不明額(¥800－¥600＝)¥200については決算でないので，まだ処理しない。

第10回 小口現金

1

6／1 小 口 現 金	200,000	当 座 預 金	200,000
7 交 通 費	79,000	小 口 現 金	172,000
通 信 費	63,000		
消 耗 品 費	30,000		
9 小 口 現 金	172,000	当 座 預 金	172,000

(解 説)
　週末に支払報告があったときに，各費用の勘定の借方と，「小口現金勘定」の貸方に記入し，翌週補給をしたときに，「小口現金勘定」の借方と当座預金勘定の貸方に記入する。

2

6／1 小 口 現 金	300,000	当 座 預 金	300,000
30 旅 費 交 通 費	134,000	当 座 預 金	265,000
通 信 費	93,000		
消 耗 品 費	38,000		

(解 説)
　週末に支払報告があったときに，各費用の勘定の借方と，ただちに補給をしたときには，貸方は小口現金勘定でなく，「当座預金勘定」の貸方に記入する。

3

小 口 現 金 出 納 帳

受　入	平成○年		摘　　要	支　払	内　　　　訳				残　高
					旅費交通費	通信費	消耗品費	雑　費	
11,500	6	7	前 週 繰 越						11,500
88,500	〃		本 日 補 給						100,000
		〃	タ ク シ ー 代	18,000	18,000				82,000
		8	切 手 代	8,000		8,000			74,000
		〃	文 具 代	7,000			7,000		67,000
		9	茶 菓 代	5,500				5,500	61,500
		10	帳 簿 代	12,000			12,000		49,500
		11	電 話 代	20,000		20,000			29,500
		12	バ ス 代	12,000	12,000				17,500
			合　　　　計	82,500	30,000	28,000	19,000	5,500	
		〃	次 週 繰 越	17,500					
100,000				100,000					
17,500	6	14	前 週 繰 越						17,500
82,500		〃	本 日 補 給						100,000

— 23 —

（解 説）
　各支払額は，日付欄と摘要欄，それに支払欄とその内訳欄の2か所に金額を記入する。週末に支払報告を会計課に出し，翌週同額が補給され，記入する。

4

小 口 現 金 出 納 帳

受　入	平成×8年		摘　要	支　払	内　訳			
					通信費	交通費	消耗品費	雑　費
50,000	11	1	前 週 繰 越					
		〃	コピー用紙	3,400			3,400	
		〃	新聞購読料	4,000				4,000
		2	切手・はがき	7,500	7,500			
		〃	電 車 運 賃	2,000		2,000		
		3	バ ス 運 賃	3,200		3,200		
		〃	ボールペン	1,900			1,900	
		4	携帯電話通話料	6,400	6,400			
		〃	お 茶 菓 子	1,700				1,700
		5	タクシー運賃	2,800		2,800		
		〃	伝 票 用 紙	3,000			3,000	
			合　　　計	35,900	13,900	8,000	8,300	5,700
35,900		〃	本 日 補 給					
		〃	次 週 繰 越	50,000				
85,900				85,900				
50,000	11	8	前 週 繰 越					

（解 説）
　定額資金前渡制度（インプレスト・システム）は，一定の現金を少額の支払いに備えるため，小口現金係（用度係）に，引き渡し，同係は支払の都度，日付，用途，金額，内訳（費目）などを小口現金出納帳に記帳し，一定期間ごとに支払報告を行う。支払報告を受けた際に，ただちにその支払額と同額を補給する。なお，補給は翌週に行う場合もある。
　小口現金出納帳の記帳は，受入欄に受入れの金額（補給額，前週繰越額），摘要欄に受入れまたは支払の内容，支払欄に支払いの金額（次週繰越金額も），内容欄に支払の属する勘定科目が記入される。
　各取引日の支払内容の属する勘定科目は，次の通りである。
　　11／1　コピー用紙……消耗品費　　　　新聞購読料……雑費
　　　　2　切手・はがき……通信費　　　　電車運賃……交通費
　　　　3　バス運賃……交通費　　　　　　ボールペン……消耗品費
　　　　4　携帯電話通話料……通信費　　　お茶菓子……雑費

5　タクシー運賃……交通費　　伝票用紙……消耗品費

5 (1)
旅 費 交 通 費	30,000	小 口 現 金	132,000
消 耗 品 費	89,000		
雑 費	13,000		
小 口 現 金	132,000	当 座 預 金	132,000

(別解)
旅 費 交 通 費	30,000	当 座 預 金	132,000
消 耗 品 費	89,000		
雑 費	13,000		

(2)
通 信 費	6,700	当 座 預 金	11,800
消 耗 品 費	4,320		
雑 費	780		

(解　説)

(1)(2)　小口現金の支払報告を受けた際は，費用の各勘定の借方に，それぞれの支払額を記入する。支払合計額は，小口現金勘定の貸方に記入し，補給した際に同勘定の借方に記入する。支払報告を受け，すぐ同額を補給した場合は，小口現金勘定を経由しないで，直接，当座預金勘定の貸方に記入する。

第11回 商品売買 (1)

1

7/1	仕訳なし				
3	仕 入	75,000	買 掛 金	75,000
5	現 金	87,500	売 上	87,500
9	買 掛 金	12,500	仕 入	12,500
11	売 掛 金	56,250	売 上	56,250
13	売 上	800	売 掛 金	800

(ヒント) ① 7/1の資料は，月初商品棚卸高を表しているだけなので，仕訳は不要となる。なお，期首商品棚卸高も同様である。
② @（アットマーク）は，単価を表す記号である。7/9の返品額は（@¥2,500×5個）＝¥12,500である。

2

(1)	仕 入	430,000	買 掛 金	400,000
			当 座 預 金	30,000
(2)	買 掛 金	40,000	仕 入	40,000
(3)	売 掛 金	220,000	売 上	220,000
	発 送 費	6,000	現 金	6,000
(4)	売 掛 金	469,000	売 上	460,000
			現 金	9,000
(5)	売 上	20,000	売 掛 金	20,000

(ヒント) ① 引取運賃は，商慣習上，買い手（仕入側）が負担する。
② (4)の先方負担の発送費は，問題上とくに指示がない場合は，売掛金代金に含めて請求する。

3

(1)	売 上	102,000	売 掛 金	102,000
(2)	現 金	180,000	売 上	180,000
(3)	仕 入	124,000	当 座	124,000
(4)	現 金	200,000	売 上	1,000,000
	売 掛 金	800,000		
(5)	当 座 預 金	400,000	売 上	800,000
	売 掛 金	424,000	当 座 預 金	24,000
(6)	売 掛 金	9,000	売 上	9,000
(別解)				
	売 上	56,000	売 掛 金	56,000
	売 掛 金	65,000	売 上	65,000
(7)	仕 入	1,208,000	買 掛 金	1,200,000
			現 金	8,000

（解説）
① (1)掛売りした商品の値引きと売上戻りは，売上と売掛金それぞれの減少である。売上値引きの金額は，値引き額@¥1,200×値引き商品数5ケース＝¥6,000と，売上戻り額は，売価@

¥12,000×返品数8ケース＝¥96,000 両方を加えると¥102,000（＝¥6,000＋¥96,000）となる。

② (3)検定試験の仕訳問題では，使用できる勘定科目が限定されているので，
　　（借）仕　　　　入　　124,000　　（貸）当　　　座　　124,000
という解答の場合もある。

③ (5)借方の当座預金と，貸方の当座預金は取引内容が違うため，相殺してはならない。

④ (6)本来は，掛け売り¥65,000と記帳するのを，誤って，¥56,000と記帳した場合の修正仕訳は，不足額¥9,000（＝¥65,000－¥56,000）を売掛金勘定と売上勘定に加える。なお，別解のように，いったん誤った仕訳の相殺仕訳を行い，後に正しい仕訳を行う方法もある。

⑤ (7)事務用机の購入目的が，使用目的であれば備品勘定で処理するが，「販売用の」の場合は，商品の「仕入」となる。仕入に伴う引取運賃は，仕入代金に合算され仕入勘定の借方に記入される。仕入代金の後払いは，買掛金勘定の貸方に記入される。当然，引取運賃の支払は現金勘定の貸方に記入される。

第12回　商品売買 (2)

1

	繰越商品		
前期繰越	100,000	仕　入	100,000
仕　入	180,000	次期繰越	180,000
	280,000		280,000
前期繰越	180,000		

	仕　入		
	5,000,000	繰越商品	180,000
繰越商品	100,000	損　益	4,920,000
	5,100,000		5,100,000

	売　上		
損　益	8,000,000		8,000,000

	損　益		
仕　入	4,920,000	売　上	8,000,000

仕　入	100,000	繰越商品	100,000	｝決算整理仕訳
繰越商品	180,000	仕　入	180,000	
売　上	8,000,000	損　益	8,000,000	｝決算振替仕訳
損　益	4,920,000	仕　入	4,920,000	

（ヒント）　損益勘定の仕入勘定の金額は，当期売上原価を表していることをしっかり理解すること。

2

繰 越 商 品

1／1 前 期 繰 越 （ 120,000）	12／31 （仕　　入）（ 120,000）
12／31 （仕　　入）（ 150,000）	〃 （次 期 繰 越）（ 150,000）
（ 270,000）	（ 270,000）

仕　　入

（総 仕 入 高）（ 1,500,000）	仕 入 戻 し 高 （ 40,000）
12／31 （繰 越 商 品）（ 120,000）	（仕 入 値 引 高）（ 12,000）
	12／31 （繰 越 商 品）（ 150,000）
	〃 損　　益 （ 1,418,000）
（ 1,620,000）	（ 1,620,000）

売　　上

（売 上 戻 り 高）（ 60,000）	総 売 上 高 （ 1,960,000）
12／31 （損　　益）（ 1,900,000）	
（ 1,960,000）	（ 1,960,000）

損　　益

12／31 （仕　　入）（ 1,418,000）	12／31 （売　　上）（ 1,900,000）

ヒント　解法の手順

① 資料に示されている金額を勘定に記入する。
　期首商品棚卸高　→　繰越商品勘定の借方（前期繰越高）
　当期商品総仕入高　→　仕入勘定の借方
　当期商品仕入値引　→　仕入勘定の貸方
　当期商品仕入戻し高　→　仕入勘定の貸方
　当期商品総売上高　→　売上勘定の貸方
　当期商品売上戻り高　→　売上勘定の借方
　期末商品棚卸高は記入しない。

② 決算整理仕訳を行い転記する。
　（仕　　　入）　120,000　　（繰 越 商 品）　120,000　←期首商品棚卸高
　（繰 越 商 品）　150,000　　（仕　　　入）　150,000　←期末商品棚卸高

③ 決算振替仕訳を行い転記する。
・仕入勘定の残高を損益勘定に振り替える。
　（損　　　益）　1,418,000　　（仕　　　入）　1,418,000
・売上勘定の残高を損益勘定に振り替える。
　（売　　　上）　1,900,000　　（損　　　益）　1,900,000

3

繰 越 商 品

1/1 前 期 繰 越	50,000	12/31 (仕　　　入) (50,000)
12/31 (仕　　　入) (30,000)		〃 (次 期 繰 越) (30,000)
	(80,000)		(80,000)

仕　　入

当 期 仕 入 高	400,000	当期仕入戻し高	20,000
12/31 (繰 越 商 品) (50,000)		12/31 (繰 越 商 品)	30,000
		〃 損　　　益 (400,000)
	(450,000)		(450,000)

売　　上

当期売上値引高	15,000	当 期 売 上 高	560,000
12/31 (損　　　益) (545,000)			
	(560,000)		(560,000)

損　　益

12/31 (仕　　　入) (400,000)	12/31 (売　　　上) (545,000)

ヒント 解法の手順

① 決算整理仕訳を行い転記する。

(仕　　入) 50,000　(繰越商品) 50,000　←繰越商品勘定の「前期繰越」が期首商品棚卸高である。

(繰越商品) 30,000　(仕　　入) 30,000　←期末商品棚卸高は仕訳の転記先である仕入勘定貸方の¥30,000と推定する。

② 決算振替仕訳を行い転記する。

4

繰 越 商 品

4/1 前 期 繰 越	50,000	4/30 仕　　　入	50,000
30 仕　　　入	95,000		

仕　　入

4/10 買 掛 金	100,000	4/16 買 掛 金	15,000
24 当 座 預 金	120,000	30 繰 越 商 品	95,000
30 繰 越 商 品	50,000	30 損　　　益	160,000

	売	上	
4/20 売　掛　金　25,000		4/15 売　掛　金　100,000	
30 損　　　益　215,000		26 受　取　手　形　140,000	

	損	益	
4/30 仕　　　入　160,000		4/30 売　　　上　215,000	

(解　説)

　解答に当たっては，分記法と三分法の違いと，売上原価の算出および振替仕訳に関する知識を必要とする。解答の手順としては，問題文の勘定記入面を基に各取引日の仕訳を求め，これを三分法に置き換え各勘定へ転記する。

4/10の取引……掛仕入
　(分記法)
　　　　(商　　　品)　100,000　　(買　掛　金)　100,000
　(三分法)
　　　　(仕　　　入)　100,000　　(買　掛　金)　100,000

4/15の取引……掛売上
　(分記法)
　　　　(売　掛　金)　100,000　　(商　　　品)　 80,000
　　　　　　　　　　　　　　　　　(商 品 売 買 益)　 20,000
　(三分法)
　　　　(売　掛　金)　100,000　　(売　　　上)　100,000

4/16の取引……掛仕入戻し（値引き）
　(分記法)
　　　　(買　掛　金)　 15,000　　(商　　　品)　 15,000
　(三分法)
　　　　(買　掛　金)　 15,000　　(仕　　　入)　 15,000

4/20の取引……掛売上戻り
　(分記法)
　　　　(商　　　品)　 20,000　　(売　掛　金)　 25,000
　　　　(商 品 売 買 益)　 5,000
　(三分法)
　　　　(売　　　上)　 25,000　　(売　掛　金)　 25,000

4/24の取引……小切手の振り出しによる仕入
　(分記法)
　　　　(商　　　品)　120,000　　(当 座 預 金)　120,000
　(三分法)
　　　　(仕　　　入)　120,000　　(当 座 預 金)　120,000

4／26の取引……手形の受け取りによる売上
（分記法）
（受 取 手 形）　140,000　　（商　　　　品）　100,000
　　　　　　　　　　　　　　（商 品 売 買 益）　 40,000
（三分法）
（受 取 手 形）　140,000　　（売　　　　上）　140,000

4／30の処理……決算整理仕訳
（分記法）
（商 品 売 買 益）　55,000　　（損　　　　益）　55,000

4／30の処理……三分法による会計処理を行った場合は，期末に売上原価の算出が必要となる。売上原価の算出は問題文に従って仕入勘定を用いる。なお，期末商品棚卸高は，分記法における商品勘定の貸借差額から求める。
（三分法）
（仕　　　　入）　50,000　　（繰 越 商 品）　50,000
（繰 越 商 品）　95,000　　（仕　　　　入）　95,000

4／30の処理……売上勘定の純売上高と仕入勘定で算出した売上原価を損益勘定へ振り替える。
（売　　　　上）　215,000　　（損　　　　益）　215,000
（損　　　　益）　160,000　　（仕　　　　入）　160,000

本問では，損益勘定の貸借差額が商品売買益と一致することで，確認が可能となる。

5

精　算　表（一部）

勘定科目	試算表 借方	試算表 貸方	修正記入 借方	修正記入 貸方	損益計算書 借方	損益計算書 貸方	貸借対照表 借方	貸借対照表 貸方
（省　略）								
繰 越 商 品	122,000		170,000	122,000			170,000	
（省　略）								
仕　　　入	2,700,000		122,000	170,000	2,652,000			

ヒント　解法の手順
① 決算整理仕訳を行い修正記入欄に記入する。
（仕　　　　入）　122,000　　（繰 越 商 品）　122,000
（繰 越 商 品）　170,000　　（仕　　　　入）　170,000
② 試算表の金額に修正記入欄の金額を加減した金額を，損益計算書欄または貸借対照表欄に記入する。

6

精　算　表（一部）

勘定科目	試算表 借方	試算表 貸方	修正記入 借方	修正記入 貸方	損益計算書 借方	損益計算書 貸方	貸借対照表 借方	貸借対照表 貸方
(省　略)								
繰越商品	24,000		27,000	24,000			27,000	
(省　略)								
仕　　入	219,600		24,000	27,000	216,600			

ヒント　解法の手順

① 修正記入欄の繰越商品の金額から，次の決算整理仕訳を推定する。

　　（仕　　　　入）　24,000　　（繰　越　商　品）　24,000
　　（繰　越　商　品）　27,000　　（仕　　　　入）　27,000

② 上記仕訳のうち，未記入分を修正記入欄に書き写す。

第13回　仕入帳・売上帳

1

仕　入　帳

平成○年		摘　要		内　訳	金　額
(4)	(5)	熊谷商店	小切手・掛け		
		（鉛　　筆）（120ダース）（@¥ 900）		(108,000)	
		（ボールペン）（200 〃 ）（〃 1,200）		(240,000)	(348,000)
	(7)	（熊谷商店）	掛け戻し		
		（鉛　　筆）（ 6ダース）（@¥ 900）			(5,400)
	(20)	（横浜商店）	掛　け		
		（鉛　　筆）（160ダース）（@¥ 880）		(140,800)	
		上記引取費用現金払い		(4,800)	(145,600)
	(30)		総仕入高		(493,600)
	(〃)		仕入戻し高		(5,400)
			純仕入高		(488,200)

2

売 上 帳

平成○年		摘　　　　要	内　訳	金　額
4	10	渋谷商店　　　　　　　　掛　け		
		（鉛　筆）（100ダース）（@¥1,200）	(120,000)	
		（ボールペン）（140 〃 ）（〃〃1,600）	(224,000)	(344,000)
	(12)	（渋谷商店）　　　　　　掛け値引き		
		（鉛　筆）（100ダース）（@¥　30）		(3,000)
	(25)	（甲府商店）　　　　　　小　切　手		
		（鉛　筆）（80ダース）（@¥1,220）		(97,600)
	(30)	総　売　上　高		(441,600)
	(〃)	売　上　値　引　高		(3,000)
		純　売　上　高		(438,600)

3

仕 入 帳

平成○年		摘　　　　要	内　訳	金　額
7	3	宇都宮商店　　　　　　　掛　け		
		X　品　　200個　　　@¥　600	120,000	
		Y　品　　300〃　　　〃〃　500	150,000	270,000
	4	宇都宮商店　　　　　　　掛け・戻し		
		Y　品　　30個　　　@¥　500		15,000
	20	前橋商店　　　　　　　　小　切　手		
		Z　品　　100個　　　@¥　900	90,000	
		引取費用現金払い	15,000	105,000
	31	総　仕　入　高		375,000
	〃	仕　入　戻　し　高		15,000
		純　仕　入　高		360,000

売 上 帳

平成〇年		摘　　　　要	内　訳	金　額
7	6	水戸商店　　　　　　掛　け		
		X 品　　100個　　@¥ 800	80,000	
		Y 品　　150〃　　〃〃 750	112,500	192,500
	7	水戸商店　　　　　　掛け・値引き		
		Y 品　　150個　　@¥ 50		7,500
	25	銚子商店　　　　　　小　切　手		
		Z 品　　80個　　@¥1,200		96,000
	31	総 売 上 高		288,500
	〃	売 上 値 引 高		7,500
		純 売 上 高		281,000

ヒント　① 総仕入高・総売上高を計算するとき，戻し高・値引高等は加算しない。
　　　　　② 引取費用は仕入帳に記入するが，発送費は売上帳に記入しない。

4

仕 入 帳

平成〇年		摘　　　　要	内　訳	金　額
5	1	松本商店　　　　　　掛　け		
		Yシャツ　（200枚）　（@¥1,500）		(300,000)
	10	松本商店　　　　　　掛け・戻し		
		Yシャツ　（ 20枚）　（@¥1,500）		(30,000)
	16	長岡商店　　　　　　掛　け		
		Yシャツ　（100枚）　（@¥1,800）	(180,000)	
		Tシャツ　（200〃）　（〃〃1,200）	(240,000)	(420,000)
	30	沼津商店　　　　　　諸　口		
		Yシャツ　（200枚）　（@¥1,900）	(380,000)	
		Tシャツ　（120〃）　（〃〃1,100）	(132,000)	(512,000)
	31	（総 仕 入 高）		(1,232,000)
	〃	（仕 入 戻 し 高）		(30,000)
		（純 仕 入 高）		(1,202,000)

仕　　入

5/ 1 （買　掛　金）（ 300,000）	5/10 （買　掛　金）（ 30,000）
16 （買　掛　金）（ 420,000）	
30 （諸　　　口）（ 512,000）	

ヒント　仕入勘定の借方には総仕入高が記帳され，貸方には戻し・値引高が記帳される。

5

売　上　帳

平成〇年		摘　　　　要	内　訳	金　額
7	1	西尾商店　　　　　　掛　け		
		スニーカー　（20足）（@¥6,000）	(120,000)	
		サンダル　　（20〃）（〃〃5,000）	(100,000)	(220,000)
	10	大垣商店　　　　　　掛　け		
		サンダル　　（20足）（@¥5,000）		(100,000)
	12	大垣商店　　　　　　掛け・戻り		
		サンダル　　（5足）（@¥5,000）		(25,000)
	25	滑川商店　　　　　　諸　口		
		スニーカー　（30足）（@¥6,000）	(180,000)	
		サンダル　　（10〃）（〃〃5,000）	(50,000)	(230,000)
	31	（総売上高）		550,000
	〃	（売上戻り高）		25,000
		（純売上高）		525,000

売　　　　　上

7/12	(売　掛　金)	(25,000)	7/1	(売　掛　金)	(220,000)
			10	(売　掛　金)	(100,000)
			25	(諸　　　口)	(230,000)

ヒント　売上勘定の貸方には総売上高が記帳され，借方には戻し・値引高が記帳される。

第14回　商品有高帳

1

商 品 有 高 帳

（先入先出法）　　　　　　　　　　A　　　品　　　　　　　　　　（単位：個）

平成○年		摘要	受入 数量	受入 単価	受入 金額	払出 数量	払出 単価	払出 金額	残高 数量	残高 単価	残高 金額
9	1	前月繰越	50	400	20,000				50	400	20,000
	(6)	(仕　入)	(100)	(430)	(43,000)				{ (50)	(400)	(20,000)
									(100)	(430)	(43,000)
	(15)	(売　上)				{ (50)	(400)	(20,000)			
						(20)	(430)	(8,600)	(80)	(430)	(34,400)
	(23)	(仕　入)	(120)	(440)	(52,800)				{ (80)	(430)	(34,400)
									(120)	(440)	(52,800)
	(29)	(売　上)				{ (80)	(430)	(34,400)			
						(20)	(440)	(8,800)	(100)	(440)	(44,000)
	30	次月繰越				(100)	(440)	(44,000)			
			(270)		(115,800)	(270)		(115,800)			
10	1	前月繰越	(100)	(440)	(44,000)				(100)	(440)	(44,000)

商 品 有 高 帳

（移動平均法）　　　　　　　　　　A　　　品　　　　　　　　　　（単位：個）

平成○年		摘要	受入 数量	受入 単価	受入 金額	払出 数量	払出 単価	払出 金額	残高 数量	残高 単価	残高 金額
9	1	前月繰越	50	400	20,000				50	400	20,000
	(6)	(仕　入)	(100)	(430)	(43,000)				(150)	(420)	(63,000)
	(15)	(売　上)				(70)	(420)	(29,400)	(80)	(420)	(33,600)
	(23)	(仕　入)	(120)	(440)	(52,800)				(200)	(432)	(86,400)
	(29)	(売　上)				(100)	(432)	(43,200)	(100)	(432)	(43,200)
	30	次月繰越				(100)	(432)	(43,200)			
			(270)		(115,800)	(270)		(115,800)			
10	1	前月繰越	(100)	(432)	(43,200)				(100)	(432)	(43,200)

ヒント
① 資料については，仕入は原価，売上は売価で書かれていることに注意する。

② $9/6$の残高の単価 $= \dfrac{¥20,000 + ¥43,000}{(50+100)\text{個}} = ¥420$

③ $9/23$の残高の単価 $= \dfrac{¥33,600 + ¥52,800}{(80+120)\text{個}} = ¥432$

2

商品有高帳
(先入先出法)　　　　　　　A　品　　　　　　(単位：ダース)

平成〇年		摘要	受入			払出			残高		
			数量	単価	金額	数量	単価	金額	数量	単価	金額
3	1	前月繰越	50	800	40,000				50	800	40,000
	12	敦賀商店	100	860	86,000				{ 50	800	40,000
									100	860	86,000
	13	宇治商店				{ 50	800	40,000			
						20	860	17,200	80	860	68,800
	19	鈴鹿商店	120	880	105,600				{ 80	860	68,800
									120	880	105,600
	22	姫路商店				{ 80	860	68,800			
						20	880	17,600	100	880	88,000
	23	姫路商店戻り	10	880	8,800				110	880	96,800
	24	彦根商店	250	800	200,000				{ 110	880	96,800
									250	800	200,000
	26	彦根商店戻し				30	800	24,000	{ 110	880	96,800
									220	800	176,000

(2) 売上総利益の計算（A品）　　純 売 上 高　￥(192,200)
　　　　　　　　　　　　　　　　売 上 原 価　￥(134,800)
　　　　　　　　　　　　　　　　売上総利益　￥(57,400)

ヒント
① 純 売 上 高　売上帳より　総売上高（￥84,000＋￥128,000）
　　　　　　　　　　　　　　　－売上戻り・値引高（￥7,000＋￥12,800）

② 売 上 原 価　商品有高帳より次のように求める。
　　　13日　払出高　　￥40,000＋￥17,200＝￥ 57,200
　　　22日　　〃　　　￥68,800＋￥17,600＝￥ 86,400
　　　　　　　　　　　　　　計　　　　　　￥143,600
　　　23日　受入高　　　　　　　　　　　￥ 8,800
　　　　　　　　　　　　　　差 引　　　　￥134,800

③ 売上値引（3/15）は売価の修正なので商品有高帳には記入しない。

3

商品有高帳

(移動平均法)　メモリカード　(単位：個)

平成17年		摘要	受入			払出			残高		
			数量	単価	金額	数量	単価	金額	数量	単価	金額
11	1	前月繰越	10	2,000	20,000				10	2,000	20,000
	12	函館商店	40	2,200	88,000				50	2,160	108,000
	16	函館商店掛返品				10	2,200	22,000	40	2,150	86,000
	18	茨城商店				35	2,150	75,250	5	2,150	10,750
	24	旭川商店	45	2,300	103,500				50	2,285	114,250
	30	群馬商店				30	2,285	68,550	20	2,285	45,700

売上総利益の計算(移動平均法)　　売上総利益の計算(先入先出法)

総 売 上 高　(190,000)　　総 売 上 高　(190,000)
売 上 原 価　(143,800)　　売 上 原 価　(143,500)
売 上 総 利 益　(46,200)　　売 上 総 利 益　(46,500)

ヒント　商品有高帳は，商品の受け入れ（仕入れ）及び払い出し（売り上げ）を継続記録して，期末の商品在庫と売上原価を算定するための補助簿である。解答に当たっては，次の点を留意すること。

(1) 商品有高帳の記入について

払い出し単価は「移動平均法」を用いて計算を行う。移動平均法は，商品の受け入れの都度，残高欄の「合計金額÷合計数量」にて単価を計算し直す点に注意が必要である。以下，各取引日の処理である。

11月12日の処理：受入欄に仕入れた数量および単価並びに金額を記入し，残高欄にて単価の修正を行う。

$$単価=\frac{(前月繰越の金額)¥20,000+(仕入れの金額)¥88,000}{(前月繰越の数量)10個+(11月12日仕入れの数量)40個}=¥2,160$$

11月16日の処理：払出欄に返品した数量及び単価並びに金額を記入し，残高欄にて単価の修正を行う。

$$単価=\frac{(11月16日時点の金額)¥108,000-(返品の金額)¥22,000}{(11月16日時点の数量)50個-(11月16日時点の数量)10個}=¥2,150$$

11月18日の処理：払出欄に売り上げた数量および11月16日に計算した単価並びに金額を記入する。

11月19日の処理：商品有高帳は手許商品の数量および原価に関連するもののみ記録する。売上値引は売価の修正であり原価には影響を与えないため，商品有高帳には記録されない。

11月24日の処理：11月12日の処理と同様。

$$単価=\frac{(11月18日時点の残高金額)¥10,750+(仕入れの金額)¥103,500}{(11月18日時点の残高数量)5個+(11月24日仕入れの数量)45個}=¥2,285$$

11月30日の処理：11月18日の処理と同様。払出欄に売り上げた数量及び11月24日に計算した単価並びに金額を記入する。

(2) 純売上高
　　純売上高は，売上帳の売上合計から値引額を除いた金額となる。
　　¥108,500（11月18日分）＋¥99,000（11月30日分）－¥17,500（11月19日分）
　　　＝¥190,000
(3) 売上原価
　① 移動平均法＝¥20,000（前月繰越）＋¥169,500（当月仕入）－¥45,700（月末商品棚卸高）＝¥143,800
　② 先入先出法＝¥20,000（前月繰越）＋¥169,500（当月仕入）－¥46,000（月末商品棚卸高）＝¥143,500
　※ 移動平均法と先入先出法は払い出し単価の計算にのみ影響し，数量面には影響しない。よって，移動平均法で求めた期末商品20個は，先入先出法でも同数である。先入先出法は先に仕入れた商品から先に払い出すと仮定するので，月末商品棚卸高は，11月24日に仕入れた商品の単価¥2,300を用いて求めることができる。先入先出法を用いた月末商品棚卸高の計算は，次の通りとなる。
　　20個（月末商品棚卸個数）×¥2,300／個（11月24日仕入単価）＝¥46,000
(4) 売上総利益
　① 移動平均法＝¥190,000（純売上高）－¥143,800（(3)①で求めた売上原価）
　　　　　　　　＝¥46,200
　② 先入先出法＝¥190,000（純売上高）－¥143,500（(3)②で求めた売上原価）
　　　　　　　　＝¥46,500

4

繰 越 商 品

1/1	前 期 繰 越	(240,000)	12/31	(仕　　　入)	(240,000)
12/31	(仕　　　入)	(340,000)	〃	(次 期 繰 越)	(340,000)
		(580,000)			(580,000)

売　　　　上

12/31	(損　　　益)	(1,590,000)	当 期 売 上 高	(1,590,000)

仕　　　　入

当 期 仕 入 高	(980,000)	12/31	(繰 越 商 品)	(340,000)
12/31	(繰 越 商 品)	(240,000)	〃	損　　　益	(880,000)
	(1,220,000)			(1,220,000)

損　　　　益

12/31	(仕　　　入)	(880,000)	12/31	(売　　　上)	(1,590,000)

(ヒント) 解法の手順
　① 商品有高帳を作成する。

	受	入		払	出		残	高	
期　首	100	*2,400*	*240,000*				100	*2,400*	*240,000*
1回仕入	100	*3,000*	*300,000*				⎧100	*2,400*	*240,000*
							⎩100	*3,000*	*300,000*
1回売上				⎧100	*2,400*	*240,000*			
				⎩50	*3,000*	*150,000*	50	*3,000*	*150,000*
2回仕入	200	*3,400*	*680,000*				⎧50	*3,000*	*150,000*
							⎩200	*3,400*	*680,000*
2回売上				⎧50	*3,000*	*150,000*			
				⎩100	*3,400*	*340,000*	100	*3,400*	*340,000*

② 12／31以外の空欄に該当する金額を記入する。
　　前 期 繰 越　　￥*240,000*
　　当期売上高　　150個×＠￥*5,000*＋150個×＠￥*5,600*＝￥*1,590,000*
　　当期仕入高　　￥*300,000*＋￥*680,000*＝￥*980,000*

③ 決算整理仕訳を行い転記する。
　　なお，期末商品棚卸高は商品有高帳より￥*340,000*である。
　　（仕　　　入）　　*240,000*　　（繰 越 商 品）　　*240,000*
　　（繰 越 商 品）　　*340,000*　　（仕　　　入）　　*340,000*

④ 決算振替仕訳を行い転記する。
　・仕入勘定の残高を損益勘定に振り替える。
　　（損　　　益）　　*880,000*　　（仕　　　入）　　*880,000*
　・売上勘定の残高を損益勘定に振り替える。
　　（売　　　上）　　*1,590,000*　　（損　　　益）　　*1,590,000*

⑤ 繰越商品勘定は資産の勘定であるから，締め切るときは「次期繰越」となる。

第15回　売掛金・買掛金

1

8／1	仕　　　入	*56,000*	買掛金（佐賀商店）	*56,000*
4	仕　　　入	*24,000*	当 座 預 金	*9,000*
			買掛金（熊本商店）	*15,000*
10	売掛金（別府商店）	*32,000*	売　　　上	*32,000*
11	買掛金（熊本商店）	*500*	仕　　　入	*500*
16	売　　　上	*2,000*	売掛金（別府商店）	*2,000*
19	現　　　金	*25,000*	売　　　上	*43,000*
	売掛金（宮崎商店）	*18,000*		
22	売　　　上	*300*	売掛金（宮崎商店）	*300*
25	買掛金（佐賀商店）	*30,000*	当 座 預 金	*30,000*
28	現　　　金	*15,000*	売掛金（別府商店）	*15,000*

売　掛　金　　　　4

8/10	売　　　上	32,000	8/16	売　　　上	2,000
19	〃	18,000	22	〃	300
			28	現　　　金	15,000
			31	次月繰越	32,700
		50,000			50,000
9/1	前月繰越	32,700			

買　掛　金　　　　12

8/11	仕　　　入	500	8/1	仕　　　入	56,000
25	当座預金	30,000	4	〃	15,000
31	次月繰越	40,500			
		71,000			71,000
			9/1	前月繰越	40,500

売　掛　金　元　帳

別　府　商　店　　　　1

平成〇年		摘　要	借　方	貸　方	借または貸	残　高
8	10	売　上　げ	32,000		借	32,000
	16	売　上　戻　り		2,000	〃	30,000
	28	小切手回収		15,000	〃	15,000

宮　崎　商　店　　　　2

平成〇年		摘　要	借　方	貸　方	借または貸	残　高
8	19	売　上　げ	18,000		借	18,000
	22	売　上　値　引		300	〃	17,700

買　掛　金　元　帳

佐　賀　商　店　　　　1

平成〇年		摘　要	借　方	貸　方	借または貸	残　高
8	1	仕　入　れ		56,000	貸	56,000
	25	小切手支払	30,000		〃	26,000

熊　本　商　店　　　　2

平成〇年		摘　要	借　方	貸　方	借または貸	残　高
8	4	仕　入　れ		15,000	貸	15,000
	11	仕　入　値　引	500		〃	14,500

> **ヒント** 解法のテクニック
> (1) このような問題では，例えば8月1日の仕訳は次のように行い，買掛金勘定（総勘定元帳）と佐賀商店勘定（買掛金元帳）の両方に転記する。
>
> （仕　　入）　56,000　　（買　掛　金）　56,000
> 　　　　　　　　　　　　　　　　佐　賀
>
> (2) 売掛金勘定の「摘要」欄は相手勘定を書くが，各商店勘定は補助簿であるから，「摘要」欄には取引の明細等を書く。

2

1/7	仕　　入	183,000	鹿児島商店	180,000
			現　　金	3,000
9	現　　金	160,000	売　　上	360,000
	那覇商店	200,000		
15	鹿児島商店	100,000	当座預金	100,000
19	現　　金	360,000	那覇商店	360,000
20	鹿児島商店	30,000	仕　　入	30,000
25	石狩商店	254,000	売　　上	250,000
			現　　金	4,000

那覇商店　　　　4

平成○年		摘　要	借　方	貸　方	借または貸	残　高
1	1	前月繰越	240,000		借	240,000
	9	売　上げ	200,000		〃	440,000
	19	小切手回収		360,000	〃	80,000
	31	次月繰越		80,000		
			440,000	440,000		
2	1	前月繰越	80,000		借	80,000

石狩商店　　　　5

平成○年		摘　要	借　方	貸　方	借または貸	残　高
1	1	前月繰越	150,000		借	150,000
	25	売　上げ	254,000		〃	404,000
	31	次月繰越		404,000		
			404,000	404,000		
2	1	前月繰越	404,000		借	404,000

鹿 児 島 商 店　　　　　12

平成〇年		摘　　要	借　方	貸　方	借または貸	残　高
1	1	前 月 繰 越		90,000	貸	90,000
	7	仕 入 れ		180,000	〃	270,000
	15	小切手支払い	100,000		〃	170,000
	20	戻　　し	30,000		〃	140,000
	31	次 月 繰 越	140,000			
			270,000	270,000		
2	1	前 月 繰 越		140,000	貸	140,000

3

買 掛 金 元 帳
横 浜 商 店

平成〇年		摘　　要	借　方	貸　方	借または貸	残　高
9	1	前 月 繰 越		460,000	貸	460,000
	8	仕 入 れ		200,000	〃	660,000
	13	〃		260,000	〃	920,000
	14	戻　　し	40,000		〃	880,000
	27	支　　払	520,000		〃	360,000
	30	次 月 繰 越	360,000			
			920,000	920,000		
10	1	前 月 繰 越		360,000	貸	360,000

4

売 掛 金 元 帳
大 阪 商 店

平成〇年		摘　　要	借　方	貸　方	借または貸	残　高
11	1	前 月 繰 越	300,000		借	300,000
	6	売 上 げ	100,000		〃	400,000
	12	値 引 き		10,000	〃	390,000
	16	売 上 げ	40,000		〃	430,000
	25	入　　金		230,000	〃	200,000
	30	次 月 繰 越		200,000		
			440,000	440,000		
12	1	前 月 繰 越	200,000		借	200,000

5 1．5月31日時点での買掛金元帳の勘定残高

　　　　武田商店　　　￥ 32,500
　　　　山梨商店　　　￥ 60,600
　2．5月中の純仕入高　￥ 106,150
　3．商品Bの売上原価　￥ 85,800

ヒント

次のように仕訳，勘定口座や商品有高帳の記入をメモのように作成して解答を導き出す。

(1) まず，5月中の取引を仕訳し，買掛金元帳の武田商店勘定と山梨商店勘定に記入し，(問)1の買掛金元帳の勘定残高を求める。

```
5月2日   仕      入    20,000 *    現          金    10,000
                                  買 掛 金（武田）   10,000
        * ￥1,000×20個＝￥20,000

  6日   仕      入    39,600 *    現          金    10,000
                                  買 掛 金（山梨）   29,600
        * ￥990×40個＝￥39,600

  8日   買 掛 金（武田）  1,000     仕          入    1,000 *
        * ￥100×10個＝￥1,000

 12日   仕      入    28,800 *    現          金     9,600
                                  支 払 手 形       20,200
        * ￥800×36個＝￥28,800

 18日   仕      入    28,000 *    買 掛 金（武田）   28,000
        * ￥1,400×20個＝￥28,000

 19日   買 掛 金（武田） 28,000     仕          入   28,000 *
        * ￥1,400×20個＝￥28,000

 23日   仕      入    18,750 *    買 掛 金（長野）   18,750
        * ￥750×25個＝￥18,750

 27日   買 掛 金（武田） 50,000     当 座 預 金      70,000 *
        買 掛 金（山梨） 20,000
```

```
         武 田 商 店                           山 梨 商 店
5/8 仕  入    1,000 | 5/1 前月繰越 73,500   5/27 当座預金 20,000 | 5/1 前月繰越 51,000
 19  〃      28,000 |  2 仕  入   10,000    31 次月繰越 60,600 |  5 仕  入   29,600
 27 当座預金  50,000 | 18  〃      28,000              80,600 |              80,600
 31 次月繰越  32,500 |
            111,500 |            111,500
```

(2) 上記の仕訳から仕入勘定に記入し，(問)2の純仕入高（総仕入高－仕入返品値引き高）を求める。

— 44 —

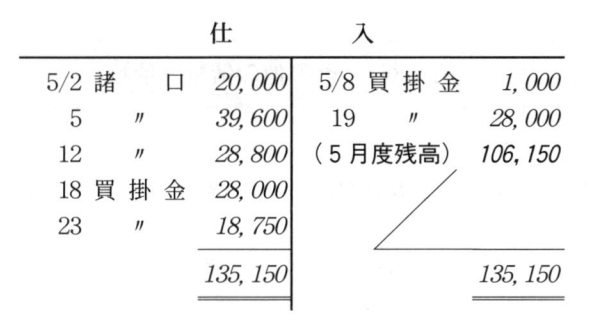

仕			入		
5/2	諸　口	20,000	5/8	買掛金	1,000
5	〃	39,600	19	〃	28,000
12	〃	28,800	（5月度残高）		106,150
18	買掛金	28,000			
23	〃	18,750			
		135,150			135,150

(3) 商品Bに対する商品有高帳記入面から，(問)3の売上原価を求める。

商 品 有 高 帳

（先入先出法）　　　　　　商　品　B

平成19年		摘　要	受　入			払　出			残　高		
			数量	単価	金額	数量	単価	金額	数量	単価	金額
5	1	前月繰越	60	850	51,000				60	850	51,000
	12	武田商店	36	800	28,800				60	850	51,000
									36	800	28,800
	23	長野商店	25	750	18,750				60	850	51,000
									36	800	28,800
									25	750	18,750
5月		払い出し				60	850	51,000			
						36	800	28,800			
						8	750	6,000	17	750	12,750

　なお，先入先出法は先に仕入れた商品から先に払い出すと仮定するので，月末商品棚卸高は，5月23日に仕入れた商品の単価￥750を用いて求めることができる。先入先出法を用いた月末商品棚卸高の計算は次の通りとなる。

　　月末商品棚卸高：17個（月末商品棚卸個数）×￥750／個（5月23日仕入単価）＝￥12,750

　これにより，当月の商品Bの売上原価は

　　売上原価：￥51,000（月初商品棚卸高）＋￥47,550（当月商品仕入高）－￥12,750（月末商品棚卸高）＝￥85,800

と計算できる。

第16回　その他の債権・債務

1
(1) 浦和商店

| 貸　付　金 | 1,000,000 | 当　座　預　金 | 1,000,000 |

川口商店

| 現　　　　金 | 1,000,000 | 借　　入　　金 | 1,000,000 |

(2) 浦和商店

| 現　　　　金 | 1,020,000 | 貸　付　金 | 1,000,000 |
| | | 受　取　利　息 | 20,000 |

川口商店

| 借　入　金 | 1,000,000 | 現　　　　金 | 1,020,000 |
| 支　払　利　息 | 20,000 | | |

(3) 大宮商店

| 土　　　　地 | 20,000,000 | 当　座　預　金 | 500,000 |
| | | 未　　払　　金 | 19,500,000 |

所沢不動産

| 現　　　　金 | 500,000 | 売　　　　上 | 20,000,000 |
| 売　掛　金 | 19,500,000 | | |

(4) 川越商店

| 現　　　　金 | 50,000 | 前　　受　　金 | 50,000 |

越谷商店

| 前　払　金 | 50,000 | 現　　　　金 | 50,000 |

(5) 川越商店

| 前　受　金 | 50,000 | 売　　　　上 | 450,000 |
| 売　掛　金 | 400,000 | | |

越谷商店

| 仕　　　　入 | 450,000 | 前　払　金 | 50,000 |
| | | 買　掛　金 | 400,000 |

(6) 草加百貨店

| 現　　　　金 | 30,000 | 商　品　券 | 30,000 |

(7) 草加百貨店

| 商　品　券 | 30,000 | 売　　　　上 | 35,000 |
| 現　　　　金 | 5,000 | | |

(8) 当店

| 立　替　金 | 11,400 | 現　　　　金 | 11,400 |

(9) 当店

| 給　　　　料 | 750,000 | 所得税預り金 | 75,000 |
| | | 現　　　　金 | 675,000 |

(10) 当店

| 仮　払　金 | 50,000 | 現　　　　金 | 50,000 |

⑾　当　　　店
　　　旅　費　交　通　費　　45,000　　　仮　　払　　金　　50,000
　　　現　　　　　　　　金　　 5,000
⑿　当　　　店
　　　当　座　預　金　　250,000　　　仮　　受　　金　　250,000
⒀　当　　　店
　　　仮　　受　　金　　250,000　　　売　　掛　　金　　250,000

ヒント
(1) 貸し付け，借用証書を受け取った。→（借方）貸　付　金　××
(3) 大宮商店　土地の購入は，商品以外のものの購入にあたり，代金の未払額は未払金で処理する。
　　所沢不動産　所沢不動産にとって，土地は商品の売上げにあたり，代金の未払額は売掛金で処理する。
(4) 契約を結んだ　→簿記上の取引ではないので仕訳は不要である。
　　手付金として，¥50,000を現金で受け取った。→（貸方）前　受　金　50,000
　　　　　　　　　　　　　　　　　　　　　　　　（または受取手付金）
(5) 簿記では，商品を売り渡した（または引き渡した）とき，売上げがあったと考え，売上げの仕訳を行う。
(6) 商品券¥30,000を発行し　→（貸方）商　品　券　30,000
(7) 上記の商品券で商品¥35,000を売り渡し，→（借方）商　品　券　30,000
(9) 所得税の源泉徴収分¥75,000を差し引き，→（貸方）所得税預り金　75,000
⑽ 旅費概算額として¥50,000を現金で渡した。→（借方）仮　払　金　50,000
⑾ 旅費の精算をしたところ　→（貸方）仮　払　金　50,000
⑿ 振り込みがあったが，その内容は不明である。→（貸方）仮　受　金　250,000
⒀ 売掛金の回収であることが判明した。→（借方）仮　受　金　250,000

2
(1)　前　　受　　金　　140,000　　　売　　　　　　上　　1,340,000
　　売　　掛　　金　　1,200,000
(2)　仕　　　　　　入　　1,200,000　　　前　　払　　金　　160,000
　　　　　　　　　　　　　　　　　　　　買　　掛　　金　　1,040,000
(3)　給　　　　　　料　　800,000　　　所　得　税　預　り　金　　80,000
　　　　　　　　　　　　　　　　　　　　従　業　員　立　替　金　　20,000
　　　　　　　　　　　　　　　　　　　　現　　　　　　金　　700,000
(4)　現　　　　　　金　　160,000　　　仮　　受　　金　　160,000
(5)　仮　　受　　金　　160,000　　　前　　受　　金　　160,000
(6)　仮　　払　　金　　150,000　　　現　　　　　　金　　150,000
(7)　旅　費　交　通　費　　155,000　　　仮　　払　　金　　150,000
　　　　　　　　　　　　　　　　　　　　現　　　　　　金　　 5,000
(8)　現　　　　　　金　　60,000　　　商　　品　　券　　60,000
(9)　商　　品　　券　　60,000　　　売　　　　　　上　　100,000
　　現　　　　　　金　　40,000
⑽　他　店　商　品　券　　60,000　　　売　　　　　　上　　60,000
⑾　商　　品　　券　　110,000　　　他　店　商　品　券　　120,000
　　現　　　　　　金　　10,000

— 47 —

ヒント (1) 注文の際受け取った内金¥140,000を差し引いた → (借方) 前 受 金 140,000
　　　　　　前受金（負債）　　　　　　　　　ゼロにする

(2) さきに支払った内金¥160,000を差し引いた → (貸方) 前 払 金 160,000
　　前払金（資産）　　　　　　ゼロにする

(3) 立替金¥20,000を差し引いて → (貸方) 従業員立替金 20,000
　　（資産）　　　ゼロにする

(10) 他店発行の商品券¥60,000を受け取った。→ (借方) 他店商品券 60,000
　　他店商品券（資産）

3

		借方		貸方	
(1)	仕　　　　入	1,800,000	前　払　金	400,000
			当 座 預 金	1,100,000
			当 座 借 越	300,000
(2)	仮　受　金	89,000	売　掛　金	98,000
	現　　　　金	9,000		
(3)	給　　　　料	215,000	所得税預り金	26,000
			従業員立替金	14,000
			現　　　　金	175,000
(4)	現　　　　金	2,550,000	貸　付　金	2,500,000
			受 取 利 息	50,000
(5)	仕　　　　入	200,000	前　払　金	60,000
			買　掛　金	140,000
(6)	旅 費 交 通 費	93,000	仮　払　金	100,000
	現　　　　金	7,000		
(7)	当 座 預 金	200,000	仮　受　金	200,000
(8)	仕　　　　入	1,000,000	前　払　金	200,000
			当 座 預 金	500,000
			買　掛　金	300,000
(9)	仕　　　　入	408,000	前　払　金	100,000
			現　　　　金	308,000
(10)	前　受　金	100,000	売　　　　上	1,000,000
	現　　　　金	400,000		
	売　掛　金	500,000		
	発　送　費	40,000	現　　　　金	40,000
(11)	商　品　券	60,000	売　　　　上	97,000
	他 店 商 品 券	40,000	現　　　　金	3,000
(12)	前　払　金	240,000	当 座 預 金	240,000
(13)	当 座 預 金	40,000	前　受　金	30,000
			仮　受　金	10,000
(14)	商　品　券	150,000	他 店 商 品 券	120,000
			現　　　　金	30,000

ヒント (1) 注文時に支払った手付金と相殺し, → (貸方) 前 払 金 ××
　　　　　　前払金（資産）　ゼロにする

— 48 —

(2)・本日の仕訳を行う。
・郵便為替証書は簿記上では現金として扱う。

(4) 受取利息　貸付金$2,500,000 × 6\% × \dfrac{4か月}{12か月} = ¥50,000$

(5) <u>手付として支払ってあった¥60,000を差し引き</u>　→（貸方）前　払　金　60,000
　　　前払金（資産）　　　　　　　ゼロにする

(6) <u>仮払額</u>の精算をし，　　　　　　　　→（貸方）仮　払　金　××
　　仮払金　ゼロにする

(10) <u>注文時に受け取った手付金と相殺し</u>，　→（借方）前　受　金　××
　　　前受金（負債）　　　　ゼロにする

(13) 商品の引渡しに先立って受け取った内金　→（貸方）前　受　金　30,000
　　　原因不明の入金　→（貸方）仮　受　金　10,000

(14) 当店発行の商品券を受け取ったとき　→（借方）商　品　券　150,000
　　　他店が発行した商品券を引き渡したとき　→（貸方）他店商品券　120,000
　　　上記の差額（¥150,000 − ¥120,000＝）¥30,000の決済は，
　　　　　　　　　　　　　　　　　　→（貸方）現　　　　金　30,000

第17回　有　価　証　券

1
(1) 有　価　証　券　　1,940,000　　当　座　預　金　1,940,000
(2) 現　　　　　　金　1,960,000　　有　価　証　券　1,940,000
　　　　　　　　　　　　　　　　　　有価証券売却益　　20,000
(3) 有　価　証　券　　1,665,000　　現　　　　　　金　1,665,000
(4) 当　座　預　金　　　770,000　　有　価　証　券　　832,500
　　有価証券売却損　　　62,500
(5) 有　価　証　券　　2,940,000　　現　　　　　　金　2,940,000
(6) 当　座　預　金　　　60,000　　有価証券利息　　　60,000
(7) 現　　　　　　金　　60,000　　受取配当金　　　　60,000

ヒント
(1) 取得原価　$¥2,000,000 × \dfrac{¥97}{¥100} = ¥1,940,000$

(2) 有価証券売却益　$¥2,000,000 × \dfrac{¥98}{¥100} − ¥1,940,000 = (+) ¥20,000$
　　　　　　　　　　（売却による手取額）　　（帳簿価額）

(3) 有価証券を購入したときに支払う「売買手数料」は取得原価に加える。

(4) 有価証券売却損　$1,500株 × @¥520 − ¥10,000 − ¥1,665,000 × \dfrac{1,500株}{3,000株}$
　　　　　　　　（売却による手取額）　　　　　　（帳簿価額）
　　　　　　　$= △¥62,500$

(6) 社債や国債の利息を受け取ったときは有価証券利息勘定の貸方に記入する。
　　有価証券利息　$¥3,000,000（額面金額） × 4\% × \dfrac{1}{2}年 = ¥60,000$

(7) 配当金領収書は簿記上「現金」として扱う。
　　配当金を受け取ったときは，受取配当金勘定（収益）の貸方に記入する。

2
(1) 有　価　証　券　　1,207,500　　　当　座　預　金　　1,207,500
(2) 有　価　証　券　　4,912,000　　　現　　　　　　金　　4,912,000
(3) 現　　　　　　金　　2,460,000　　　有　価　証　券　　2,400,000
　　　　　　　　　　　　　　　　　　　　有価証券売却益　　　 60,000
(4) 現　　　　　　金　　　975,000　　　有　価　証　券　　　980,000
　　有価証券売却損　　　　5,000

3
(1) 未　　収　　金　　4,850,000　　　有　価　証　券　　4,950,000
　　有価証券売却損　　　100,000
(2) 有　価　証　券　　5,960,000　　　当　座　預　金　　5,000,000
　　　　　　　　　　　　　　　　　　　　当　座　借　越　　　960,000
(3) 未　　収　　金　　1,500,000　　　有　価　証　券　　1,840,000
　　有価証券売却損　　　340,000
(4) 有　価　証　券　　3,024,000　　　当　座　預　金　　1,700,000
　　　　　　　　　　　　　　　　　　　　当　座　借　越　　1,324,000
(5) 現　　　　　　金　　　206,000　　　有　価　証　券　　　196,000
　　　　　　　　　　　　　　　　　　　　有価証券売却益　　　 10,000
(6) 有　価　証　券　　3,960,000　　　未　　払　　金　　3,960,000
(7) 未　　収　　金　　2,889,000　　　有　価　証　券　　2,895,000
　　有価証券売却損　　　　6,000
(8) 現　　　　　　金　　　400,000　　　受　取　配　当　金　　400,000

— 50 —

第18回　手　形　(1)

1 (1) ＜神奈川商店＞
① 仕　　　　　入　　250,000　　支　払　手　形　　250,000
② 支　払　手　形　　250,000　　当　座　預　金　　250,000
　＜埼玉商店＞
① 受　取　手　形　　250,000　　売　　　　　上　　250,000
② 当　座　預　金　　250,000　　受　取　手　形　　250,000

(2) ＜群馬商店＞
① 仕　　　　　入　　530,000　　売　　掛　　金　　530,000
②　　　　　　　　　　仕　訳　不　要
　＜新潟商店＞
① 受　取　手　形　　530,000　　売　　　　　上　　530,000
② 当　座　預　金　　530,000　　受　取　手　形　　530,000
　＜長野商店＞
① 買　　掛　　金　　530,000　　支　払　手　形　　530,000
② 支　払　手　形　　530,000　　当　座　預　金　　530,000

(3) ＜函館商店＞
　　仕　　　　　入　　250,000　　受　取　手　形　　200,000
　　　　　　　　　　　　　　　　　買　　掛　　金　　 50,000
　＜青森商店＞
　　受　取　手　形　　200,000　　売　　　　　上　　250,000
　　売　　掛　　金　　 50,000

(4) 当　座　預　金　　366,200　　受　取　手　形　　370,000
　　手　形　売　却　損　3,800

ヒント (1)① 約束手形を振り出して支払った。→（貸方）支払手形 ××
　　　② 約束手形¥250,000が当座預金に入金された。→（貸方）受取手形 250,000

(2)① この問題では，次の関係図を書いて解答するとよい。

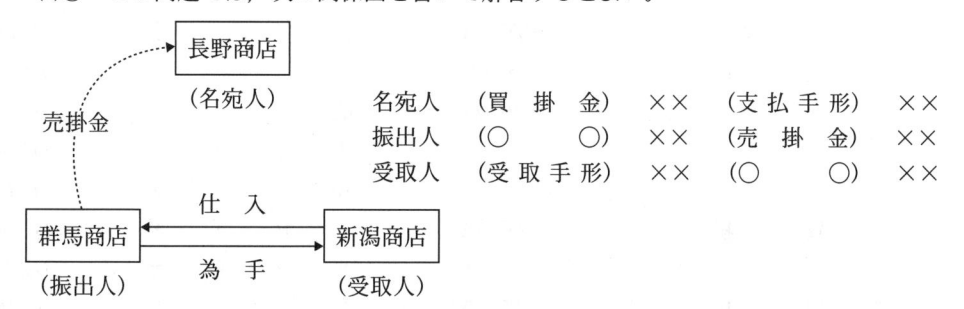

```
          ┌→ 長野商店
          │  （名宛人）           名宛人（買　掛　金）××（支払手形）××
     売掛金│                      振出人（○　　○）××（売　掛　金）××
          │                      受取人（受取手形）××（○　　○）××
          │       仕　入
    群馬商店 ←──────→ 新潟商店
    （振出人）  為　手   （受取人）
```

(3) 約束手形を裏書譲渡し，→（貸方）受取手形 ××
(4) 約束手形を取引銀行に売却し，→（当座預金）××（受取手形）××
　　　　　　　　　　　　　　　　 （手形売却損）××

2
(1) 仕　　　　　入　312,000　　支　払　手　形　312,000
(2) 受　取　手　形　320,000　　売　　　　　上　520,000
　　売　　掛　　金　200,000
(3) 支　払　手　形　130,000　　当　座　預　金　130,000
(4) 当　座　預　金　270,000　　受　取　手　形　270,000
(5) 受　取　手　形　320,000　　売　　　　　上　320,000
(6) 買　　掛　　金　 80,000　　支　払　手　形　 80,000
(7) 仕　　　　　入　500,000　　売　　掛　　金　200,000
　　　　　　　　　　　　　　　支　払　手　形　300,000
(8) 仕　　　　　入　750,000　　受　取　手　形　500,000
　　　　　　　　　　　　　　　買　　掛　　金　250,000

3
(1) 仕　　　　　入　230,000　　前　　払　　金　 30,000
　　　　　　　　　　　　　　　（または支払手付金）
　　　　　　　　　　　　　　　受　取　手　形　200,000
(2) 仕　　　　　入　610,000　　受　取　手　形　120,000
　　　　　　　　　　　　　　　売　　掛　　金　490,000
(3) 仕　訳　不　要
(4) 受　取　手　形　230,000　　売　　掛　　金　230,000
(5) 当　座　預　金　165,000　　受　取　手　形　170,000
　　手　形　売　却　損　5,000
(6) 当　座　預　金　 88,920　　受　取　手　形　 90,000
　　手　形　売　却　損　1,080
(7) 当　座　預　金　262,000　　受　取　手　形　270,000
　　手　形　売　却　損　8,000

ヒント (6) 手形売却損　¥90,000×6％×$\frac{73日}{365日}$＝¥1,080

4
(1) 仕　　　　　入　750,000　　売　　掛　　金　750,000
(2) 前　　受　　金　 30,000　　売　　　　　上　150,000
　　（または受取手付金）
　　受　取　手　形　120,000
(3) 受　取　手　形　670,000　　売　　　　　上　670,000
(4) 買　　掛　　金　210,000　　売　　掛　　金　210,000
(5) 仕　　　　　入　376,000　　前　　払　　金　170,000
　　　　　　　　　　　　　　　支　払　手　形　200,000
　　　　　　　　　　　　　　　現　　　　　金　 6,000
(6) 買　　掛　　金　500,000　　支　払　手　形　300,000
　　　　　　　　　　　　　　　当　座　預　金　200,000
(7) 買　　掛　　金　 50,000　　前　　払　　金　 50,000
(8) 買　　掛　　金　 80,000　　支　払　手　形　 80,000

— 52 —

第19回　手　形　(2)

1 (1)

5／1	受 取 手 形　200,000	売　　　　　上	200,000
5／2	受 取 手 形　250,000	売　掛　金	250,000
7／30	当 座 預 金　250,000	受 取 手 形	250,000

受 取 手 形 記 入 帳

平成○年		摘要	金額	手形種類	手形番号	支払人	振出人または裏書人	振出日 月 日	満期日 月 日	支払場所	てん末 月 日	摘要
5	1	売上	200,000	約手	30	本庄商店	本庄商店	5　1	9　30	熊谷銀行		
	2	売掛金	250,000	為手	13	岡部商店	深谷商店	5　2	7　30	羽生銀行	7　30	取立

(2)① 手 形 貸 付 金　300,000　現　　　　　金　300,000
　　② 現　　　　　金　300,000　手 形 借 入 金　300,000

2 (1)

7／1	受 取 手 形　600,000	売　　　　　上	600,000
7／2	受 取 手 形　400,000	売　掛　金	400,000
7／20	当 座 預 金　598,300	受 取 手 形	600,000
	手 形 売 却 損　1,700		
8／30	当 座 預 金　400,000	受 取 手 形	400,000

受 取 手 形 記 入 帳

平成○年		摘要	金額	手形種類	手形番号	支払人	振出人または裏書人	振出日 月 日	満期日 月 日	支払場所	てん末 月 日	摘要
7	1	売上	600,000	約手	50	熊谷商店	熊谷商店	7　1	9　15	荒川銀行	7　20	売却(割引)
	2	売掛金	400,000	為手	53	岡山商店	近畿商店	7　2	8　30	瀬戸銀行	8　30	取立

(2)

3／1	仕　　　　　入　420,000	支 払 手 形	420,000
3／7	買　掛　金　220,000	支 払 手 形	220,000
6／30	支 払 手 形　420,000	当 座 預 金	420,000

支 払 手 形 記 入 帳

平成○年		摘要	金額	手形種類	手形番号	受取人	振出人	振出日 月 日	満期日 月 日	支払場所	てん末 月 日	摘要
3	1	仕入	420,000	約手	8	静岡商店	当店	3　1	6　30	沼津銀行	6　30	支払
	7	買掛金	220,000	為手	11	河口商店	熱海商店	3　7	7　20	伊豆銀行		

(3)①	手 形 貸 付 金	400,000		当 座 預 金	394,000	
				受 取 利 息	6,000	
②	当 座 預 金	2,550,000		手 形 貸 付 金	2,500,000	
				受 取 利 息	50,000	
③	現　　　　金	438,000		手 形 借 入 金	450,000	
	支 払 利 息	12,000				

(ヒント)(3)① ¥400,000を貸し付け，約束手形を受け取り，→（借方）手形貸付金　400,000
　　　　利息を差し引いた　→（貸方）受取利息　6,000
　　　　　　貸し付けたときの利息＝受取利息

$$受取利息　¥400,000×3\%×\frac{6か月}{12か月}=¥6,000$$

② 手形による貸付金¥2,500,000が本日満期となり
　　手形貸付金（資産）　　　　　　　　　の減少→（貸方）手形貸付金　2,500,000
　　利息とともに当座預金口座に振り込まれた。→（貸方）受取利息　××

③ 借り入れ，同額の約束手形を振り出し，→（貸方）手形借入金　××
　　利息¥12,000を差し引いた　　　　　　→（借方）支払利息　12,000
　　　　借入れをしたときの利息＝支払利息

3 (1)	手 形 貸 付 金	4,800,000		現　　　　金	4,700,000	
				受 取 利 息	100,000	
(2)	現　　　　金	776,000		手 形 借 入 金	800,000	
	支 払 利 息	24,000				
(3)	（支払手形記入帳）					
6/25	志 賀 商 店	550,000		支 払 手 形	550,000	
7/31	石 垣 商 店	230,000		支 払 手 形	230,000	
9/30	支 払 手 形	550,000		当 座 預 金	550,000	

(ヒント)(1) 受取利息　$¥4,800,000×5\%×\frac{5か月}{12か月}=¥100,000$

(2) 支払利息　$¥800,000×4\%×\frac{9か月}{12か月}=¥24,000$

(3) 支払手形記入帳と判断する根拠
　① 6/25の約束手形の振出人が当店である。
　② 7/31の為替手形の受取人・振出人がともに他店であることから，当店が名宛人であることがわかる。
　③ 受取手形記入帳であれば，受取人の欄は不要である。
　④ 受取手形記入帳であれば，てん末欄の摘要に「支払」と書かれることはない。

第20回　貸倒損失と貸倒引当金

1
(1)	貸 倒 損 失	70,000	売 掛 金	70,000
(2)	貸倒引当金繰入	18,000	貸 倒 引 当 金	18,000
(3)	貸 倒 引 当 金	20,000	売 掛 金	20,000

2
(1)	貸 倒 引 当 金	25,000	売 掛 金	35,000
	貸 倒 損 失	10,000		
(2)	貸倒引当金繰入	10,000	貸 倒 引 当 金	10,000
(3)	貸 倒 引 当 金	2,000	貸倒引当金戻入	2,000
(4)	現 金	4,000	償却債権取立益	4,000

> **ヒント**　検定対策　貸倒引当金繰入勘定は「貸倒償却勘定」で出題されることもある。
> (1) 売掛金が貸倒れになったときは，貸倒引当金を取り崩す。　→　（借方）貸倒引当金
>   なお，貸倒引当金が不足する場合は，不足額は貸倒損失勘定で処理する。
> (2) 引当金の残高が貸倒見積額より少ないときは，不足額だけ引当金を設定する。
> (3) 引当金の残高が貸倒見積額より多いときは，過剰額を貸倒引当金戻入勘定に振り替える。

3　(1)　平成×年
6/30	売 掛 金	160,000	売 上	160,000

平成×1年
3/31	貸倒引当金繰入	40,000	貸 倒 引 当 金	40,000
5/21	現 金	130,000	売 掛 金	160,000
	貸 倒 引 当 金	30,000		
7/20	現 金	20,000	貸 倒 引 当 金	20,000
9/5	現 金	21,000	償却債権取立益	21,000

> **ヒント**　7/20　当期に貸倒れとして処理した売掛金が当期に回収されたときは，一度取り崩した引当金を戻し入れる。

4
(1)	貸 倒 引 当 金	89,000	売 掛 金	150,000
	貸 倒 損 失	61,000		
(2)	現 金	30,000	償却債権取立益	30,000
(3)	貸倒引当金繰入	8,000	貸 倒 引 当 金	8,000
(4)	貸倒引当金繰入	6,000	貸 倒 引 当 金	6,000
(5)	貸 倒 引 当 金	210,000	売 掛 金	250,000
	貸 倒 損 失	40,000		
(6)	当 座 預 金	60,000	償却債権取立益	60,000

> **ヒント**　(4) 貸倒引当金繰入額　（¥190,000＋¥210,000）×2％－¥2,000＝¥6,000
> (5) 貸倒れの売掛金¥250,000が貸倒引当金勘定の残高¥210,000を超過した金額¥40,000は貸倒損失勘定で処理する。
> (6) 貸倒れの処理済みである売掛金を回収した際は，償却債権取立益勘定で処理する。

— 55 —

第21回　固定資産と減価償却

1
(1)

備　　　　品	355,000	未　払　金	350,000
		現　　　金	5,000

(2)

建　　　　物	1,100,000	当　座　預　金	1,140,000
修　繕　費	40,000		

(3)

減　価　償　却　費	225,000	建物減価償却累計額	225,000

(4)

未　収　金	150,000	備　　　　品	200,000
固　定　資　産　売　却　損 （または備品売却損）	50,000		

(5)

未　収　金	150,000	備　　　　品	330,000
備品減価償却累計額	130,000		
固　定　資　産　売　却　損	50,000		

(6)

減　価　償　却　費	25,000	備品減価償却累計額	25,000

ヒント
(1) （借方）備　品　×× ← 据付費用を加えた額

(2) 模様替費用は資本的支出，修理費は収益的支出であり，それぞれ処理が異なる。

(3) 減価償却費　$\dfrac{¥5,000,000-¥500,000}{20年}=¥225,000$

または，¥5,000,000×0.9÷20年

(4)(5) 売却したときの仕訳

直接法　　　　　　　　　　（貸方）備　品　××
　　　　　　　　　　　　　　　　　↑
　　　　　　　　　　　帳簿価額（取得原価－減価償却累計額）

間接法　（借方）減価償却累計額　××　　（貸方）備　品　××
　　　　　　　　　　　　　　　　　　　　　　　　↑
　　　　　　　　　　　　　　　　　　　　　　取得原価

固定資産売却損　手取額（¥150,000）－帳簿価額（¥200,000）＝－¥50,000

(6) 新定額法　減価償却率　$\dfrac{1}{8年}=0.125$

年減価償却費　¥200,000×0.125＝¥25,000

2
(1)

備　　　　品	1,205,000	当　座　預　金	600,000
		未　払　金	600,000
		現　　　金	5,000

(2)

土　　　　地	24,510,000	未　払　金	24,000,000
		当　座　預　金	510,000

(3)

建　　　　物	1,400,000	当　座　預　金	1,400,000

(4)

現　　　金	50,000	備　　　　品	400,000
未　収　金	225,000	固　定　資　産　売　却　益	19,000
備品減価償却累計額	144,000		

(5)

3/31 減　価　償　却　費	234,000	備品減価償却累計額	234,000

4／1	未　収　金	500,000		備　　　　品	1,300,000
	備品減価償却累計額	702,000			
	固 定 資 産 売 却 損	98,000			
4／30	現　　　　金	500,000		未　収　金	500,000

(6) 平成×4年

4／1	車 両 運 搬 具	2,040,000	未　払　金	2,000,000
			現　　　　金	40,000
5／31	未　払　金	100,000	当 座 預 金	100,000
12／20	修　繕　費	30,000	現　　　　金	30,000

平成×7年

3／31	減 価 償 却 費	183,600	車両運搬具減価償却累計額	183,600
4／1	未　収　金	1,400,000	車 両 運 搬 具	2,040,000
	車両運搬具減価償却累計額	550,800		
	固 定 資 産 売 却 損	89,200		

車両運搬具					車両運搬具減価償却累計額			
X6.4/1 前期繰越	2,040,000	X7.3/31 次期繰越	2,040,000	X7.3/31 次期繰越	550,800	X6.4/1 前期繰越	367,200
X7.4/1 前期繰越	2,040,000	X7.4/1 諸　口	2,040,000			X7.3/31 減価償却費	183,600
					550,800		550,800
				X7.4/1 車両運搬具	550,800	X7.4/1 前期繰越	550,800

ヒント (4) 備品減価償却累計額　¥400,000×0.9÷10年×4回（決算の回数）＝¥144,000
固定資産売却益　手取額（¥275,000）－帳簿価額（¥400,000－¥144,000）
＝¥19,000

(5) 3／31　減価償却費　¥1,300,000×0.9÷5年＝¥234,000
4／1　固定資産売却損　手取額（¥500,000）－帳簿価額｛¥1,300,000
－（¥468,000＋¥234,000）｝＝－¥98,000

3
(1)	備　　　　品	900,000	当 座 預 金	200,000
			未　払　金	700,000
(2)	車 両 運 搬 具	1,800,000	現　　　　金	300,000
			未　払　金	1,500,000
(3)	建　　　　物	3,840,000	当 座 預 金	3,500,000
			現　　　　金	340,000
(4)	備　　　　品	200,000	当 座 預 金	40,000
			未　払　金	160,000
(5)	備品減価償却累計額	90,000	備　　　　品	200,000
	未　収　金	30,000		
	固 定 資 産 売 却 損	80,000		
(6)	減 価 償 却 費	16,200	減価償却累計額	16,200

ヒント (5) 備品の簿価¥110,000（取得原価¥200,000－減価償却累計額¥90,000）と売却代金¥30,000との差額¥80,000が売却損になる。

(6) $\dfrac{¥90,000-残存価額¥9,000}{5年}=¥16,200$

第22回　費用・収益の繰延べ

1
(1)①	前　払　地　代	7,000	支　払　地　代	7,000
②	受　取　手　数　料	12,000	前　受　手　数　料	12,000
③	前　払　保　険　料	4,000	支　払　保　険　料	4,000
(2)①	支　払　保　険　料	6,000	前　払　保　険　料	6,000
②	前　受　利　息	11,000	受　取　利　息	11,000
(3)	消　耗　品　費	3,000	現　　　金	3,000
(4)	消　耗　品	27,000	現　　　金	27,000

ヒント (1) 解法のテクニック
・前払〜は資産，前受〜は負債であることをしっかり押さえておくことが大切である。
・費用の未経過＝前払である。
(2) 決算整理仕訳の反対の仕訳が再振替仕訳であるから，最初に決算整理仕訳を行うのがよい。

2
(1)①	支　払　家　賃	240,000	当　座　預　金	240,000
②	前　払　家　賃	40,000	支　払　家　賃	40,000
③	支　払　家　賃	40,000	前　払　家　賃	40,000
(2)①	現　　　金	360,000	受　取　家　賃	360,000
②	受　取　家　賃	90,000	前　受　家　賃	90,000
③	前　受　家　賃	90,000	受　取　家　賃	90,000

(3)
6/1	支　払　保　険　料	120,000	現　　　金	120,000
12/31	前　払　保　険　料	50,000	支　払　保　険　料	50,000
〃	損　　　益	70,000	支　払　保　険　料	70,000
1/1	支　払　保　険　料	50,000	前　払　保　険　料	50,000

支払保険料
6/1	現　金	120,000	12/31	前払保険料	50,000
			〃	損　益	70,000
		120,000			120,000
1/1	前払保険料	50,000			

前払保険料
12/31	支払保険料	50,000	12/31	次期繰越	50,000
1/1	前期繰越	50,000	1/1	支払保険料	50,000

(4)
3/1	支　払　地　代	132,000	現　　　金	132,000
12/31	前　払　地　代	22,000	支　払　地　代	22,000
〃	損　　　益	110,000	支　払　地　代	110,000
1/1	支　払　地　代	22,000	前　払　地　代	22,000

ヒント (4) ・支払額のうち2か月は次期分である。

・前払地代勘定（資産）の借方と，支払地代勘定の貸方に記入する。

・前払地代　￥132,000 × $\frac{2（1月・2月）か月}{12か月}$ ＝￥22,000

(5)

4/15	消　耗　品　費	45,000	未　　払　　金	45,000
12/31	消　　耗　　品	12,000	消　耗　品　費	12,000
〃	損　　　　　益	33,000	消　耗　品　費	33,000
1/1	消　耗　品　費	12,000	消　　耗　　品	12,000

```
          消耗品費                          消耗品
4/15 未払金 45,000 │12/31 消耗品 12,000   12/31 消耗品費 12,000 │12/31 次期繰越 12,000
                  │  〃  損  益 33,000   1/1 前期繰越 12,000 │1/1  消耗品費 12,000
           45,000 │           45,000
1/1 消耗品  12,000 │
```

(6)

6/20	消　　耗　　品	145,000	現　　　　　金	145,000
12/31	消　耗　品　費	103,000	消　　耗　　品	103,000
〃	損　　　　　益	103,000	消　耗　品　費	103,000

```
          消耗品費                          消耗品
12/31 消耗品 103,000│12/31 損 益 103,000   6/20 現金  145,000│12/31 消耗品費 103,000
                                                            │ 〃  次期繰越  42,000
                                                  145,000  │          145,000
                                         1/1 前期繰越 42,000│
```

3 (1)① 受　取　利　息　　2,000　　前　受　利　息　　2,000
　　② 前　払　保　険　料　4,800　　支　払　保　険　料　4,800
　(2)　 備　　　　　　品　300,000　 当　座　預　金　135,000
　　　 消　耗　品　費　 35,000　　未　　払　　金　200,000

ヒント　(1)② 前払保険料　￥9,600 × $\frac{6（1月～6月）か月}{12か月}$ ＝￥4,800

第23回　費用・収益の見越し

1
(1)① 支 払 地 代　17,000　／　未 払 地 代　17,000
　② 未 収 手 数 料　12,000　／　受 取 手 数 料　12,000
　③ 支 払 家 賃　4,000　／　未 払 家 賃　4,000
　④ 未 収 利 息　2,500　／　受 取 利 息　2,500
(2)① 未 払 家 賃　6,000　／　支 払 家 賃　6,000
　② 受 取 利 息　7,000　／　未 収 利 息　7,000

ヒント　解法のテクニック
未収××勘定は資産，未払××勘定は負債であることをしっかり押さえる。

2
(1)① 支 払 家 賃　90,000　／　当 座 預 金　90,000
　② 支 払 家 賃　30,000　／　未 払 家 賃　30,000
　③ 未 払 家 賃　30,000　／　支 払 家 賃　30,000
(2)① 現　　　金　360,000　／　受 取 家 賃　360,000
　② 未 収 家 賃　120,000　／　受 取 家 賃　120,000
　③ 受 取 家 賃　120,000　／　未 収 家 賃　120,000

(3)
3/1　　支 払 地 代　240,000　／　現　　　金　240,000
12/31　支 払 地 代　160,000　／　未 払 地 代　160,000
　〃　　損　　　益　400,000　／　支 払 地 代　400,000
1/1　　未 払 地 代　160,000　／　支 払 地 代　160,000

支 払 地 代			
3/1 現　　金	240,000	12/31 損　　益	400,000
12/31 未払地代	160,000		
	400,000		400,000
		1/1 未払地代	160,000

未 払 地 代			
12/31 次期繰越	160,000	12/31 支払地代	160,000
1/1 支払地代	160,000	1/1 前期繰越	160,000

(4)
5/1　　現　　　金　360,000　／　受 取 家 賃　360,000
12/31　未 収 家 賃　120,000　／　受 取 家 賃　120,000
　〃　　受 取 家 賃　480,000　／　損　　　益　480,000
1/1　　受 取 家 賃　120,000　／　未 収 家 賃　120,000

(5)
6/1　　貸 付 金　500,000　／　現　　　金　500,000
12/31　未 収 利 息　26,250　／　受 取 利 息　26,250
　〃　　受 取 利 息　26,250　／　損　　　益　26,250
1/1　　受 取 利 息　26,250　／　未 収 利 息　26,250

ヒント　(4) 12/31 ・2か月（11月および12月）分の家賃が未収である。
　　　　未収家賃　¥360,000÷6か月×2か月＝¥120,000

(5)
- 損益勘定に振り替える受取家賃の当期分
  ¥360,000＋¥120,000＝¥480,000
- 返済時に受け取る利息の7か月（6月〜12月）分は当期分であり，未収である。

  未収利息　$¥500,000 \times 9\% \times \dfrac{7か月}{12か月} = ¥26,250$

3 (1)① 未 収 利 息　　2,000　　受 取 利 息　　2,000
　　② 未 収 地 代　　12,800　　受 取 地 代　　12,800
　(2)　受 取 利 息　　18,000　　未 収 利 息　　18,000
　(3)① 未 収 利 息　　2,000　　受 取 利 息　　2,000
　　② 支 払 家 賃　　8,000　　未 払 家 賃　　8,000
　　③ 前 払 保 険 料　　8,000　　支 払 保 険 料　　8,000
　　④ 消 耗 品　　10,000　　消 耗 品 費　　10,000

貸 借 対 照 表（一部）

資　　産	金　額	負債および純資産	金　額
消 耗 品	(10,000)	(未 払 家 賃)	(8,000)
未 収 利 息	(2,000)		
(前 払 保 険 料)	(8,000)		

損 益 計 算 書（一部）

費　　用	金　額	収　　益	金　額
支 払 家 賃	(138,000)	受 取 利 息	(22,000)
支 払 保 険 料	(16,000)		
(消 耗 品 費)	(20,000)		

ヒント　(1)② 未収地代　$\dfrac{¥19,200}{6か月} \times 4か月（9月〜12月）＝¥12,800$

第24回　資本金・引出金・税金

1 (1)

12/6	現　　　金	600,000	資　本　金	600,000
13	引　出　金	40,000	現　　　金	40,000
21	水 道 光 熱 費	5,000	現　　　金	10,000
	引　出　金	5,000		
28	引　出　金	30,000	仕　　　入	30,000
31	資　本　金	75,000	引　出　金	75,000
〃	損　　　益	200,000	資　本　金	200,000

(2)
7／28	引　出　金	60,000	現　　　金	60,000
11／29	引　出　金	60,000	現　　　金	60,000
3／11	引　出　金	180,000	現　　　金	180,000
(3)①	租　税　公　課	20,000	現　　　金	30,000
	通　信　費	10,000		
②	租　税　公　課	100,000	現　　　金	100,000
③	租　税　公　課	40,000	現　　　金	70,000
	引　出　金	30,000		
④	租　税　公　課	50,000	現　　　金	50,000
⑤	租　税　公　課	200,000	未　払　税　金	200,000
⑥	未　払　税　金	50,000	現　　　金	50,000

ヒント (1) 12／21 店の負担する分は水道光熱費勘定で処理し，家計の負担する分は引出金勘定で処理する。
　　　　　28　「商品の記帳は三分法による」ため，貸方は「商品」とせず「仕入」とする。
(3) 租税公課勘定に代え，①は印紙税，②は事業税，③・④・⑤は固定資産税のそれぞれの勘定で処理してもよい。練習問題(2)も同じである。

2 (1)

4／1	現　　　金	2,000,000	資　本　金	2,000,000
7／20	引　出　金	100,000	現　　　金	100,000
10／1	現　　　金	1,000,000	資　本　金	1,000,000
12／15	引　出　金	8,000	仕　　　入	8,000
3／31	資　本　金	108,000	引　出　金	108,000
〃	資　本　金	50,000	損　　　益	50,000
(2)①	租　税　公　課	30,000	現　　　金	50,000
	通　信　費	20,000		
②	租　税　公　課	500,000	現　　　金	500,000
③	租　税　公　課	30,000	現　　　金	70,000
	引　出　金	40,000		
④	租　税　公　課	40,000	現　　　金	60,000
	引　出　金	20,000		
⑤	引　出　金	200,000	現　　　金	200,000

3
(1)	支　払　保　険　料	130,000	当　座　預　金	340,000
	引　出　金	210,000		
(2)	給　　　料	250,000	現　　　金	350,000
	引　出　金	100,000		
(3)	損　　　益	150,000	資　本　金	150,000
(4)	引　出　金	2,000	仕　　　入	2,000
(5)	引　出　金	10,000	仕　　　入	10,000
(6)	資　本　金	20,000	引　出　金	20,000

(7)	引　　出　　金	100,000	当　座　預　金	100,000
(8)	支　払　家　賃	36,000	現　　　　　金	60,000
	引　　出　　金	24,000		
(9)	引　　出　　金	20,000	仕　　　　　入	20,000
(10)	資　　本　　金	70,000	損　　　　　益	70,000
(11)	支　払　保　険　料	126,000	当　座　預　金	245,000
	資　　本　　金	119,000		
(12)	水　道　光　熱　費	30,000	当　座　預　金	260,000
	引　　出　　金	230,000		
(13)	租　税　公　課	30,000	現　　　　　金	110,000
	資　　本　　金	80,000※		

※　引出金勘定でもよい。

4

a	仕　　入	b	資　本　金
c	257,000	d	1,000,000
e	損　　益		

（ヒント）　引出金勘定は，事業主が私用で持ち出した現金や商品などについて，資本金を直接減額せずに期中において一時的に使用する勘定である。当該現金や商品などが期中に返還された際には，引出金勘定を減額するが，期末において引出金勘定に残高が生じている場合は，資本金勘定と相殺する。

なお，本文においては，資本金勘定の貸方に 8／31 相手勘定科目「土地」として，¥1,000,000 が計上されているが，当該，1,000,000円は引出金の返還ではなく，問題文の記述通り「資本の追加元入れ」である点に注意が必要である。
以下，勘定の相関図を示す。

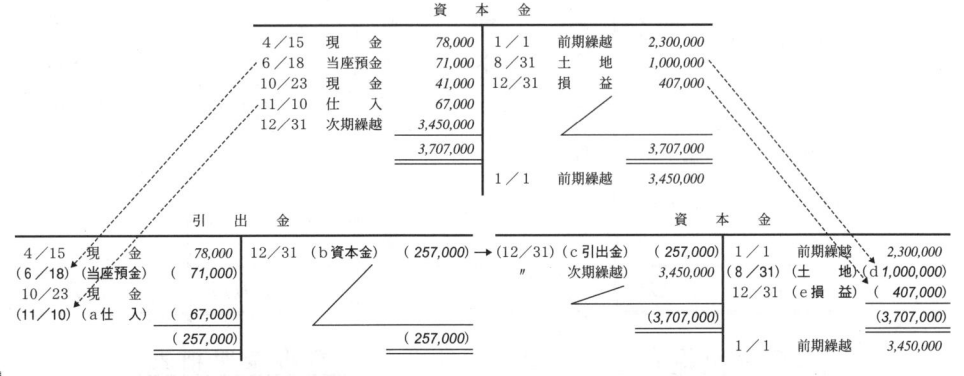

```
                    資　　本　　金
4／15 現     金    78,000 │ 1／1  前期繰越  2,300,000
6／18 当座預金    71,000 │ 8／31 土　　地  1,000,000
10／23 現     金    41,000 │12／31 損　　益    407,000
11／10 仕     入    67,000 │
12／31 次期繰越 3,450,000 │
              3,707,000 │           3,707,000
                          │ 1／1  前期繰越  3,450,000
```

```
            引　　出　　金                              資　　本　　金
4／15 現     金    78,000 │12/31(b 資本金)(257,000) →(12/31)(c 引出金)(257,000)│1／1 前期繰越 2,300,000
(6／18)(当座預金)( 71,000)│                           〃    次期繰越 3,450,000│(8／31)(土　地)(d 1,000,000)
10／23 現     金   (41,000)│                                                    │12／31(e 損 益)( 407,000)
(11／10)(a 仕 入)( 67,000)│                                        (3,707,000)│            (3,707,000)
              (257,000)│              (257,000)                              │1／1 前期繰越 3,450,000
```

5　① 期末資本金　¥14,000　② 純　利　益　¥25,000
　　③ 期首資本金　¥54,000　④ 追加元入額　¥10,000

（ヒント）
　　　　　　期首資本金　　追加元入額　　引出額　　純利益　　期末資本金
① ¥ 10,000 ＋¥ 5,000 －¥ 2,000 ＋¥ 1,000 ＝¥(14,000)
② ¥ 20,000 ＋¥ 10,000 －¥ 5,000 ＋¥(25,000)＝¥ 50,000
③ ¥(54,000)＋¥ 20,000 －¥ 7,000 ＋¥ 3,000 ＝¥ 70,000
④ ¥ 15,000 ＋¥(10,000)－¥ 3,000 －¥ 2,000 ＝¥ 20,000

第25回 試 算 表

1

30日	売　　掛　　金	50	売　　　　　　上	50
	〔大　分　商　店〕	〔50〕			
	現　　　　　　金	300	売　　掛　　金	300
			〔下　関　商　店〕	〔300〕
	（支　払　家　賃）	（50）	（現　　　　　　金）	（150）
	買　　掛　　金	100			
	〔市　川　商　店〕	〔100〕			
31日	（売　　掛　　金）	（20）	（売　　　　　　上）	（20）
	〔下　関　商　店〕	〔20〕			
	（仕　　　　　　入）	（15）	（買　　掛　　金）	（15）
			〔長　野　商　店〕	〔15〕
	（給　　　　　　料）	（80）	（現　　　　　　金）	（260）
	（買　　掛　　金）	（180）			
	〔長　野　商　店〕	〔180〕			

合計残高試算表
平成〇年10月31日

借方残高	借方合計	勘定科目	貸方合計	貸方残高
40	760	現　　　　金	720	
630	2,820	売　掛　金	2,190	
390	390	繰　越　商　品		
	990	買　掛　金	1,305	315
		資　本　金	800	800
		売　　　　上	2,650	2,650
1,785	1,785	仕　　　　入		
540	540	給　　　　料		
380	380	支　払　家　賃		
3,765	7,665		7,665	3,765

売掛金明細表

	10月29日	10月31日
大分商店	¥ 500	¥ 550
下関商店	360	80
	¥ 860	¥ 630

買掛金明細表

	10月29日	10月31日
市川商店	¥ 300	¥ 200
長野商店	280	115
	¥ 580	¥ 315

> ヒント　売掛金明細表および買掛金明細表を作成する問題では，必ず売掛金勘定・買掛金勘定に商店名を付けて仕訳すること。

2

合計残高試算表

平成○1年3月31日

借方残高	借方合計	勘定科目	貸方合計	貸方残高
37,800	76,300	現　　　　金	38,500	
50,350	132,650	当　座　預　金	82,300	
29,700	96,000	売　　掛　　金	66,300	
13,000	13,000	繰　越　商　品		
25,000	25,000	備　　　　品		
	38,600	買　　掛　　金	62,100	23,500
		貸　倒　引　当　金	1,650	1,650
		減　価　償　却　累　計　額	9,000	9,000
		資　　本　　金	125,000	125,000
	1,900	売　　　　上	62,000	60,100
24,900	26,000	仕　　　　入	1,100	
28,000	28,000	給　　　　料		
10,500	10,500	支　払　家　賃		
219,250	447,950		447,950	219,250

3

(1)
a.	現　　　　金	81,000	売　　　　上	81,000
b.	仕　　　　入	27,000	現　　　　金	27,000
c.	現　　　　金	138,000	当　座　預　金	138,000
d.	当　座　預　金	19,000	現　　　　金	19,000
e.	給　　　　料	160,000	現　　　　金	160,000
f.	消　耗　品　費	14,000	現　　　　金	14,000
g.	支　払　家　賃	22,000	現　　　　金	22,000

(2)
a.	当　座　預　金	19,000	現　　　　金	19,000
b.	現　　　　金	138,000	当　座　預　金	138,000
c.	当　座　預　金	190,000	受　取　手　形	190,000
d.	支　払　手　形	80,000	当　座　預　金	80,000
e.	当　座　預　金	405,000	売　　掛　　金	405,000
f.	買　　掛　　金	188,000	当　座　預　金	188,000

(3)
a.	現　　　　金	81,000	売　　　　上	81,000
b.	売　　掛　　金	602,000	売　　　　上	602,000
c.	受　取　手　形	160,000	売　　　　上	160,000
d.	売　　　　上	29,000	売　　掛　　金	29,000

(4)
a.	仕　　　　入	27,000	現　　　　金	27,000
b.	仕　　　　入	330,000	買　　掛　　金	330,000
c.	仕　　　　入	170,000	支　払　手　形	170,000
d.	買　　掛　　金	18,000	仕　　　　入	18,000

合 計 試 算 表

6月末合計高	月初繰越高	勘 定 科 目	月初繰越高	6月末合計高
745,000	526,000	現　　　　金	225,000	467,000
1,484,000	870,000	当 座 預 金	498,000	904,000
550,000	390,000	受 取 手 形	210,000	400,000
1,382,000	780,000	売　掛　金	450,000	884,000
105,000	105,000	有 価 証 券		
180,000	180,000	繰 越 商 品		
200,000	200,000	備　　　　品		
158,000	78,000	支 払 手 形	197,000	367,000
516,000	310,000	買　掛　金	505,000	835,000
		貸 倒 引 当 金	11,000	11,000
		減価償却累計額	72,000	72,000
		資　本　金	1,150,000	1,150,000
64,000	35,000	売　　　　上	806,000	1,649,000
995,000	468,000	仕　　　　入	17,000	35,000
310,000	150,000	給　　　　料		
57,000	35,000	支 払 家 賃		
28,000	14,000	消 耗 品 費		
6,774,000	4,141,000		4,141,000	6,774,000

ヒント (1)aと(3)のa，(1)bと(4)のa，(1)cと(2)のb，(1)dと(2)のaは二重計上しないようどちらか一方を消去してから集計する。

4

合 計 残 高 試 算 表
平成○年5月31日

借方残高	借方合計	勘 定 科 目	貸方合計	貸方残高
130,000	394,000	現　　　　金	264,000	
452,000	1,396,000	当 座 預 金	944,000	
176,000	480,000	受 取 手 形	304,000	
420,000	1,384,000	売　掛　金	964,000	
96,000	96,000	繰 越 商 品		
140,000	240,000	備　　　　品	100,000	
	256,000	支 払 手 形	400,000	144,000
	488,000	買　掛　金	792,000	304,000
	120,000	借　入　金	240,000	120,000
	60,000	減価償却累計額	108,000	48,000
		資　本　金	480,000	480,000
		売　　　　上	1,504,000	1,504,000
832,000	912,000	仕　　　　入	80,000	
228,000	228,000	給　　　　料		
112,000	112,000	支 払 家 賃		
24,000	24,000	支 払 利 息		
		固定資産売却(益)	10,000	10,000
2,610,000	6,190,000		6,190,000	2,610,000

	売掛金明細表			買掛金明細表	
	5月26日	5月31日		5月26日	5月31日
青森商店	¥120,000	¥88,000	静岡商店	¥80,000	¥72,000
福島商店	200,000	232,000	山梨商店	160,000	104,000
岩手商店	160,000	100,000	愛知商店	120,000	128,000
	¥480,000	¥420,000		¥360,000	¥304,000

ヒント
① 29日dの仕訳
　（借）買掛金（静岡商店）　48,000　　（貸）売掛金（福島商店）　48,000
　＊　貸方の勘定科目を支払手形としないこと
② 30日のcの取引
　取得原価（¥100,000）－減価償却累計額（¥60,000）＝帳簿価額¥40,000
　帳簿価額¥40,000＜売却価額¥50,000→固定資産売却益¥10,000の発生
③ 合計残高試算表の売掛金残高（¥420,000）と売掛金明細表の合計（¥420,000）
　の一致を確認
　合計残高試算表の買掛金残高（¥304,000）と買掛金明細表の合計（¥304,000）
　の一致を確認

5

合 計 試 算 表

借方 合計	月中取引高	前月からの繰越高	勘定科目	前月からの繰越高	月中取引高	貸方 合計
8,000		8,000	小 口 現 金			
322,000	114,400	207,600	当 座 預 金	170,400	102,400	272,800
124,000	56,000	68,000	受 取 手 形	28,000	68,000	96,000
169,600	60,000	109,600	売 掛 金	57,600	53,200	110,800
22,800		22,800	有 価 証 券		10,000	10,000
20,800		20,800	繰 越 商 品			
32,000		32,000	備 品		8,000	8,000
53,200	26,000	27,200	支 払 手 形	60,400	40,000	100,400
59,200	37,600	21,600	買 掛 金	56,800	25,600	82,400
1,600	1,600		貸 倒 引 当 金	2,100		2,100
4,800	4,800		減価償却累計額	14,400		14,400
			資 本 金	120,000		120,000
4,000	1,200	2,800	売 上	227,200	116,000	343,200
266,400	93,600	172,800	仕 入	6,800	1,600	8,400
40,000	14,400	25,600	給 料			
19,200	6,400	12,800	支 払 家 賃			
10,800	4,900	5,900	通 信 費			
5,300	2,700	2,600	消 耗 品 費			
4,800	1,200	3,600	手 形 売 却 損			
1,200	1,200		（固定資産売却損）			
			（有価証券売却益）		1,200	1,200
1,169,700	426,000	743,700		743,700	426,000	1,169,700

6

残 高 試 算 表
平成○年4月30日

借　　方	勘 定 科 目	貸　　方
23,000	現　　　　　金	
164,000	当 座 預 金	
170,000	受 取 手 形	
160,000	売 　　掛 　　金	
140,000	繰 越 商 品	
320,000	備　　　　　品	
	支 払 手 形	50,000
	買 　　掛 　　金	93,000
	借 　　入 　　金	250,000
	減 価 償 却 累 計 額	45,000
	資 　　本 　　金	450,000
	売　　　　　上	730,000
	受 取 手 数 料	70,000
475,000	仕　　　　　入	
125,000	給　　　　　料	
96,000	支 払 家 賃	
15,000	支 払 利 息	
1,688,000		1,688,000

> **ヒント** 解答の手順
> ① 各勘定の繰越額の記入場所の訂正
>   繰越商品・備品・支払手形・減価償却累計額の各勘定を訂正する。
> ② 現金勘定の日付順に他の勘定との関連を調べる。日付を手がかりに調べること。
> 〔例〕 4／5は現金勘定の借方の¥60,000と売掛金勘定の借方の¥140,000および売上勘定の貸方¥200,000が組合せになっている。
>   4／29は支払家賃勘定の借方に¥69,000とあるが，現金勘定の貸方¥96,000が正しい金額なので，¥96,000と訂正する。
> ③ 仕入・売上の各勘定の日付をもとに他の勘定との関連を考えて②と同様に行う。
> ④ 上記②③でチェックした残りについても日付をもとに，組合せによって取引を推定し，正しい勘定記入になるよう進めていく。

7 合計残高試算表

借方残高 8月31日現在	借方合計 8月31日現在	借方合計 8月25日現在	勘定科目	貸方合計 8月25日現在	貸方合計 8月31日現在	貸方残高 8月31日現在
8,000	8,000	8,000	小口現金			
449,000	1,287,000	1,008,000	当座預金	574,000	838,000	
365,000	773,000	744,000	受取手形	384,000	408,000	
445,000	1,363,000	1,232,000	売掛金	814,000	918,000	
64,000	280,000	280,000	有価証券	64,000	216,000	
144,000	144,000	144,000	繰越商品			
6,000	40,000	40,000	立替金	10,000	34,000	
225,800	241,800	85,000	未収入金	16,000	16,000	
90,000	320,000	320,000	貸付金	80,000	230,000	
390,000	390,000	240,000	備品			
800,000	800,000	800,000	建物			
	232,000	232,000	支払手形	576,000	632,000	400,000
	672,400	594,000	買掛金	764,000	873,000	200,600
	10,000	10,000	未払金	34,000	144,000	134,000
	38,000		仮受金	38,000	38,000	
	11,000	11,000	預り金	26,000	40,000	29,000
			借入金	80,000	80,000	80,000
	8,000	8,000	貸倒引当金	13,000	13,000	5,000
			備品減価償却累計額	65,000	65,000	65,000
			建物減価償却累計額	192,000	192,000	192,000
			資本金	1,600,000	1,600,000	1,600,000
	21,000	21,000	売上	1,027,000	1,158,000	1,137,000
			受取利息	4,000	7,000	7,000
			受取家賃	13,000	53,000	53,000
			有価証券売却益	5,000	9,800	9,800
			償却債権取立益		45,000	45,000
643,600	657,000	548,000	仕入	11,000	13,400	
233,000	233,000	33,000	給料			
9,200	9,200	8,000	消耗品費			
7,400	7,400	6,000	通信費			
69,000	69,000	11,000	支払保険料			
8,400	8,400	7,000	旅費交通費			
3,957,400	7,623,200	6,390,000		6,390,000	7,623,200	3,957,400

合 計 残 高 試 算 表
平成○年12月31日

借方残高	借方合計	勘定科目	貸方合計	貸方残高
30,000	109,000	現　　　　　金	79,000	
125,100	350,600	当　座　預　金	225,500	
41,000	138,400	受　取　手　形	97,400	
172,700	333,600	売　　掛　　金	160,900	
54,400	71,400	有　価　証　券	17,000	
34,000	34,000	繰　越　商　品		
52,000	72,000	備　　　　　品	20,000	
	76,000	支　払　手　形	128,800	52,800
	104,200	買　　掛　　金	239,000	134,800
	16,000	未　払　　金	46,400	30,400
	40,000	借　　入　　金	96,000	56,000
	3,300	貸　倒　引　当　金	4,000	700
	12,000	減価償却累計額	43,000	31,000
		資　　本　　金	160,000	160,000
	3,600	売　　　　　上	331,000	327,400
236,000	241,200	仕　　　　　入	5,200	
26,000	26,000	支　払　家　賃		
14,000	14,000	給　　　　　料		
7,000	7,000	旅　費　交　通　費		
		有価証券売却（益）	3,000	3,000
1,000	1,000	固定資産売却（損）		
400	400	手　形　売　却　損		
2,500	2,500	支　払　利　息		
796,100	1,656,200		1,656,200	796,100

ヒント (1)aと(4)a，(1)bと(3)a，(1)cと(2)a，(1)dと(2)b，(2)iと(3)bは二重計上しないよう留意

(2) gの仕訳

当　座　預　金	15,600	受　取　手　形	16,000
手　形　売　却　損	400		

(2) hの仕訳

当　座　預　金	20,000	有　価　証　券	17,000
		有価証券売却益	3,000

(2) mの仕訳
未 払 金　16,000　　当 座 預 金　16,000
前期に有価証券を購入したときの仕訳は次のとおり。
有 価 証 券　16,000　　未 払 金　16,000
(5) bの仕訳
買 掛 金　44,000　　支 払 手 形　44,000

合 計 試 算 表
平成〇年10月31日

借　　方	勘 定 科 目	貸　　方
167,000	現　　　　金	92,000
115,000	当 座 預 金	103,000
112,000	受 取 手 形	43,000
197,000	売 　掛　 金	115,000
48,000	有 価 証 券	
12,000	前 　払　 金	8,000
144,000	繰 越 商 品	
240,000	備　　　　品	
560,000	車　　　　両	120,000
44,000	支 払 手 形	136,000
93,000	買 　掛　 金	168,000
20,000	借 　入　 金	180,000
	未 　払　 金	144,000
7,000	貸 倒 引 当 金	9,000
	備品減価償却累計額	108,000
72,000	車両減価償却累計額	120,000
	資 　本　 金	240,000
8,000	売　　　　上	1,115,000
	受 取 手 数 料	10,000
741,000	仕　　　　入	5,000
96,000	給　　　　料	
41,000	支 払 家 賃	
15,000	支 払 利 息	
	固定資産売却(益)	16,000
2,732,000		2,732,000

合計試算表
平成○5年1月31日

借方	勘定科目	貸方
115,000	現　　　　　金	6,000
1,270,200	当　座　預　金	483,000
727,000	受　取　手　形	407,000
759,000	売　　掛　　金	255,000
721,000	有　価　証　券	
98,000	繰　越　商　品	
79,000	未　収　入　金	
35,000	従業員立替金	18,000
12,000	前　払　保　険　料	12,000
50,000	仮　　払　　金	50,000
700,000	備　　　　　品	200,000
1,200,000	貸　　付　　金	400,000
97,000	支　払　手　形	397,000
108,000	買　　掛　　金	366,000
86,000	前　　受　　金	96,000
190,000	仮　　受　　金	190,000
	所　得　税　預　り　金	21,000
9,000	未　払　家　賃	9,000
12,000	貸　倒　引　当　金	12,000
144,000	備品減価償却累計額	324,000
30,000	資　　本　　金	2,850,000
	売　　　　　上	1,172,000
	受　取　利　息	9,000
	固　定　資　産　売　却　益	5,000
531,000	仕　　　　　入	38,000
3,000	（減　価　償　却　費）	
180,000	給　　　　　料	
46,000	旅　費　交　通　費	
2,000	発　　送　　費	
12,000	保　　険　　料	
108,000	支　払　家　賃	9,000
1,800	手　形　売　却　損	
3,000	貸　倒　損　失	
7,329,000		7,329,000

ヒント 前期末（平成○4年12月31日）の貸借対照表上における各勘定の残高を基に，当期の平成○5年1月中の取引処理を行い，平成○5年1月31日現在における合計試算表を作成する。
解答の順序は，平成○5年1月中の取引の仕訳を行い，勘定ごとに貸借別に集計を行う。
以下，平成○5年1月中の取引に係る仕訳を示す。

1日				
保　　険　　料	12,000	前　払　保　険　料	12,000
1日				
未　払　家　賃	9,000	支　払　家　賃	9,000
3日				
仕　　　　　入	237,000	当　座　預　金	87,000
		支　払　手　形	150,000
4日				
前　　受　　金	36,000	売　　　　　上	360,000
売　　掛　　金	324,000	現　　　　　金	2,000
発　　送　　費	2,000		
5日				
買　　掛　　金	100,000	売　　掛　　金	100,000
6日				
仕　　　　　入	160,000	受　取　手　形	67,000
		買　　掛　　金	93,000
6日				
資　　本　　金	30,000	仕　　　　　入	30,000
7日				
受　取　手　形	200,000	売　　　　　上	300,000
売　　掛　　金	100,000		
9日				
貸　倒　引　当　金	12,000	売　　掛　　金	15,000
貸　倒　損　失	3,000		
10日				
仮　　払　　金	50,000	当　座　預　金	50,000
11日				
当　座　預　金	190,000	仮　　受　　金	190,000
15日				
買　　掛　　金	8,000	仕　　　　　入	8,000
16日				
支　払　手　形	97,000	当　座　預　金	97,000
17日				
現　　　　　金	4,000	仮　　払　　金	50,000
旅　費　交　通　費	46,000		

17日					
	仮　受　金	190,000	売　掛　金	140,000	
			前　受　金	50,000	
18日					
	仕　　　入	134,000	支　払　手　形	80,000	
			買　掛　金	50,000	
			現　　　金	4,000	
21日					
	給　　　料	180,000	当　座　預　金	141,000	
			所 得 税 預 り 金	21,000	
			従 業 員 立 替 金	18,000	
22日					
	前　受　金	50,000	売　　　上	512,000	
	受　取　手　形	340,000			
	売　掛　金	122,000			
25日					
	当　座　預　金	409,000	貸　付　金	400,000	
			受　取　利　息	9,000	
28日					
	当　座　預　金	338,200	受　取　手　形	340,000	
	手　形　売　却　損	1,800			
31日					
	減　価　償　却　費	3,000	備　　　品	200,000	
	未　収　入　金	58,000	固　定　資　産　売　却　益	5,000	
	備品減価償却累計額	144,000			
31日					
	支　払　家　賃	108,000	当　座　預　金	108,000	

第26回 精算表

1

精算表

勘定科目	残高試算表 借方	残高試算表 貸方	整理記入 借方	整理記入 貸方	損益計算書 借方	損益計算書 貸方	貸借対照表 借方	貸借対照表 貸方
現　　　　　金	27,800			300			27,500	
当　座　預　金	55,500						55,500	
受　取　手　形	40,000						40,000	
売　　掛　　金	65,000						65,000	
有　価　証　券	37,500						37,500	
繰　越　商　品	25,000		45,000	25,000			45,000	
備　　　　　品	120,000						120,000	
支　払　手　形		24,000						24,000
買　　掛　　金		37,000						37,000
貸　倒　引　当　金		1,000		1,100				2,100
減価償却累計額		36,000		18,000				54,000
資　　本　　金		250,000						250,000
売　　　　　上		537,000				537,000		
仕　　　　　入	450,000		25,000	45,000	430,000			
給　　　　　料	37,000				37,000			
支　払　家　賃	26,000				26,000			
支　払　保　険　料	1,200			300	900			
	885,000	885,000						
貸倒引当金繰入			1,100		1,100			
減　価　償　却　費			18,000		18,000			
雑　　　　　損			300		300			
前　払　保　険　料			300				300	
当期純(利益)					23,700			23,700
			89,700	89,700	537,000	537,000	390,800	390,800

2

① 仕　訳

		借方科目	借方金額	貸方科目	貸方金額
(1)		貸倒引当金繰入	8,200	貸倒引当金	8,200
(2)		仕　　　　　入	127,000	繰　越　商　品	127,000
		繰　越　商　品	140,000	仕　　　　　入	140,000
(3)		減　価　償　却　費	10,800	減価償却累計額	10,800
(4)		支　払　利　息	1,500	未　払　利　息	1,500
(5)		支　払　家　賃	4,000	未　払　家　賃	4,000
(6)		前　払　保　険　料	4,500	支　払　保　険　料	4,500

ヒント (4) （¥120,000×0.9）÷5 ＝ ¥21,600　年間の減価償却費

7／1～12／31の6か月間の減価償却費　$¥21,600 \times \frac{6}{12} = ¥10,800$

(5) 10／1～12／31　3か月間の利息　$¥100,000 \times 0.06 \times \frac{3}{12} = ¥1,500$

(7) 保険料前払分　前払月数9か月　$¥6,000 \times \frac{9(月)}{12(月)} = ¥4,500$

②

精算表

勘定科目	試算表 借方	試算表 貸方	整理記入 借方	整理記入 貸方	損益計算書 借方	損益計算書 貸方	貸借対照表 借方	貸借対照表 貸方
現　　　　金	61,000						61,000	
売　掛　金	340,000						340,000	
有　価　証　券	160,000						160,000	
繰　越　商　品	127,000		140,000	127,000			140,000	
備　　　　品	120,000						120,000	
買　掛　金		280,000						280,000
借　入　金		100,000						100,000
貸　倒　引　当　金		2,000		8,200				10,200
資　本　金		300,000						300,000
売　　　　上		930,000				930,000		
受　取　利　息		7,000				7,000		
仕　　　　入	670,000		127,000	140,000	657,000			
給　　　　料	87,000				87,000			
支　払　家　賃	44,000		4,000		48,000			
支　払　保　険　料	6,000			4,500	1,500			
雑　　　　費	4,000				4,000			
	1,619,000	1,619,000						
貸倒引当金繰入			8,200		8,200			
減　価　償　却　費			10,800		10,800			
備品減価償却累計額				10,800				10,800
（支　払）利　息			1,500		1,500			
未　払（利　息）				1,500				1,500
（未　払）家　賃				4,000				4,000
（前　払）保　険　料			4,500				4,500	
当　期　純（利　益）					119,000			119,000
			296,000	296,000	937,000	937,000	825,500	825,500

精算表

勘定科目	試算表 借方	試算表 貸方	整理記入 借方	整理記入 貸方	損益計算書 借方	損益計算書 貸方	貸借対照表 借方	貸借対照表 貸方
現　　　　　金	50,000						50,000	
受　取　手　形	520,000			270,000			250,000	
売　　掛　　金	450,000						450,000	
仮　　払　　金	100,000			100,000				
有　価　証　券	927,000						927,000	
繰　越　商　品	110,000		130,000	110,000			130,000	
貸　　付　　金	960,000						960,000	
建　　　　　物	1,900,000						1,900,000	
備　　　　　品	400,000		300,000				700,000	
支　払　手　形		180,000						180,000
買　　掛　　金		129,000						129,000
当　座　借　越		81,000	81,000					
未　　払　　金		20,000		200,000				220,000
貸　倒　引　当　金		4,000		17,000				21,000
建物減価償却累計額		1,026,000		85,500				1,111,500
備品減価償却累計額		216,000		76,500				292,500
資　　本　　金		2,870,000	70,000					2,800,000
売　　　　　上		9,521,000				9,521,000		
受　取　家　賃		78,000	6,000			72,000		
受　取　利　息		5,000		44,000		49,000		
仕　　　　　入	6,743,000		110,000	70,000	6,653,000			
				130,000				
給　　　　　料	880,000				880,000			
支　払　地　代	432,000				432,000			
旅　費　交　通　費	231,000				231,000			
通　　信　　費	181,000				181,000			
消　耗　品　費	93,000			8,000	85,000			
保　　険　　料	96,000			24,000	72,000			
雑　　　　　損	26,000				26,000			
手　形　売　却　損	31,000		9,000		40,000			
	14,130,000	14,130,000						
（当　座　預　金）			180,000				180,000	
貸倒引当金繰入			17,000		17,000			
減　価　償　却　費			162,000		162,000			
（未　収）利　息			44,000				44,000	
（前　払）保　険　料			24,000				24,000	
消　　耗　　品			8,000				8,000	
（前　受）家　賃				6,000				6,000
当期純（利益）					863,000			863,000
			1,141,000	1,141,000	9,642,000	9,642,000	5,623,000	5,623,000

(解　説)
　「⑴決算日までに判明した未記帳事項，および⑵期末整理事項」を整理記入欄において処理し，各勘定別に損益計算書欄または貸借対照表欄に集計することになる。以下，当該修正記入欄に記入すべき仕訳を次に示す。
⑴　決算日までに判明した未記帳事項
　1．当　座　借　越　　　81,000　　　受　取　手　形　　　270,000
　　　当　座　預　金　　　180,000
　　　手　形　売　却　損　　　9,000
　　　※　[試算表欄] 当座借越により二勘定制を採用していることから判断する。
　2．備　　　　　品　　　300,000　　　仮　　払　　金　　　100,000
　　　　　　　　　　　　　　　　　　　未　　払　　金　　　200,000
　　　※　備品の期中取得により，下記⑵4．減価償却費の計上に影響を与える点に留意する。
　3．資　　本　　金　　　70,000　　　仕　　　　　入　　　70,000
　　　※　商品を私用にて消費（自家消費）した際は，自家消費の商品原価を仕入勘定より減額し，同額を資本金勘定より直接減額を行う。
⑵　期末整理事項
　1．貸倒引当金繰入　　　17,000　　　貸　倒　引　当　金　　　17,000
　　　※　前期設定の貸倒引当金の残高は，￥4,000となっており，繰入欄の計算に際して差額補充法のため当期要設定額から差し引く必要がある。
　　◇　貸倒引当金要設定額：
　　　　　《{￥520,000（[試算表欄]受取手形）－￥270,000 [⑴ 1]}＋￥450,000（[試算表欄]売掛金）》× 3 ％＝￥21,000
　　◇　貸倒引当金繰入：￥21,000（貸倒引当金要設定額）－￥4,000（[残高試算表欄]貸倒引当金）＝￥17,000
　2．仕　　　　　入　　　110,000　　　繰　　越　　商　　品　　　110,000
　　　繰　越　商　品　　　130,000　　　仕　　　　　入　　　130,000
　　　※　前期繰越商品は，[試算表欄] 繰越商品勘定である。期末商品棚卸高は，問題文の￥130,000となる。
　3．減　価　償　却　費　　　162,000　　　建物減価償却累計額　　　85,500
　　　　　　　　　　　　　　　　　　　　　備品減価償却累計額　　　76,500
　　　※　建物と備品の減価償却の合計額が，減価償却費となる。
　　◇　減価償却費
　　　　建　　　物：{￥1,900,000（取得原価）－￥1,900,000×10％（残存価額）}÷20年（耐用年数）＝￥85,500
　　　　備　品（旧）：{￥400,000（取得原価）－￥400,000×10％（残存価額）}÷ 5 年（耐用年数）＝￥72,000
　　　　備　品（新）：{￥300,000（取得原価）－￥300,000×10％（残存価額）}÷ 5 年（耐用年数）×$\frac{1か月※}{12か月}$＝￥4,500
　　　　　※　（平成○年12月 1 日～同年12月31日）

4. 未 収 利 息　　44,000　　受 取 利 息　　44,000
　　※　貸付金¥960,000に対する受取利息の未収分（平成〇年2月1日～同年12月31日の11か月分）を当期の収益として見越し，未収利息勘定で処理する。
◇　未収利息：¥960,000（[試算表欄]貸付金）×5％（年利率）×$\frac{11か月}{12か月}$＝¥44,000

5. 前 払 保 険 料　　24,000　　保　　険　　料　　24,000
　　※　保険料は毎年5月1日に1年分を支払っている。この指示から保険料は毎決算，未経過分の4か月分（次期の1月1日～4月30日）を次期に繰り越していることに気づく必要がある。よって，[試算表欄]保険料勘定の¥96,000は，前期からの繰越分4か月と当期支払分12か月の合計16か月分であることに留意し，未経過分（平成00年1月1日～同年4月30日の4か月分）を翌期へ繰り越す額として前払保険料勘定で処理する。
◇　前払保険料：$\frac{¥96,000（[試算表欄]保険料）}{16か月}$×4か月（未経過分平成〇年1月1日～同年4月30日）＝¥24,000

6. 消　　耗　　品　　8,000　　消　耗　品　費　　8,000
　　※　消耗品についての会計処理は，A）消耗品を購入した際，消耗品勘定で処理し，決算において消費高を消耗品費勘定へ振り替える処理とB）消耗品を購入した際，消耗品費勘定で処理し，決算において未消費高を消耗品勘定へ振り替える処理がある。本問では，消耗品費勘定が[残高試算表欄]の締切前の欄に記載されていることから期中においては，消耗品費勘定を使用する　B）の処理を行っていると判断する。これにより，問題文の期末未消費高¥8,000を消耗品勘定へ振り替える。
◇　消耗品費：¥93,000（[試算表欄]消耗品費）－¥8,000（未消費高）＝¥85,000

7. 受　取　家　賃　　6,000　　前　受　家　賃　　6,000
　　※　受取家賃は毎年2月と8月の初日に半年分を受け取っている。この指示から受取家賃は毎決算，未経過分の1か月分（次期の1月1日～1月31日）を次期に繰り越していることに気づく必要がある。よって，[試算表欄]受取家賃勘定の¥78,000は，前期からの繰越分1か月と当期受取分12か月の合計13か月分であることに留意し，未経過分（平成〇年1月1日～同年1月31日の1か月分）を翌期へ繰り越す額として前受家賃勘定で処理する。
◇　前受家賃：$\frac{¥78,000（[試算表欄]受取家賃）}{13か月}$×1か月（未経過分平成〇年1月1日～同年1月31日）＝¥6,000

当期純利益は，損益計算書欄の貸借差額を用いて求める。
当期純利益：[損益計算書欄]貸方合計¥9,702,000－[損益計算書欄]借方合計¥8,779,000＝¥923,000

4

精　算　表

勘定科目	試算表 借方	試算表 貸方	整理記入 借方	整理記入 貸方	損益計算書 借方	損益計算書 貸方	貸借対照表 借方	貸借対照表 貸方
現　金　預　金	95,000						95,000	
受　取　手　形	390,000						390,000	
売　　掛　　金	170,000						170,000	
有　価　証　券	220,000						220,000	
未　収　入　金	52,000						52,000	
繰　越　商　品	85,000		108,000	85,000			108,000	
備　　　　　品	1,500,000						1,500,000	
支　払　手　形		271,000						271,000
買　　掛　　金		315,000						315,000
借　　入　　金		500,000						500,000
未　　払　　金		82,000						82,000
貸　倒　引　当　金		19,000		9,000				28,000
備品減価償却累計額		270,000		45,000				315,000
資　　本　　金		1,000,000						1,000,000
売　　　　　上		1,345,000				1,345,000		
受　取　手　数　料		4,000		5,000		9,000		
有価証券売却益		14,000				14,000		
仕　　　　　入	967,000		85,000	108,000	944,000			
給　　　　　料	155,000		4,000		159,000			
支　払　家　賃	74,000				74,000			
水　道　光　熱　費	63,000				63,000			
支　払　保　険　料	32,000				32,000			
支　払　利　息	11,000			3,000	8,000			
固定資産売却損	6,000				6,000			
	3,820,000	3,820,000						
貸倒引当金繰入			9,000		9,000			
減　価　償　却　費			45,000		45,000			
未　払　給　料				4,000				4,000
未　収　手　数　料			5,000				5,000	
前　払　利　息			3,000				3,000	
当期純(利益)					28,000			28,000
			259,000	259,000	1,368,000	1,368,000	2,543,000	2,543,000

> **ヒント**　精算表の全体推定の問題である。精算表は，試算表欄を基に修正記入欄を経て，損益計算書欄または貸借対照表欄へと転記される。
> ① 各勘定が最終的に，損益計算書欄または貸借対照表欄のいずれに転記されるかを考える。
> ② 修正記入（決算整理）について，各勘定にどのような影響をあたえるかを考える。この際は，仕訳に置き換えると理解しやすい。

(1) 修正記入欄の影響を受ける勘定
　① 売上原価の算定に関する整理事項

勘定科目	試算表 借方	試算表 貸方	修正記入 借方	修正記入 貸方	損益計算書 借方	損益計算書 貸方	貸借対照表 借方	貸借対照表 貸方
繰越商品	85,000		108,000	85,000			108,000	
仕入	967,000		85,000	※108,000	944,000			

※ ¥967,000（試算表借方）＋¥85,000（修正記入）－¥944,000（損益計算書借方）＝¥108,000

整理仕訳
　　（借）仕　　　　入　　85,000　　（貸）繰　越　商　品　　85,000
　　　　繰　越　商　品　108,000　　　　仕　　　　入　　108,000

　② 貸倒引当金の繰り入れに関する整理事項

勘定科目	試算表 借方	試算表 貸方	修正記入 借方	修正記入 貸方	損益計算書 借方	損益計算書 貸方	貸借対照表 借方	貸借対照表 貸方
貸倒引当金		19,000		9,000				28,000
貸倒引当金繰入			9,000		9,000			

整理仕訳
　　（借）貸倒引当金繰入　　9,000　　（貸）貸　倒　引　当　金　　9,000

　③ 減価償却費の計上に関する整理事項

勘定科目	試算表 借方	試算表 貸方	修正記入 借方	修正記入 貸方	損益計算書 借方	損益計算書 貸方	貸借対照表 借方	貸借対照表 貸方
備品減価償却累計額		270,000		45,000				315,000
減価償却費			45,000		45,000			

整理仕訳
　　（借）減　価　償　却　費　　45,000　　（貸）備品減価償却累計額　　45,000

　④ 受取手数料の見越しに関する整理事項

勘定科目	試算表 借方	試算表 貸方	修正記入 借方	修正記入 貸方	損益計算書 借方	損益計算書 貸方	貸借対照表 借方	貸借対照表 貸方
受取手数料		4,000		5,000		9,000		
未収手数料			5,000				5,000	

　　　　　　　　　　　　↑　　　　　　　　　　　　　　↑
　　　　　　　　　　未記入　　　　　　　　　　　　記入済

整理仕訳
　　（借）未　収　手　数　料　　5,000　　（貸）受　取　手　数　料　　5,000

⑤ 給料の見越しに関する整理事項

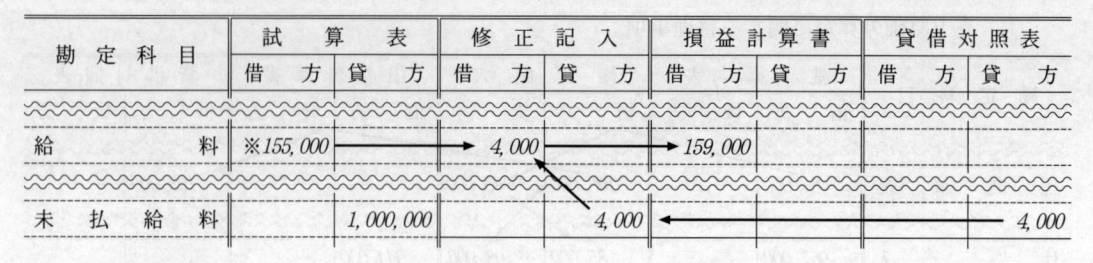

勘定科目	試算表 借方	試算表 貸方	修正記入 借方	修正記入 貸方	損益計算書 借方	損益計算書 貸方	貸借対照表 借方	貸借対照表 貸方
給　料	※155,000		4,000		159,000			
未払給料		1,000,000		4,000				4,000

　　整理仕訳
　　　　（借）給　　　　料　　4,000　　（貸）未　払　給　料　　4,000

⑥ 支払利息の繰り延べに関する整理事項

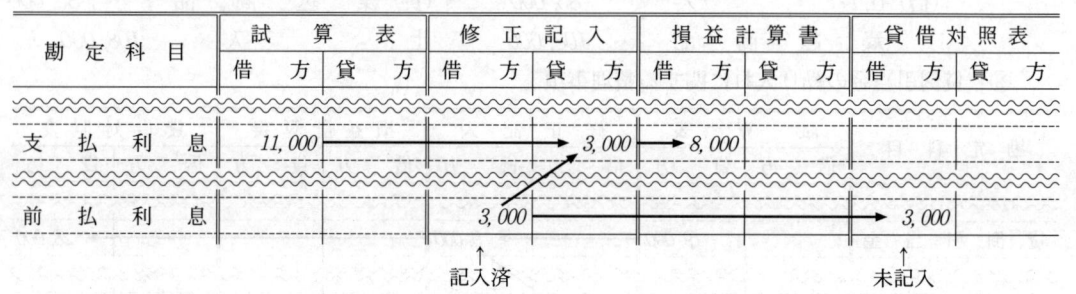

勘定科目	試算表 借方	試算表 貸方	修正記入 借方	修正記入 貸方	損益計算書 借方	損益計算書 貸方	貸借対照表 借方	貸借対照表 貸方
支払利息	11,000			3,000	8,000			
前払利息			3,000				3,000	

　　　　　　　　　　　　　　　↑記入済　　　　　　　　　　　　　↑未記入

　　整理仕訳
　　　　（借）前　払　利　息　　3,000　　支　払　利　息　　3,000

⑦ 当期純利益は，損益計算書欄の貸借差額によって求める。

(2) 修正記入欄の影響を受けない勘定① (試算表欄からの推定)

勘定科目	試算表 借方	試算表 貸方	整理記入 借方	整理記入 貸方	損益計算書 借方	損益計算書 貸方	貸借対照表 借方	貸借対照表 貸方
現 金 預 金	95,000						95,000	
受 取 手 形	390,000						390,000	
売 掛 金	170,000						170,000	
未 収 入 金	52,000						52,000	
備 品	1,500,000						1,500,000	
買 掛 金		315,000						315,000
借 入 金		500,000						500,000
未 払 金		82,000						82,000
資 本 金		1,000,000						1,000,000

勘定科目	試算表 借方	試算表 貸方	整理記入 借方	整理記入 貸方	損益計算書 借方	損益計算書 貸方	貸借対照表 借方	貸借対照表 貸方
売 上		1,345,000				1,345,000		
支 払 家 賃	74,000				74,000			
水 道 光 熱 費	63,000				63,000			
固定資産売却損	6,000				6,000			

(3) 修正記入欄の影響を受けない勘定② (損益計算書欄または貸借対照表欄からの推定)

勘定科目	試算表 借方	試算表 貸方	修正記入 借方	修正記入 貸方	損益計算書 借方	損益計算書 貸方	貸借対照表 借方	貸借対照表 貸方
支 払 手 形		271,000						271,000
支 払 保 険 料	32,000				32,000			

第27回 元帳の締切り

1 決算整理仕訳

(1) 仕　　　　　入　　35,000　　　繰　越　商　品　　35,000
　　繰　越　商　品　　38,000　　　仕　　　　　入　　38,000
(2) 貸倒引当金繰入　　12,400　　　貸　倒　引　当　金　12,400

決算振替仕訳

(1) （売　　　　　上）（1,890,000）（損　　　　　益）（1,934,000）
　　（受　取　手　数　料）（　44,000）
(2) （損　　　　　益）（1,624,400）（仕　　　　　入）（1,163,000）
　　　　　　　　　　　　　　　　　（給　　　　　料）（　420,000）
　　　　　　　　　　　　　　　　　（貸倒引当金繰入）（　12,400）
　　　　　　　　　　　　　　　　　（雑　　　　　費）（　29,000）
(3) （損　　　　　益）（　309,600）（資　　本　　金）（　309,600）

現　金　1			売　掛　金　2		
	247,000	12/31 次期繰越 247,000		770,000	12/31 次期繰越 770,000

繰越商品　3			買　掛　金　4		
	35,000	12/31 仕　入　35,000	12/31 次期繰越 380,000		380,000
12/31 仕　入 38,000		〃 次期繰越 38,000			
73,000		73,000			

貸倒引当金　5		
12/31 次期繰越 15,400		3,000
		12/31 貸倒引当金繰入 12,400
15,400		15,400

資　本　金　6		
12/31 次期繰越 659,600		350,000
		12/31 損　益 309,600
659,600		659,600

仕　入　9		
1,166,000		12/31 繰越商品 38,000
12/31 繰越商品 35,000		〃 損　益 1,163,000
1,201,000		1,201,000

売　上　7		
12/31 損　益 1,890,000		1,890,000

受取手数料　8		
12/31 損　益 44,000		44,000

給　料　10		
	420,000	12/31 損　益 420,000

貸倒引当金繰入　11		
12/31 貸倒引当金 12,400		12/31 損　益 12,400

損　益　13		
12/31 仕　入 1,163,000		12/31 売　上 1,890,000
〃 給　料 420,000		〃 受取手数料 44,000
〃 貸倒引当金繰入 12,400		
〃 雑　費 29,000		
〃 資　本　金 309,600		
1,934,000		1,934,000

	雑 費		12
	29,000	12/31 損 益	29,000

2

〔総勘定元帳の勘定記録〕

	現 金		
	65,140		53,000
		12/31 次期繰越	12,140
	65,140		65,140

	当座預金		
	414,000		366,000
		12/31 次期繰越	48,000
	414,000		414,000

	売 掛 金		
	352,000		212,000
		12/31 次期繰越	140,000
	352,000		352,000

	有価証券		
	52,000	12/31 次期繰越	52,000
	52,000		52,000

	繰越商品		
	37,000	12/31 仕 入	37,000
12/31 仕 入	42,000	〃 次期繰越	42,000
	79,000		79,000

	備 品		
	200,000	12/31 次期繰越	200,000

	買 掛 金		
	154,000		222,000
12/31 次期繰越	68,000		
	222,000		222,000

	貸倒引当金		
12/31 次期繰越	2,800		1,140
		12/31 貸倒引当金繰入	1,660
	2,800		2,800

	減価償却累計額		
12/31 次期繰越	72,000		36,000
		12/31 減価償却費	36,000
	72,000		72,000

	資 本 金		
12/31 次期繰越	351,340		300,000
		12/31 損 益	51,340
	351,340		351,340

	売 上		
12/31 損 益	497,000		497,000

	仕 入		
	360,000	12/31 繰越商品	42,000
12/31 繰越商品	37,000	〃 損 益	355,000
	397,000		397,000

	給 料		
	31,000	12/31 損 益	31,000

	貸倒引当金繰入		
12/31 貸倒引当金	1,660	12/31 損 益	1,660

	支払家賃		
	22,000	12/31 損 益	22,000

	減価償却費					損		益		
12/31	減価償却累計額	36,000	12/31 損 益	36,000	12/31	仕 入	355,000	12/31	売 上	497,000
					〃	給 料	31,000			
					〃	支払家賃	22,000			
					〃	貸倒引当金繰入	1,660			
					〃	減価償却費	36,000			
					〃	資本金	51,340			
							497,000			497,000

〔決算仕訳〕

決算整理仕訳

①	仕　　　　　入	37,000	繰　越　商　品	37,000
	繰　越　商　品	42,000	仕　　　　　入	42,000
②	貸倒引当金繰入	1,660	貸　倒　引　当　金	1,660
③	減　価　償　却　費	36,000	減価償却累計額	36,000

振替仕訳

売　　　　　上	497,000	損　　　　　益	497,000
損　　　　　益	445,660	仕　　　　　入	355,000
		給　　　　　料	31,000
		支　払　家　賃	22,000
		貸倒引当金繰入	1,660
		減　価　償　却　費	36,000
損　　　　　益	51,340	資　　本　　金	51,340

繰　越　試　算　表

平成〇年12月31日

借　　方	勘　定　科　目	貸　　方
12,140	現　　　　　金	
48,000	当　座　預　金	
140,000	売　　掛　　金	
52,000	有　価　証　券	
42,000	繰　越　商　品	
200,000	備　　　　　品	
	買　　掛　　金	68,000
	貸　倒　引　当　金	2,800
	減価償却累計額	72,000
	資　　本　　金	351,340
494,140		494,140

3

(A)

残高試算表

借　　　方	勘定科目	貸　　　方
26,600	現　　　　　金	
65,000	当　座　預　金	
52,000	受　取　手　形	
78,000	売　　掛　　金	
(38,000)	有　価　証　券	
(65,000)	繰　越　商　品	
80,000	貸　　付　　金	
200,000	備　　　　　品	
	支　払　手　形	33,000
	買　　掛　　金	42,000
	貸　倒　引　当　金	(1,400)
	減価償却累計額	(15,000)
	資　　本　　金	(400,000)
	売　　　　　上	(670,000)
	受　取　手　数　料	(96,000)
	受　取　利　息	2,000
(520,000)	仕　　　　　入	
78,000	給　　　　　料	
(1,800)	支　払　保　険　料	
55,000	支　払　家　賃	
(1,259,400)		(1,259,400)

ヒント 仕入高￥520,000 → ￥65,000 + 仕入高(x) − ￥53,000 = ￥532,000 ←(8)参照
受取手数料￥96,000 → 当期受取手数料￥80,000(8)参照 + 前受手数料￥16,000

(B) (1) 仕　　　　入　　　65,000　　　繰　越　商　品　　　65,000
　　　　（繰　越　商　品）　53,000　　　（仕　　　　入）　　53,000
　　(2) （貸倒引当金繰入）　1,200　　　（貸倒引当金）　　　1,200
　　(3) （減　価　償　却　費）　15,000　　（減価償却累計額）　15,000
　　(4) （受　取　手　数　料）　16,000　　（前　受　手　数　料）　16,000
　　(5) （未　収　利　息）　1,000　　　（受　取　利　息）　1,000
　　(6) （前　払　保　険　料）　300　　　（支　払　保　険　料）　300
　　(7) （支　払　家　賃）　11,000　　　（未　払　家　賃）　11,000

(8) 売　　　　上　　670,000　　損　　　　益　(　753,000)
　　 受 取 手 数 料　　 80,000
　　 受 取 利 息　(　　3,000)
　　 損　　　　益　(　693,700)　仕　　　　入　　532,000
　　　　　　　　　　　　　　　　給　　　　料　　 78,000
　　　　　　　　　　　　　　　　支 払 保 険 料　　 1,500
　　　　　　　　　　　　　　　　支 払 家 賃　(　 66,000)
　　　　　　　　　　　　　　　　貸 倒 引 当 金 繰 入　(　1,200)
　　　　　　　　　　　　　　　　減 価 償 却 費　　 15,000
(10) (損　　　益)　(　59,300)　(資　本　金)　(　59,300)

(C)

繰　越　試　算　表

借　　　方	勘　定　科　目	貸　　　方
26,600	現　　　　　金	
65,000	当　座　預　金	
52,000	受　取　手　形	
78,000	売　　掛　　金	
38,000	有　価　証　券	
(　53,000)	繰　越　商　品	
(　　　300)	前　払　保　険　料	
(　 1,000)	未　収　利　息	
80,000	貸　付　金	
(　200,000)	備　　　　　品	
	支　払　手　形	33,000
	買　　掛　　金	42,000
	未　払　家　賃	(　11,000)
	前　受　手　数　料	(　16,000)
	貸　倒　引　当　金	2,600
	減　価　償　却　累　計　額	30,000
	資　本　金	459,300
(　593,900)		(　593,900)

4

(A)

合 計 試 算 表

借　　　　方	勘 定 科 目	貸　　　　方
144,000	現　　　　　　金	100,000
396,600	当　座　預　金	341,000
360,000	受　取　手　形	240,000
432,000	売　　掛　　金	372,000
160,000	有　価　証　券	
(120,000)	繰　越　商　品	
(100,000)	備　　　　　　品	
180,000	支　払　手　形	356,000
304,000	買　　掛　　金	325,000
	借　　入　　金	180,000
	貸　倒　引　当　金	(2,000)
	備品減価償却累計額	(18,000)
40,000	資　　本　　金	(200,000)
2,000	売　　　　　　上	(640,000)
(301,000)	仕　　　　　　入	
(200,000)	給　　　　　　料	
(24,000)	支　払　保　険　料	
(6,000)	雑　　　　　　費	
(4,400)	支　払　利　息	
(2,774,000)		(2,774,000)

ヒント
① 貸倒引当金：(￥2,000) + ￥1,200 = ￥3,200
② 備品減価償却累計額：(￥18,000) + ￥18,000 = ￥36,000
③ 仕　　入：(￥301,000) + ￥120,000 − ￥160,000 = ￥261,000 ((B)の(7)の仕入の金額)
④ 支払保険料：(￥24,000) − ￥4,000 = ￥20,000 ((B)の(7)の支払保険料の金額)
⑤ 支払利息：(￥4,400) + ￥600 = ￥5,000 ((B)の(7)の支払利息の金額)
　　　　　　　　　　　　　　　　　　　(収益合計)　(費用合計)
⑥ 資　本　金：(￥200,000) − ￥40,000 + ￥126,800 (￥638,000 − ￥511,200)
　　　　　　　= ￥286,800 (繰越試算表)

(B) (1) 仕　　　　入　　　　120,000　　　　繰　越　商　品　　　120,000
　　　　（繰　越　商　品）　160,000　　　　（仕　　　　入）　　160,000
　　(2) （貸倒引当金繰入）　　1,200　　　　（貸　倒　引　当　金）　1,200
　　(3) （減　価　償　却　費）　18,000　　　　（備品減価償却累計額）　18,000
　　(4) （前　払　保　険　料）　4,000　　　　（支　払　保　険　料）　4,000

(5) (支　払　利　息)　　　　　600　　　(未　払　利　息)　　　　　600
(6) 売　　　　　上　　　638,000　　　損　　　　　益　(　638,000)
　　損　　　　　益　(　511,200)　　　仕　　　　　入　　　261,000
　　　　　　　　　　　　　　　　　　　給　　　　　料　　　200,000
　　　　　　　　　　　　　　　　　　　支　払　保　険　料　　 20,000
　　　　　　　　　　　　　　　　　　　貸倒引当金繰入　(　 1,200)
　　　　　　　　　　　　　　　　　　　減　価　償　却　費　(　18,000)
　　　　　　　　　　　　　　　　　　　雑　　　　　費　　　 6,000
　　　　　　　　　　　　　　　　　　　支　払　利　息　　　 5,000
(8) (損　　　　　益) (　126,800)　　(資　本　金) (　126,800)

(C)
繰　越　試　算　表

借　　　方	勘　定　科　目	貸　　　方
44,000	現　　　　　金	
55,600	当　座　預　金	
120,000	受　取　手　形	
60,000	売　　掛　　金	
160,000	有　価　証　券	
(160,000)	繰　越　商　品	
100,000	備　　　　　品	
(4,000)	前　払　保　険　料	
	支　払　手　形	176,000
	買　　掛　　金	21,000
	借　　入　　金	180,000
	未　払　利　息	(600)
	貸　倒　引　当　金	3,200
	備品減価償却累計額	36,000
	資　　本　　金	286,800
(703,600)		(703,600)

ヒント　繰越商品￥160,000は(B)の(1)より期末商品の金額を判断する。

第28回　損益計算書・貸借対照表の作成

1

損　益　計　算　書

京都商店　　　平成○年1月1日から　平成○年12月31日まで

費　　　　用	金　　額	収　　　　益	金　　額
（売　上　原　価）	764,000	（売　　上　　高）	1,486,000
給　　　　料	393,000	受　取　手　数　料	5,000
支　払　家　賃	162,000	受　取　利　息	15,000
減　価　償　却　費	21,000		
支　払　保　険　料	9,000		
貸　倒　引　当　金　繰　入	7,000		
雑　　　　費	47,000		
支　払　利　息	25,000		
（当　期　純　利　益）	78,000		
	1,506,000		1,506,000

2

貸　借　対　照　表

秋田商店　　　　　　　平成○年12月31日

資　　　　産	金　　額		負債および純資産	金　　額
現　　　　金		88,000	支　払　手　形	146,000
当　座　預　金		290,000	買　　掛　　金	157,000
受　取　手　形	240,000		借　　入　　金	440,000
（貸倒引当金）	7,200	232,800	未　払　利　息	11,000
売　　掛　　金	260,000		（資　　本　　金）	1,150,000
（貸倒引当金）	7,800	252,200	（当　期　純　利　益）	350,000
（商　　　　品）		196,000		
消　耗　品		2,000		
前　払　保　険　料		1,000		
備　　　　品	300,000			
（減価償却累計額）	108,000	192,000		
土　　　　地		1,000,000		
		2,254,000		2,254,000

3

損益計算書

福岡商店　平成○年(1)月(1)日から　平成○年(12)月(31)日まで

費用	金額	収益	金額
売上原価	530,000	売上高	740,000
給料	52,000		
支払家賃	24,000		
貸倒引当金繰入	3,000		
減価償却費	20,000		
当期純利益	111,000		
	740,000		740,000

貸借対照表

福岡商店　　　　　　平成○年(12)月(31)日

資産	金額	負債および純資産	金額
現金	26,000	買掛金	165,000
当座預金	85,000	資本金	350,000
売掛金　　　　150,000		当期純利益	111,000
貸倒引当金　　　3,000	147,000		
有価証券	68,000		
商品	120,000		
備品　　　　　200,000			
減価償却累計額　20,000	180,000		
	626,000		626,000

【参考】

損益

12/31	(仕入)	530,000	12/31	(売上)	740,000
〃	給料	52,000			
〃	支払家賃	24,000			
〃	貸倒引当金繰入	3,000			
〃	減価償却費	20,000			
〃	資本金	(111,000)			
		(740,000)			(740,000)

繰越試算表

借方	勘定科目	貸方
26,000	現金	
85,000	当座預金	
150,000	売掛金	
68,000	有価証券	
120,000	(繰越商品)	
200,000	備品	
	買掛金	165,000
	貸倒引当金	3,000
	減価償却累計額	20,000
	(資本金)	(461,000)
(649,000)		(649,000)

4

損 益 計 算 書

岡山商店　　平成○年1月1日から　平成○年12月31日まで

費　　　　用	金　　額	収　　　　益	金　　額
売 上 原 価	687,000	売 上 高	890,000
給　　　　料	57,000	受 取 手 数 料	45,000
支 払 保 険 料	3,600	受 取 地 代	24,000
消 耗 品 費	2,600		
貸 倒 引 当 金 繰 入	1,500		
減 価 償 却 費	33,600		
支 払 利 息	12,500		
雑　　　　損	600		
当 期 純 利 益	160,600		
	959,000		959,000

貸 借 対 照 表

岡山商店　　　　　　平成○年12月31日

資　　　　産	金　　　額	負債および純資産	金　　額
現　　　　金	31,000	支 払 手 形	43,000
当 座 預 金	92,000	買 掛 金	178,000
受 取 手 形　　　65,000		借 入 金	300,000
貸 倒 引 当 金　　1,300	63,700	未 払 利 息	5,000
売 掛 金　　　　85,000		前 受 手 数 料	9,000
貸 倒 引 当 金　　1,700	83,300	資 本 金	600,000
有 価 証 券	34,000	当 期 純 利 益	160,600
商　　　　品	45,000		
消 耗 品	600		
前 払 保 険 料	1,200		
未 収 地 代	4,000		
備　　品　　　　120,000			
減価償却累計額　　43,200	76,800		
建　　物　　　　400,000			
減価償却累計額　　36,000	364,000		
土　　　　地	500,000		
	1,295,600		1,295,600

ヒント

　　　　　　　　　　　　　　　（期首商品）　（純仕入高）　（期末商品）
① 売上原価　¥687,000 = ¥52,000 + ¥680,000 − ¥45,000
② 貸倒引当金繰入　¥1,500 = {(¥65,000 + ¥85,000) × 0.02} − ¥1,500
③ 減価償却費　¥33,600（⑦+④）

　　備品　$\dfrac{¥120,000 - ¥12,000}{5} = ¥21,600$ ⑦，または $\dfrac{¥120,000 \times 0.9}{5}$

　　建物　$\dfrac{¥400,000 - ¥40,000}{30} = ¥12,000$ ④，または $\dfrac{¥400,000 \times 0.9}{30}$

④ 雑損¥600→現金実際有高¥31,000と現金帳簿有高¥31,600の差
⑤ 受取地代¥20,000は10か月分　　2か月分¥4,000が未収
　　当期の受取地代は¥24,000　　未収地代は¥4,000
⑥ 支払保険料¥4,800（月割額¥400）のうち当期分は4月～12月の9か月分¥3,600
　　差額¥1,200は前払分（翌年1月～3月分）
⑦ 残高試算表の支払利息　¥7,500→¥300,000 × 0.05 × $\dfrac{6}{12}$（3月～8月）

　　未払利息分（9月～12月）→¥300,000 × 0.05 × $\dfrac{4}{12}$ = ¥5,000

　　したがって，当期の支払利息は¥12,500となる。

5

損 益 計 算 書

横浜商店　平成○年(1)月(1)日から　平成○年(12)月(31)日まで

費　　　用	金　　額	収　　　益	金　　額
売 上 原 価	(404,000)	売　　上　　高	(520,000)
給　　　　料	(36,000)	(受 取) 地 代	(18,000)
支 払 家 賃	12,000	(受 取 配 当 金)	(3,200)
支 払 保 険 料	(4,200)	(受 取) 利 息	(1,720)
減 価 償 却 費	(21,600)		
貸倒引当金繰入	(1,280)		
(当 期 純 利 益)	(63,840)		
	(542,920)		(542,920)

— 94 —

貸 借 対 照 表

横浜商店　　　　　　平成〇年(12)月(31)日

資　産	金　額	負債および純資産	金　額
現　　　　金	(62,000)	買　掛　金	104,000
(売　掛　金)	(154,000)	(未　払)家　賃	(2,000)
貸倒引当金	(3,080) (150,920)	(前　受)地　代	(6,000)
有　価　証　券	(60,000)	資　本　金	480,000
商　　　　品	(60,000)	(当 期 純 利 益)	(63,840)
(未　収)利　息	(1,920)		
(前　払)保険料	(3,000)		
備　　　　品	(120,000)		
減価償却累計額	(54,000) (66,000)		
土　　　　地	(252,000)		
	(655,840)		(655,840)

> **ヒント**　決算整理後の残高試算表の仕入勘定は売上原価を，売上勘定は売上高，繰越商品は商品を示す。

6

損 益 計 算 書

九州商店　　　平成〇年1月1日から　平成〇年12月31日まで

費　用	金　額	収　益	金　額
売　上　原　価	(789,000)	売　上　高	(975,900)
給　　　　料	(118,460)	(受　取　利　息)	(1,400)
広　告　宣　伝　費	(33,000)		
(支　払)保険料	(6,700)		
貸倒(引当金繰入)	(1,940)		
(減 価 償 却 費)	(9,900)		
(支　払)利　息	(1,700)		
(当 期 純 利 益)	(16,600)		
	(977,300)		(977,300)

> **ヒント**　売上原価（¥129,000＋¥775,000）－¥115,000＝¥789,000

貸借対照表

九州商店　　　　　平成〇年12月31日

資　　産	金　　額	負債および純資産	金　　額
現　　　　金		(37,700)	支　払　手　形	(25,500)
当　座　預　金		(47,700)	買　　掛　　金	(33,000)
売　　掛　　金	(98,000)		(借　入　金)	(85,000)
(貸倒引当金)	(2,940)	(95,060)	(未　払　利　息)	(460)
商　　　　品		(115,000)	(資　本　金)	(350,000)
(前　払)保険料		(1,400)	(当　期　純　利　益)	(16,600)
(未　収　利　息)		(1,200)		
建　　　　物	(220,000)			
(減価償却累計額)	(49,500)	(170,500)		
定　期　預　金		(42,000)		
		(510,560)		(510,560)

7

損益計算書

本州商店　　　　平成〇年1月1日から　平成〇年12月31日まで

費　　用	金　　額	収　　益	金　　額
売　上　原　価	(710,000)	売　　上　　高	(1,128,500)
給　　　　料	(266,000)	(受　取　手　数　料)	(90,000)
貸倒引当金繰入	(5,400)		
減　価　償　却　費	(20,250)		
(消　耗　品　費)	(14,100)		
支　払　保　険　料	(800)		
支　払　利　息	(2,100)		
(当　期　純　利　益)	(199,850)		
	(1,218,500)		(1,218,500)

貸借対照表

本州商店　　　　　　平成〇年12月31日

資産	金額	負債および純資産	金額
現　　　　　金	(109,000)	買　　掛　　金	(225,500)
当　座　預　金	(201,000)	借　　入　　金	(250,000)
売　　掛　　金	(390,000)	(未　払)利　息	(300)
(貸 倒 引 当 金)	(11,700) (378,300)	資　　本　　金	1,570,000
商　　　　　品	(360,000)	(当 期 純 利 益)	(199,850)
(消　耗　品)	(2,100)		
(前　払)保険料	(500)		
建　　　　　物	(500,000)		
(減価償却累計額)	(155,250) (344,750)		
土　　　　　地	(850,000)		
	(2,245,650)		(2,245,650)

🔖 ヒント

【資料A】

残高試算表

平成〇年12月31日

借　方	勘定科目	貸　方
109,000	現　　　　　金	
201,000	当　座　預　金	
390,000	売　　掛　　金	
(315,000)	繰　越　商　品	
500,000	建　　　　　物	
850,000	土　　　　　地	
	買　　掛　　金	225,500
	借　　入　　金	250,000
	貸 倒 引 当 金	6,300
	建物減価償却累計額	135,000
	資　　本　　金	1,570,000
	売　　　　　上	1,128,500
	受　取　手　数　料	90,000
755,000	仕　　　　　入	
(266,000)	給　　　　　料	
16,200	消　耗　品　費	
1,300	支　払　保　険　料	
1,800	支　払　利　息	
3,405,300		3,405,300

— 97 —

【資料B】 決算仕訳
(1) 仕入勘定で売上原価の計算

仕 入	315,000	繰 越 商 品	315,000
（繰 越 商 品）	360,000	（仕 入）	360,000

(2) 貸倒引当金の設定（差額補充法による）

（貸倒引当金繰入）	5,400	（貸 倒 引 当 金）	5,400

(3) 建物の減価償却費の計上

（減 価 償 却 費）	20,250	（建物減価償却累計額）	20,250

(4) 消耗品の未消費分の計上

（消 耗 品）	2,100	（消 耗 品 費）	2,100

(5) 支払保険料の前払分の繰延べ

（前 払 保 険 料）	500	（支 払 保 険 料）	500

(6) 支払利息の未払分の見越し

（支 払 利 息）	300	（未 払 利 息）	300

(7) 収益および費用の諸勘定残高を損益勘定に振替え

（売 上）	(1,128,500)	損 益	(1,218,500)
受 取 手 数 料	(90,000)		
損 益	(1,018,650)	（仕 入）	(710,000)
		給 料	266,000
		貸倒引当金繰入	(5,400)
		減 価 償 却 費	(20,250)
		消 耗 品 費	(14,100)
		支 払 保 険 料	(800)
		支 払 利 息	(2,100)

8

損 益 計 算 書

四国商店　　平成○年1月1日から　平成○年12月31日まで

売 上 原 価	(971,000)	売 上 高	(1,567,700)
販 売 費	(252,000)	受 取 手 数 料	(12,000)
給 料	(200,000)	受 取 配 当 金	(4,000)
支 払 保 険 料	(18,000)	（雑 益）	(400)
減 価 償 却 費	(90,000)		
貸倒引当金繰入	(4,800)		
（支 払 利 息）	(5,800)		
（当 期 純 利 益）	(42,500)		
	(1,584,100)		(1,584,100)

貸借対照表

四国商店　　　　　　　　平成○年12月31日

現 金 預 金		(63,000)	支 払 手 形	(94,000)
受 取 手 形 (67,000)			買 掛 金	(79,000)
(貸倒引当金) (3,350)		(63,650)	借 入 金	(160,000)
売 掛 金 (61,000)			(前 受 手 数 料)	(2,400)
(貸倒引当金) (3,050)		(57,950)	(未 払)利 息	(300)
有 価 証 券		(79,600)	資 本 金	(1,780,000)
商 品		(68,000)	(当 期 純 利 益)	(42,500)
(前 払 保 険 料)		(4,000)		
建 物 (1,200,000)				
(減価償却累計額) (270,000)		(930,000)		
備 品 (200,000)				
(減価償却累計額) (108,000)		(92,000)		
土 地		(800,000)		
		(2,158,200)		(2,158,200)

ヒント

① 決算整理後残高試算表の仕入？の金額
　　￥84,000＋￥955,000－￥68,000＝￥971,000

② 決算整理後残高試算表の貸倒引当金？の金額
　　（￥67,000＋￥61,000）×0.05＝￥6,400
　したがって，貸倒引当金繰入の金額は￥4,800となる（￥6,400－￥1,600）。

③ 減価償却費？の金額は借方合計額（￥4,084,200）から①および②で求めた金額も含めて，他の記入済の借方金額の合計額（￥3,994,200）を引いて求める。

④ 売上？の金額も③と同様に求める。

第29回 伝　　票

1

(1)

入　金　伝　票	
科　　　目	金　　額
売　　　上	60,000

(2)

出　金　伝　票	
科　　　目	金　　額
買　掛　金	25,000

出　金　伝　票	
科　　　目	金　　額
借　入　金	50,000

(3)

振　替　伝　票			
借方科目	金　額	貸方科目	金　額
仕　　　入	40,000	買　掛　金	40,000

2

(B)

振　替　伝　票			
借方科目	金　額	貸方科目	金　額
仕　　　入	600,000	買　掛　金	600,000

ヒント　いったん全額を掛けで仕入れ，そのうち¥100,000をただちに現金で支払ったと考える。
　　　仕　　　入　　600,000　　買　掛　金　　600,000　(B)
　　　買　掛　金　　100,000　　現　　　金　　100,000　(A)

3

(B)

振　替　伝　票			
借方科目	金　額	貸方科目	金　額
売　掛　金	700,000	売　　　上	700,000

ヒント　売上高¥700,000を全て掛け処理し，うち¥200,000はただちに現金で回収したと考えて起票する。

4

10/31　有　価　証　券　　250,000　　現　　　　金　　250,000
　〃　　現　　　　　金　　 80,000　　未　収　金　　 80,000

5

(A)

振　替　伝　票			
借方科目	金　額	貸方科目	金　額
売　掛　金	500,000	売　　　上	500,000

(B)

振　替　伝　票			
借　方　科　目	金　　額	貸　方　科　目	金　　額
売　　掛　　金	900,000	売　　　　　上	900,000

6

借　方　科　目	金　　額	貸　方　科　目	金　　額
仕　　　　　入	1,600,000	現　　　　　金	600,000
		買　　掛　　金	1,000,000

(ヒント)　仕　　　　　入　　1,600,000　　買　　掛　　金　　1,600,000　…振替伝票
　　　　　買　　掛　　金　　　600,000　　現　　　　　金　　　600,000　…出金伝票

7

(1)

入　金　伝　票	
科　　目	金　　額
（未　収　金）	（ 60,000 ）

振　替　伝　票			
借方科目	金　額	貸方科目	金　額
（未　収　金）	150,000	備　　　品	100,000
		（備品売却益）	（ 50,000 ）

(2)

出　金　伝　票	
科　　目	金　　額
（売　　　上）	（ 10,000 ）

振　替　伝　票			
借方科目	金　額	貸方科目	金　額
（売　　　上）	60,000	（売　掛　金）	60,000

(別　解)　(1)振替伝票の貸方「備品売却益」は「固定資産売却益」でも正答。

(ヒント)　伝票は，日々の取引を簡潔に記載した一定形式の紙片であり，本質は仕訳と同様である。
解答に当たってはまず，問題文の仕訳を考え，そのうち，記入済みの内容を加味して空欄を補充する。

(1)① 問題文の解答仕訳
　　　現　　　　　　金　　60,000　　備　　　　　　品　　100,000
　　　未　　収　　金　　90,000　　備　品　売　却　益*　50,000
　　② 振替伝票で処理済みの仕訳の推定
　　　未　　収　　金　　150,000　　備　　　　　　品　　100,000
　　　　　　　　　　　　　　　　　　備　品　売　却　益*　50,000
　　　*　固定資産売却益でも可

①から②を差し引き，入金伝票の解答となる。

<ポイント>
現金で受け取った部分についてもいったん，未収金として処理している。

(2)① 問題文の解答仕訳
　　　売　　　　　　上　　70,000　　売　　掛　　金　　60,000
　　　　　　　　　　　　　　　　　　現　　　　　　金　　10,000
　　② 振替伝票で処理済みの仕訳の推定
　　　売　　　　　　上　　60,000　　売　　掛　　金　　60,000

①から②を差し引き，出金伝票の解答となる。

<ポイント>
現金で支払った部分については，未処理である。

8

a	仮 払 金	b	旅費交通費
c	旅費交通費	d	仮 払 金

ヒント ①は，仮払金￥60,000を分割して起票

②は，いったん全額を旅費交通費の支払取引と考え，うち不要となった旅費交通費の入金と考えて起票

9

(1)

出 金 伝 票	
科　　目	金　額
仕　　入	400,000

振 替 伝 票			
借方科目	金　額	貸方科目	金　額
仕　　入	100,000	前 払 金	100,000

(2)

入 金 伝 票	
科　　目	金　額
売　　上	300,000

振 替 伝 票			
借方科目	金　額	貸方科目	金　額
受 取 手 形	400,000	売　　上	400,000

ヒント 伝票は，取引を簡易的に示したもので，その本質は仕訳と同様である。ゆえに，仕訳をベースに考える。

まず，問題文の設問を仕訳すると次の通りとなる。

(1)
仕　　　　　入　　500,000　　前　　払　　金　　100,000
　　　　　　　　　　　　　　　現　　　　　金　　400,000

(2)
受　取　手　形　　400,000　　売　　　　　上　　700,000
現　　　　　金　　300,000

次に，この仕訳を現金取引とそれ以外の取引とに分解すると次の通りとなり，それぞれを入出金伝票と振替伝票へ記入し解答となる。

(1) 出金伝票
　仕　　　　　入　　400,000　　現　　　　　金　　400,000

(1) 振替伝票
　仕　　　　　入　　100,000　　前　　払　　金　　100,000

(2) 入金伝票
　現　　　　　金　　300,000　　売　　　　　上　　300,000

(2) 振替伝票
　受　取　手　形　　400,000　　売　　　　　上　　400,000

10

消　耗　品		
現　　　金	90,000	

11

①	¥ 76,000	②	売 掛 金	③	¥ 684,000	④	売　　　上	⑤	¥ 684,000
⑥	¥ 76,000	⑦	売 掛 金	⑧	¥ 760,000	⑨	売　　　上	⑩	¥ 760,000

12

振　替　伝　票　平成○年4月23日				
借　方　科　目	金　額	貸　方　科　目	金　額	
旅　　　費	37,400	仮　払　金	37,400	

ヒント 精算時の仕訳

　現　　　金　　　2,600　　　仮　払　金　　40,000
　旅　　　費　　　37,400

伝票は仮払金¥40,000を¥37,400と¥2,600に分割して作成

13

(1)

振　替　伝　票			
借　方　科　目	金　額	貸　方　科　目	金　額
売　掛　金	200,000	売　　　上	200,000

(2)

振　替　伝　票			
借　方　科　目	金　額	貸　方　科　目	金　額
仕　　　入	200,000	売　掛　金	200,000

ヒント　「入金伝票」，「出金伝票」，「振替伝票」を用いる3伝票制である。入金伝票の科目欄に記入される勘定科目は，貸方の相手勘定科目であり，出金伝票の科目欄に記入される勘定科目は借方の相手勘定科目となる。

　伝票は，取引を簡易的に示したもので，その本質は仕訳と同様である。よって，各設問ごとの仕訳に基づき，一つの取引について既に他の伝票で処理されているものがあれば，その処理を差し引くことで，解答となる。

　以下，各設問の解答となる仕訳を用いて解説する。

1　(1)の仕訳

　現　　　金　　　100,000　　　売　　　上　　　300,000
　売　掛　金　　　200,000

『入金伝票の科目欄には「売上」と記入されている』と問題文に指示があるため，入金伝票では，以下の処理が既になされていることが判明する。よって，これを差引き解答の振替伝票の処理となる。

(1)の入金伝票の仕訳
現　　　　　金　100,000　　売　　　　　上　100,000
2　(2)の仕訳
仕　　　　　入　200,000　　売　　掛　　金　200,000
本問は，現金に関する処理が無いため，通常の仕訳が解答の振替伝票の処理となる。

第30回　伝　票

1

仕 訳 日 計 表

平成○年8月1日　　　　　　　　　　1

借　　方	元丁	勘　定　科　目	元丁	貸　　方
340,000		現　　　　　金		193,000
190,000		当　座　預　金		190,000
200,000		受　取　手　形		100,000
180,000		売　　掛　　金		330,000
80,000		備　　　　　品		
120,000		支　払　手　形		80,000
35,000		買　　掛　　金		150,000
		借　　入　　金		100,000
		売　　　　　上		220,000
210,000		仕　　　　　入		
8,000		営　　業　　費		
1,363,000				1,363,000

—104—

（これまでの検定問題補充）の解答・解説

1

当　座　預　金

10／1	前月繰越	500,000	10／(4)	（現　　　　金）	(100,000)
(24)	（受取手形）	(450,000)	(9)	（仕　　　　入）	(300,000)
			(15)	（買　掛　金）	(100,000)
			(26)	（支払手形）	(200,000)
			(29)	（広告宣伝費）	(80,000)

当　座　借　越

10／(19)	（売　　　　上）	(250,000)	10／(15)	（買　掛　金）	(300,000)
(24)	（受取手形）	(50,000)			

10月末の当座預金勘定残高　　￥　170,000

ヒント　当座預金勘定と当座借越勘定の二勘定を用いて当座取引を処理する場合，預金残高は資産である当座預金勘定で処理し，当座預金残高を超えた超過額（当座預金勘定の残高を超過する金額）は，負債である当座借越勘定で処理する。その後，当座預金に入金があった際には，先ず当座借越の残高が無くなるまで当座借越勘定を相殺する。

　以下，各取引日の仕訳を示す。当該仕訳を転記することで，解答となる。

10／4
　　現　　　　金　　100,000　　　当　座　預　金　　100,000
　9
　　仕　　　　入　　600,000　　　当　座　預　金　　300,000
　　　　　　　　　　　　　　　　　買　掛　金　　　　300,000
　15
　　買　掛　金　　　400,000　　　当　座　預　金　　100,000
　　　　　　　　　　　　　　　　　当　座　借　越　　300,000
　19
　　当　座　借　越　250,000　　　売　　　　上　　　250,000
　24
　　当　座　借　越　 50,000　　　受　取　手　形　　500,000
　　当　座　預　金　450,000
　26
　　支　払　手　形　200,000　　　当　座　預　金　　200,000
　29
　　広　告　宣　伝　費　80,000　　当　座　預　金　　 80,000

なお，10月末当座預金勘定残高は，当座預金勘定の貸借差額である。

—105—

2

①	②	③	④	⑤
増　　加	仕 訳 帳	値　　引	手形借入金	支 払 人

ヒント　文章の空欄に入る適当な語句を選ぶ。その解答へのアプローチは，それぞれ次の通りとなる。

1　売上原価，売上総利益に関するもので，その関係は次のようになる。

期首商品棚卸高(一定)＋当期商品仕入高(一定)－ 期末商品棚卸高(増加)
＝売上原価(減少)

　　※　期末商品棚卸高が増加すると，売上原価は減少する。

売上高－ 売上原価（減少） ＝売上総利益（増加9（解答・ウ）

　　※　売上原価が減少すると，売上総利益は増加する。

2　補助記入帳は，特定の取引を一覧したり，明細を把握するために，取引を発生順に記録する補助簿である。通常，補助簿の記入があったとしても，主要簿である仕訳帳（解答・ク）および総勘定元帳の記入は免れない。なお，2級以上では，補助記入帳を主要簿に格上げし，仕訳帳への記入を省略の上，補助記入帳より総勘定元帳へ直接転記する手法も出題されるが，その際には，「補助記入帳」ではなく，「特殊仕訳帳」と名称を変える。

3　商品有高帳は，購入および販売した商品の単価・数量・合計金額および仕入戻し，仕入値引，売上戻りなどの原価に関連する内容を記入し，在庫並びに売上原価を把握する。したがって，売価の修正である売上値引（解答・カ）は，原価に影響を与えないため記入されない。

4　商品売買に係る約束手形の振り出しは支払手形勘定に記入し，資金の借り入れに係る約束手形の振り出しは，手形借入金（解答・ス）勘定に記入する。

5　為替手形における名宛人は引受人とも呼ばれ，手形代金の支払人（解答・イ）である。

3

	(1)	(2)	(3)	(4)
1．現 金 出 納 帳	1	①	1	1
2．当座預金出納帳	2	2	②	2
3．仕　　入　　帳	③	3	3	③
4．売　　上　　帳	4	4	④	4
5．支払手形記入帳	⑤	5	5	5
6．受取手形記入帳	⑥	6	⑥	6
7．商 品 有 高 帳	⑦	7	⑦	⑦
8．仕 入 先 元 帳	8	8	8	⑧
9．得 意 先 元 帳	9	9	⑨	9

ヒント 各取引から仕訳をメモし，それから関係する勘定を考え，さらに記帳を要する補助簿を推定する。

各取引の仕訳と補助簿の選択は，次の通りである。勘定科目右横の数値が，記入すべき補助簿の解答欄左の数字を示している。

(1)	(借) 仕　　　　入	3・7	(貸) 受　取　手　形 　　支　払　手　形	6 5
(2)	(借) 現　　　　金	1	(貸) 償却債権取立益	
(3)	(借) 受　取　手　形 　　売　掛　金＊ 　　発　送　費	6 9 	(貸) 売　　　　上 　　当　座　預　金	4・7 2
(4)	(借) 買　　　掛　　金	8	(貸) 仕　　　　入	3・7

＊ 売掛金勘定とは別に立替金勘定を用いることもある。

4

	仕　　　　　　　訳			
	借　方　科　目	金　　額	貸　方　科　目	金　　額
1	（貸　倒　引　当　金）	100,000	（償却債権取立益）	100,000
2	（建物減価償却累計額）	7,200,000	（固定資産売却損）	7,200,000

ヒント 仕訳の誤りを正しい仕訳となるように，修正仕訳を行う。解答までの手順は次の通りである。

① 誤った仕訳の分析を行う。② 誤った仕訳の相殺仕訳を行う。③ 正しい仕訳を行う。④ ②と③の仕訳を合わせて，解答となる。

①については，問題文で既に示されている。②の相殺仕訳を行うことで誤った仕訳を消し，これと正しい仕訳③を合わせることで修正仕訳④（解答の仕訳）となる。なお，「記録の誤りのみを部分的に修正する方法」ということは，②と③の仕訳をそのまま解答しても誤りとなることに留意する。

1 について
　② 相殺仕訳
　　貸　倒　引　当　金　　100,000　　　~~現　　　　金　　　100,000~~
　③ 正しい仕訳
　　~~現　　　　金　　　100,000~~　　　償却債権取立益　　100,000

2 について
　② 相殺仕訳
　　~~建　　　　物　20,000,000~~　　　~~現　　　　金　　8,000,000~~
　　　　　　　　　　　　　　　　　　　固定資産売却損 ┌ 12,000,000
　　　　　　　　　　　　　　　　　　　　　　　　　　 └→ 7,200,000

③ 正しい仕訳

現　　　　　　　金	8,000,000	建　　　　　　　物	20,000,000
建物減価償却累計額	7,200,000		
固定資産売却損	4,800,000		

②と③を合わせて取り消し線の通り貸借相殺すると枠の勘定及び金額が残り解答になる。

実力テスト　第1回

第1問（20点）

	借方		貸方	
1	買　掛　　　金	110,000	仕　　　　　入	110,000
2	支　払　手　形	500,000	売　　　　　上	800,000
	売　掛　　　金	315,000	現　　　　　金	15,000
3	車　両　運　搬　具	1,850,000	当　座　預　金	800,000
			現　　　　　金	1,050,000
4	当　座　預　金	3,368,750	手　形　借　入　金	3,500,000
	支　払　利　息	131,250		
5	現　金　過　不　足	5,000	受　取　家　賃	3,000
			受　取　手　数　料	500
			雑　　　　　益	1,500

仕訳1組につき4点。合計20点。

ヒント　問2　根室商店負担の発送運賃の立替分は，根室商店に対する売掛金に含める。立替金勘定を使用してもよいが，勘定科目に掲示がないのでこの場合は使用できない。

　　　　　問3　車両運搬具の取得原価は¥1,800,000＋¥50,000（手数料）となる。

　　　　　問4　$¥3,500,000 \times 0.05 \times \dfrac{9}{12} = ¥131,250$（支払利息）

　　　　　（貸方）支払手形としないこと。

第2問（8点）

買　掛　金　元　帳
香　川　商　店

平成○年		摘　　要	借　方	貸　方	借または貸	残　高
6	1	前　月　繰　越		320,000	貸	320,000
	8	仕　　　　入		100,000	〃	420,000
	13	仕　　　　入		130,000	〃	550,000
	14	仕　入　返　品	27,000		〃	523,000
	27	支　　　　払	260,000		〃	263,000
	30	次　月　繰　越	263,000			
			550,000	550,000		
7	1	前　月　繰　越		263,000	貸	263,000

☐1つにつき4点。合計8点。

第3問 (30点)

合　計　試　算　表

借　方		勘　定　科　目	貸　方	
6月末合計高	月初繰越高		月初繰越高	6月末合計高
650,000	464,000	現　　　　　金	285,000	547,000
2,841,000	1,830,000	当　座　預　金	1,210,000	1,855,000
1,155,000	960,000	受　取　手　形	640,000	877,000
2,125,000	1,580,000	売　　掛　　金	1,190,000	1,857,000
350,000	350,000	有　価　証　券		170,000
270,000	270,000	繰　越　商　品		
300,000	300,000	備　　　　　品		100,000
390,000	250,000	支　払　手　形	480,000	696,000
1,273,000	840,000	買　　掛　　金	1,260,000	1,580,000
150,000		借　　入　　金	400,000	400,000
7,000		貸　倒　引　当　金	15,000	15,000
36,000		減価償却累計額	108,000	108,000
		資　　本　　金	1,200,000	1,200,000
93,000	45,000	売　　　　　上	1,370,000	2,181,000
1,610,000	1,090,000	仕　　　　　入	50,000	60,000
146,000	96,000	給　　　　　料		
90,000	60,000	支　払　家　賃		
34,000	22,000	消　耗　品　費		
43,000	43,000	支　払　手　数　料		
23,000	8,000	支　払　利　息		
3,000		手　形　売　却　損		
34,000		(固定資産売却損)		
23,000		(有価証券売却損)		
11,646,000	8,208,000		8,208,000	11,646,000

□ 1つにつき3点。合計30点

(注) (1) 1aと3a, 1bと4a, 1cと2b, 1dと2aは重複しているので, 重複して集計しないこと。

第4問 (8点)

a	仮　払　金	b	旅費交通費
c	旅費交通費	d	仮　払　金

各2点。計8点。

第5問 (34点)

精算表

勘定科目	試算表 借方	試算表 貸方	修正記入 借方	修正記入 貸方	損益計算書 借方	損益計算書 貸方	貸借対照表 借方	貸借対照表 貸方
現　　　　　金	26,400			300			26,100	
当　座　預　金	61,500						61,500	
売　　掛　　金	130,000						130,000	
有　価　証　券	65,000						65,000	
繰　越　商　品	81,000		84,000	81,000			84,000	
消　耗　品	2,100			1,600			500	
備　　　　　品	60,000						60,000	
建　　　　　物	150,000						150,000	
買　　掛　　金		95,000						95,000
借　　入　　金		40,000						40,000
貸　倒　引　当　金		3,500		3,000				6,500
備品減価償却累計額		18,000		6,000				24,000
建物減価償却累計額		27,000		4,500				31,500
資　　本　　金		350,000						350,000
売　　　　　上		735,000				735,000		
受　取　利　息		1,900		1,000		2,900		
仕　　　　　入	565,000		81,000	84,000	562,000			
給　　　　　料	94,500				94,500			
支　払　家　賃	32,500			2,500	30,000			
支　払　利　息	1,600		200		1,800			
支　払　保　険　料	800			200	600			
	1,270,400	1,270,400						
雑　（損）			300		300			
貸倒引当金繰入			3,000		3,000			
消耗（品費）			1,600		1,600			
減　価　償　却　費			10,500		10,500			
未　収（利　息）			1,000				1,000	
（前払）家　賃			2,500				2,500	
（未払）利　息				200				200
（前払）保険料			200				200	
当期純（利益）					33,600			33,600
			184,300	184,300	737,900	737,900	580,800	580,800

☐1つにつき4点。ただし、当期純利益は6点。合計34点。

実力テスト　第2回

第1問（20点）

1	仕入	800,000	受取手形	250,000	
			当座預金	330,000	
			当座借越	220,000	
2	有価証券	3,896,000	未払金	3,896,000	
3	減価償却累計額	36,000	備品	200,000	
	未収金	160,000	固定資産売却益	11,000	
	減価償却費	15,000			
4	前受金	120,000	売上	630,000	
	現金	510,000			
5	給料	2,750,000	所得税預り金	230,000	
			社会保険料預り金	88,000	
			現金	2,432,000	

　　仕訳1組につき4点。合計20点。

ヒント　問2　有価証券の取得原価（帳簿価額）（¥96,000×40）+¥56,000＝¥3,896,000
　　　　　問3　減価償却累計額：（¥200,000×0.9）÷5＝¥36,000
　　　　　　　 減価償却費5か月分（4／1～8／31）：¥36,000×5／12＝¥15,000
　　　　　問4　送金小切手の受け取りは現金勘定の借方へ記入

第2問（10点）

9／1	（受取手形）	200,000	（売掛金）	200,000	
9／5	買掛金	350,000	（受取手形）	200,000	
			売掛金	150,000	
9／10	（受取手形）	300,000	（売掛金）	300,000	
9／15	（手形売却損）	4,000	（受取手形）	300,000	
	当座預金	296,000			
9／20	（受取手形）	150,000	（売上）	150,000	
11／20	当座預金	150,000	（受取手形）	150,000	

　　☐1つにつき2点。合計10点。

第3問（30点）

合計残高試算表
平成○年11月30日

借方残高	借方合計	勘定科目	貸方合計	貸方残高
61,200	449,000	現　　　　金	387,800	
394,000	2,575,000	当 座 預 金	2,181,000	
166,000	903,000	受 取 手 形	737,000	
487,000	2,716,000	売　掛　　金	2,229,000	
100,000	100,000	有 価 証 券		
370,000	370,000	繰 越 商 品		
263,000	263,000	備　　　　品		
	320,000	支 払 手 形	506,000	186,000
	1,959,000	買　掛　金	2,345,000	386,000
	97,000	未　払　金	118,000	21,000
	12,000	預　り　金	18,500	6,500
	50,000	借　入　金	200,000	150,000
		資　本　金	1,000,000	1,000,000
	53,000	売　　　　上	2,378,000	2,325,000
1,790,000	1,833,000	仕　　　　入	43,000	
229,000	229,000	給　　　　料		
90,300	90,300	発　送　費		
105,000	105,000	支 払 家 賃		
2,000	2,000	手 形 売 却 損		
23,000	23,000	支 払 利 息		
		受 取 配 当 金	6,000	6,000
4,080,500	12,149,300		12,149,300	4,080,500

売掛金明細表

	11月25日	11月30日
秋田商店	¥318,000	¥161,000
岩手商店	171,000	191,000
宮城商店	245,000	135,000
	¥734,000	¥487,000

買掛金明細表

	11月25日	11月30日
岐阜商店	¥252,000	¥154,000
静岡商店	186,000	111,000
愛知商店	215,000	121,000
	¥653,000	¥386,000

☐1つにつき3点。合計30点。

第4問（8点）

①	②	③	④
20,000	買　掛　金	50,000	売　掛　金

☐ 1つにつき2点。合計8点。

ヒント　伝票の記入について，いったん全額を掛取引として起票する方法と，取引を分解して処理する方法を読み取る問題である。読み取り方法は，下記の通りである。

(1) 振替伝票に¥220,000と記入されていることから，いったん掛取引として処理する方法であることがわかる。

振　替
　（借）仕　　　　　入　　220,000　　（貸）買　掛　金　　220,000
出　金
　（借）買　掛　金　　22,000　　（貸）現　　　　　金　　20,000

(2) 入金伝票の科目欄に売上と記入されているため，取引を分解している方法であることがわかる。

入　金
　（借）現　　　　　金　　50,000　　（貸）売　　　　　上　　50,000
振　替
　（借）売　掛　金　　300,000　　（貸）売　　　　　上　　300,000

—114—

第5問 (32点)

精　算　表

勘定科目	試算表 借方	試算表 貸方	整理記入 借方	整理記入 貸方	損益計算書 借方	損益計算書 貸方	貸借対照表 借方	貸借対照表 貸方
現　　　　　金	2,300			100			2,200	
当　座　預　金	10,500						10,500	
売　　掛　　金	16,000						16,000	
有　価　証　券	8,300						8,300	
繰　越　商　品	5,800		5,600	5,800			5,600	
前　払　保険料	1,300			1,200			100	
貸　　付　　金	7,100						7,100	
備　　　　　品	6,000						6,000	
買　　掛　　金		14,500						14,500
借　　入　　金		7,000						7,000
貸倒引当金		700		100				800
備品減価償却累計額		1,800		600				2,400
資　　本　　金		30,000						30,000
売　　　　　上		42,500				42,500		
受　取　利　息		600	120			480		
有価証券売却益		300				300		
仕　　　　　入	33,000		5,800	5,600	33,200			
給　　　　　料	3,100				3,100			
消　耗　品　費	1,600			700	900			
支　払　家　賃	2,200		200		2,400			
支　払　利　息	200		250		450			
	97,400	97,400						
雑　(　損　)			100		100			
貸倒引当金繰入			100		100			
消　耗　品			700				700	
(減価償却費)			600		600			
支払(保険料)			1,200		1,200			
(前　受)利息				120				120
未　払　家　賃				200				200
(未　払)利息				250				250
当期純(利益)					1,230			1,230
			14,670	14,670	43,280	43,280	56,500	56,500

☐ 1つにつき4点。合計32点。

ヒント ① 試算表欄の資本金勘定は他の空欄の金額が全て計算された後, 合計額 (¥97,400) よりの差額として算出する。

② 前払保険料勘定は, この場合保険料を支払ったとき (借) 前払保険料××

—115—

　　　　　(貸) 当座預金など ×× として処理している。
　　　③ (　) 利息が2箇所あるが下の方の (　) 利息は貸借対照表欄の貸方に¥250ある。上の (　) 利息は受取利息勘定の試算表欄と損益計算書欄の金額との差異 (前受) 利息であるとわかる。下の (　) 利息は (未払) 利息と判断する。

実力テスト　第3回

第1問 (20点)

1	商　品　券	110,000		他店商品券	150,000
	現　　　金	40,000			
2	貸倒引当金	75,000		売　掛　金	135,000
	貸倒損失	60,000			
3	買　掛　金	267,000		売　掛　金	267,000
4	受取手形	205,000		売　　　上	555,000
	支払手形	350,000			
5	支払保険料	72,000		現　　　金	198,000
	引　出　金	126,000			

仕訳1組につき4点。合計20点。

ヒント ① 問3の貸方を支払手形としない。弘前商店が為手の引受けをしてくれたので，当店の弘前商店に対する売掛金が減少する。
② 問4　当店が以前振り出した約手を入手したことは，支払手形という債務が減少するので (借) 支払手形となる。
③ 問5　店主の生命保険料 (¥78,000) と店主の住居部分の火災保険料 (¥48,000 =¥120,000×0.4) はともに引出金勘定で処理する。

第2問 (10点)

(1)　　　　　　　　　　　商　品　有　高　帳
移動平均法　　　　　　　　Y シ ャ ツ　　　　　　　　　　(単位：枚)

平成 ○年		摘　要	受　入			払　出			残　高		
			数量	単価	金　額	数量	単価	金　額	数量	単価	金　額
6	1	繰　越	60	4,000	240,000				60	4,000	240,000
	5	仕　入	80	4,000	320,000				140	4,000	560,000
	10	売　上				100	4,000	400,000	40	4,000	160,000
	15	仕　入	120	4,200	504,000				160	4,150	664,000
	20	売　上				100	4,150	415,000	60	4,150	249,000

(2) 売上総利益の計算
　　売　上　高　　¥ 1,150,000
　　売 上 原 価　　¥ 815,000
　　売上総利益　　¥ 335,000　　☐につき2点。合計10点。

—116—

第3問

損 益 計 算 書

神奈川商店　　平成△年4月1日から　平成○年3月31日まで　　（単位：円）

費　　　　用	金　　額	収　　　　益	金　　額
売　上　原　価	(1,830,000)	（売　　上　　高）	(2,572,000)
給　　　　　料	(306,000)	（受　取　手　数　料）	(192,000)
旅　費　交　通　費	(248,000)	（雑　　　　　　益）	(18,000)
広　告　宣　伝　費	(31,000)		
支　払　保　険　料	(68,000)		
（貸倒引当金繰入）	(46,000)		
（減　価　償　却　費）	(60,000)		
支　払　利　息	(19,000)		
（当　期　純　利　益）	(174,000)		
	(2,782,000)		(2,782,000)

貸 借 対 照 表

神奈川商店　　　　　　平成○年3月31日　　　　　　　　（単位：円）

資　　　　産	金　　　額	負債および純資産	金　　　額
現　　　　　金	(255,000)	支　払　手　形	(260,000)
当　座　預　金	(535,000)	買　　掛　　金	(604,000)
（売　　掛　　金） (1,450,000)		借　　入　　金	(270,000)
貸　倒　引　当　金 (58,000)	(1,392,000)	（未　払　利　息）	(19,000)
有　価　証　券	(496,000)	資　　本　　金	(2,400,000)
商　　　　　品	(806,000)	（当　期　純　利　益）	(174,000)
（前　払　保　険　料）	(23,000)		
備　　　　　品 (400,000)			
（減価償却累計額） (180,000)	(220,000)		
	(3,727,000)		(3,727,000)

☐1つにつき3点。合計30点。

ヒント　決算整理後残高試算表?の①〜⑤の算出について
　①　（¥756,000＋¥1,880,000－期末商品棚卸高x）
　　　＝1,830,000（売上原価＝仕入勘定の残高）
　　期末商品棚卸高は¥806,000
　②　貸倒引当金繰入：¥58,000（貸倒引当金）－¥12,000（整理前貸倒引当金残高）
　　　＝¥46,000

③ 減 価 償 却 費：(¥400,000×0.9)÷6＝¥60,000
④ 減価償却累計額：¥120,000（決算整理前減価償却累計額）
　　　　　　　　　＋¥60,000（当期減価償却費）＝¥180,000
⑤ 売　　上　　高：④が求められたら，合計額（¥6,573,000）－④を含む貸方項目
　　　　　　　　　の各金額の合計（¥4,001,000）＝¥2,572,000

　以上によって決算整理後残高試算表が完成する。後は勘定科目の性質に従って損益計算書と貸借対照表に移記すればよい。

第4問（8点）

1	買　　掛　　金	280,000	支　払　手　形	280,000
2	通　　信　　費	3,000	現　金　過　不　足	11,000
	受　取　手　数　料	8,000		

仕訳1組につき4点。合計8点。

ヒント 自己宛為替手形の振出しは，振出人と支払人が同一人となるので，（貸方）支払手形となる。

第5問 (32点)

精算表

勘定科目	試算表 借方	試算表 貸方	修正記入 借方	修正記入 貸方	損益計算書 借方	損益計算書 貸方	貸借対照表 借方	貸借対照表 貸方
現　　　　金	79,100		1,600				80,700	
当　座　預　金	178,000						178,000	
売　　掛　　金	245,000			15,000			230,000	
有　価　証　券	56,000						56,000	
繰　越　商　品	63,000		64,800	63,000			64,800	
消　耗　品	12,000			8,000			4,000	
備　　　　品	40,000		20,000				60,000	
仮　払　金	23,400			23,400				
買　掛　金		174,000						174,000
借　入　金		150,000						150,000
仮　受　金		23,000	23,000					
貸　倒　引　当　金		2,200		2,400				4,600
減価償却累計額		16,000		4,600				20,600
資　本　金		350,000						350,000
売　　　　上		948,200				948,200		
受　取　配　当　金		1,600		1,600		3,200		
仕　　　　入	768,000		63,000	64,800	766,200			
給　　　　料	70,000				70,000			
支　払　家　賃	67,500			13,500	54,000			
旅　費　交　通　費	28,000		3,400		31,400			
支　払　保　険　料	30,000			12,000	18,000			
支　払　利　息	5,000		4,000		9,000			
	1,665,000	1,665,000						
(前　受　金)				8,000				8,000
貸倒引当金繰入			2,400		2,400			
消　耗　品　費			8,000		8,000			
減　価　償　却　費			4,600		4,600			
(前払)家賃			13,500				13,500	
(前払)保険料			12,000				12,000	
(未払)利息				4,000				4,000
当期純(損失)						12,200	12,200	
			220,300	220,300	963,600	963,600	711,200	711,200

□ 1つにつき4点。合計32点。

ヒント ① 仮受金の内訳のうち売掛金の回収額（￥15,000）は貸倒引当金設定のさい注意
貸倒引当金繰入額：（￥245,000－￥15,000）×0.02－￥2,200＝￥2,400

② 旧備品の減価償却費：$\dfrac{￥40,000－￥4,000}{10}＝￥3,600$

新備品の減価償却費：$\dfrac{￥20,000－￥2,000}{9}×\dfrac{6}{12}＝￥1,000$

③ 未払利息（8か月分）：$￥100,000×0.06×\dfrac{8}{12}＝￥4,000$